Brüne · Payk (Hrsg.)
Sozialdarwinismus, Genetik
und Euthanasie

# Sozialdarwinismus, Genetik und Euthanasie

## Menschenbilder in der Psychiatrie

Herausgegeben von
Priv.-Doz. Dr. med. Martin Brüne
und Prof. Dr. med. Dr. phil. Theo R. Payk,
Bochum

Wissenschaftliche Verlagsgesellschaft mbH Stuttgart

Anschriften der Herausgeber:

PD Dr. med. Martin Brüne
Prof. Dr. med. Dr. phil. Theo R. Payk

Westfälisches Zentrum für Psychiatrie
und Psychotherapie Bochum
Klinik der Ruhr-Universität
Alexandrinenstraße 1

44791 Bochum

**Bibliografische Information Der Deutschen Bibliothek**
Die Deutsche Bibliothek verzeichnet diese Publikation in der Deutschen
Nationalbibliografie; detaillierte bibliografische Daten sind im Internet über
http://dnb.ddb.de abrufbar.

ISBN 3-8047-2064-1

Ein Markenzeichen kann warenrechtlich geschützt sein, auch wenn ein
Hinweis auf etwa bestehende Schutzrechte fehlt.

Jede Verwertung des Werkes außerhalb der Grenzen des Urheberrechtsgesetzes
ist unzulässig und strafbar. Dies gilt insbesondere für Übersetzung, Nachdruck,
Mikroverfilmung oder vergleichbare Verfahren sowie für die Speicherung in
Datenverarbeitungsanlagen.

© 2004 Wissenschaftliche Verlagsgesellschaft mbH, Birkenwaldstraße 44,
70191 Stuttgart
Satz: Mediendesign Späth GmbH, Birenbach
Druck und Bindung: Kösel GmbH & Co, Kempten
Umschlag: Atelier Schäfer, Esslingen

# Vorwort

Der Titel unseres Sammelbandes *Sozialdarwinismus, Genetik und Euthanasie: Menschenbilder in der Psychiatrie* steht für eine ethisch kontrovers geführte Diskussion, die durch die jüngsten Debatten über Gentechnologie und Sterbehilfe sowohl an Aktualität gewonnen als auch an Schärfe zugenommen hat. Hinter diesen Auseinandersetzungen verbergen sich vielfach jahrhundertealte, von den Bio- und Gesellschaftswissenschaften geprägte Menschenbilder, die – nicht zuletzt auch der jüngeren deutschen Geschichte wegen – für die Psychiatrie, die psychiatrische Forschung und für das Selbstverständnis unseres ärztlichen Denkens und Handelns überhaupt von eminenter Bedeutung sind.

Gerade die deutsche Geschichte mit ihrer Verwicklung und der aktiven Beteiligung von Biowissenschaften und Medizin an den Verbrechen des Naziregimes zeigt auf schreckliche Weise die dringende Notwendigkeit, einen offenen Dialog über das ethisch Vertretbare, das Machbare und über Grenzen des medizinischen Fortschritts zu führen; darüber hinaus muss auch klar gemacht werden, dass Medizin und Biologie nicht frei sind von Einflüssen des Zeitgeistes, wie am Beispiel sozialdarwinistischer Strömungen des ausgehenden 19. und frühen 20. Jahrhunderts als Ausdruck einer falsch verstandenen Evolutionstheorie nur allzu deutlich wird.

Diese Aspekte in Betracht zu ziehen, ist für unser ärztliches Handeln heute umso mehr von großer Bedeutung, als Biologie und Genforschung auch in der Psychiatrie wieder mehr Gewicht bekommen, und auf der anderen Seite drängende ethische Fragen nach der Selbstbestimmung unserer Patienten, einschließlich des Rechts auf ein selbstbestimmtes Lebensende, nach wie vor ungelöst sind. Wir sind daher der Auffassung, dass in unserem Fach keine Sprachlosigkeit zwischen biologisch-naturwissenschaftlichem und geisteswissenschaftlichem Ansatz aufkommen darf und würden uns wünschen, dazu beitragen zu können, diese Diskussion – vor dem Hintergrund ethischer Grundsätze – mit Blick auf die Zukunft unseres Faches Psychiatrie und Psychotherapie zu vertiefen und zu versachlichen.

Martin Brüne und Theo R. Payk
im Oktober 2003

# Inhaltsverzeichnis

Vorwort . . . . . . . . . . . . . . . . . . . . . . . . . . . . . . . . . . . 5
Martin Brüne und Theo R. Payk

1 Degenerationslehre und Euthanasie . . . . . . . . . . . . . . 9
   Theo R. Payk

2 Psychiatrische Krankheitsmodelle – historische und aktuelle Aspekte . . . . . . . . . . . . . . . . . . . . . . . . . . . . . . . . . . 17
   Paul Hoff

3 Das Degenerationsparadigma in der psychiatrischen Forschung . . . . . . . . . . . . . . . . . . . . . . . . . . . . . . . . . 25
   Leo Hermle

4 Evolutionstheorie kontra Sozialdarwinismus . . . . . . . . . 37
   Franz M. Wuketits

5 Domestikation und Menschenauslese – Versuch einer Kritik vom evolutionsbiologischen Standpunkt . . . . . . . . . . . 49
   Martin Brüne

6 Lebensstil und ätiologisches Konzept: Rassenhygienische Tendenzen bei Emil Kraepelin . . . . . . . . . . . . . . . . . 71
   Matthias M. Weber

7 Wissenschaften zwischen Innovation und Entgrenzung: Biomedizinische Forschung an den Kaiser-Wilhelm-Instituten, 1911–1945 . . . . . . . . . . . . . . . . . . . . . . . 92
   Volker Roelcke

8 Psychiatrische Genetik – Fortschritt und Verantwortung . . . 110
   Volker Arolt und Jürgen Deckert

9 Sterbehilfe bei psychisch Kranken? – Das neue Gesetz in den Niederlanden . . . . . . . . . . . . . . . . . . . . . . . . 119
   Eberhard Lungershausen

10 Patientenverfügungen auch für psychiatrische Patienten? . . . 132
    Hans-Martin Sass

Autorenverzeichnis . . . . . . . . . . . . . . . . . . . . . . . 147

Sachregister . . . . . . . . . . . . . . . . . . . . . . . . . . 149

# 1 Degenerationslehre und Euthanasie

THEO R. PAYK

Die Diskussion über den „Wert des Lebens" reicht bis in die aktuellen Probleme der Genforschung und Sterbehilfe. Historische Krankheitskonzepte und Degenerationstheorien wirken bis in die heutigen Auseinandersetzungen hinein. Der Degenerationsbegriff des 19. Jahrhunderts ist bereits konnotiert mit vermeintlichen Eigenschaften von „Entartung", wie z. B. Neurasthenie, Nervenschwäche, Schwachsinn, Hysterie und Missbildungen. Der Begriff war übernommen worden von Beobachtungen an Tieren, die degenerierten, wenn sie untereinander gekreuzt wurden.

Disposition und Konstitution wurde eine herausragende Bedeutung bei der Entstehung psychischer Störungen zugewiesen; unter der Vorstellung einer Potenzierung geistig-seelischer Schwächen erschien damals am Horizont das Schreckgespenst zunehmender wie auch immer schwerer wiegender in Erscheinung tretender psychischer Störungen und Abnormitäten. In Verbindung mit der Selektionstheorie von Ch. Darwin (1809–1882), insbesondere dem Grundprinzip der Auslese („Kampf ums Dasein"), und mit der bereits auf den Menschen bezogenen Vererbungslehre seines Vetters F. Galton (1822–1911), der den Begriff „Eugenik" prägte und darunter die Wissenschaft von der Verbesserung des Erbgutes verstand, rückte die Erbbiologie in den Mittelpunkt des Interesses (Darwin 1982).

Großen Einfluss erlangte gleichzeitig die Degenerationslehre des französischen Psychiaters B.-A. Morel (1809–1873), niedergelegt in „Traité des dégénérecences physiques, intellectuelles et morales" von 1857, derzufolge es durch falschen Lebenswandel eine sich über Generationen steigernde Entartung (Degeneration) gäbe, mit typischen Merkmalen wie Nervosität, Unsittlichkeit, Ausschweifungen, Selbstmordneigung, Missbildungen und Entwicklungshemmungen. Die von Morel so bezeichnete „Dementia praecox" des Kindes- und Jugendalters bezog sich beispielsweise damals auf derartige Anomalitäten. Besondere Bedeutung gewann die Degenerationslehre im Bereich der geistigen und seelischen Störungen überhaupt. Der deutsche Entartungstheoretiker H. Schüle (1840–1916), Direktor der Heilanstalt Illenau in Baden, unterschied zusätzlich zwischen vererbter Disposition und vererbter Krankheit, d. h. zwischen „psychisch kränklichen Naturen" und „ererbten Hirnfunktionsstörungen". Die „Konstitutionstypologie" Kretschmers, die „Degenerationspsychosen" Bonhoeffers und die „psychopathischen Minderwertigkeiten" nach Panse waren später ebenfalls prägnanter Ausdruck der weithin in der Psychiatrie herrschenden Entartungslehre.

Der Entartungspessimismus, gründend auf dem Stigma der ererbten, nicht veränderbaren Konstitution und deren Krankheitspotenzial, wirkte bis in die Krankheitslehre Kraepelins (1856–1926) hinein, der Erbeinflüssen bezüglich des manisch-depressiven Irreseins, der epileptischen und hysterischen Geistesstörungen und der „Verrücktheit" entscheidenden Einfluss zusprach. In Fortführung darwinistischer Grundannahmen klang an, dass eine immer stärkere Verschärfung des Lebenskampfes und einseitige Züchtung seelischer Anlagen und Domestikation zu einer Minderung geistiger Gesundheit führten. In dieser Hinsicht war Kraepelin von der besseren körperlichen und geistigen Gesundheit der Naturvölker überzeugt.

Von hier aus war der Weg nicht mehr weit zu Rassenhygiene, biomedizinischer Forschung und schließlich Euthanasie. Bereits der Jenenser Zoologe E. Haeckel (1834–1919), prominentester deutscher Vertreter der Abstammungslehre, hatte um die Jahrhundertwende zur Auslese der „Besseren und Edleren" als „positive Eugenik" die Tötung Geisteskranker empfohlen. Der Gründer der „Gesellschaft für Rassenhygiene", A. Ploetz (1860–1940), forderte 1895 die Ärzte auf, schwächlichen und missgeratenen Neugeborenen durch Morphium „einen sanften Tod" zu bereiten. Andere Markstreine waren etwa die Schrift „Das Recht auf den eigenen Tod" (A. Jost, 1895) oder der Gesetzesentwurf von R. Gerkan zur Sterbehilfe aus dem Jahr 1913, vor allem jedoch – mit besonderer Signalwirkung – „Die Freigabe der Vernichtung lebensunwerten Lebens" des Leipziger Strafrechtlers K. Binding (1841–1919) und des Freiburger Psychiaters A. Hoche (1856–1943) aus dem Jahre 1920 (Abb. 1.1).

In dieser nur 62 Seiten umfassenden Schrift war die Rede von „leeren Menschenhülsen", von „Ballastexistenzen", von „geistig Toten", denen gegenüber Gefühlsregungen unangebracht seien, da sie selbst keine Gefühle hätten. Unter den Studenten des Freiburger Psychiaters Hoche saß damals auch W. Heyde (1902–1964), der ab 1939 als Leiter der medizinischen Abteilung der berüchtigten zentralen Dienststelle T 4 (genannt nach deren Sitz in der Berliner Tiergartenstraße 4) einer der obersten Akteure der von den Nazis organisierten Massentötungen psychisch Kranker war.

Während der Weimarer Zeit wurde – in Weiterführung sozialdarwinistischer Überlegungen – Rassenhygiene und Eugenik vor dem Hintergrund der Weltwirtschaftskrise und der Hungersnöte gesellschaftspolitisch große Aufmerksamkeit gewidmet. Die Fürsorge für die „Minderwertigen" ließ spürbar nach, die Pflegesätze in der Psychiatrie wurden gekürzt, schließlich halbiert, Kranke aus den Anstalten entlassen. Die zunehmende, erhebliche personelle und materielle Belastung durch die Pflegebedürftigen und Behinderten verschärfte die Diskussion über die Zweckmäßigkeit eugenischer Maßnahmen. Diese fanden zunächst in Form der Sterilisation Geisteskranker oder erblich Kranker mit einer entsprechenden Gesetzgebung im Jahr 1934 ihren Niederschlag; am 14.

> **Die Freigabe der Vernichtung lebensunwerten Lebens**
>
> Ihr Maß und ihre Form
>
> Von den Professoren
>
> Dr. jur. et phil. **Karl Binding** und Dr. med. **Alfred Hoche**
> früher in Leipzig          in Freiburg
>
> Zweite Auflage
>
> Verlag von Felix Meiner in Leipzig
> 1922

**Abb. 1.1:** „Die Freigabe der Vernichtung lebensunwerten Lebens", Schrift des Leipziger Strafrechtlers Carl Binding (1841–1919) und des Freiburger Psychiaters A. Hoche (1856–1943) aus dem Jahre 1920.

Juli 1933 wurde das „Gesetz zur Verhütung erbkranken Nachwuchses" erlassen und zum 1.1.1934 in Kraft gesetzt. Zusammen mit dem Berliner Anthropologen E. Fischer hatte E. Rüdin (1847–1952), Psychiater in Freiburg und später Leiter des „Kaiser-Wilhelm-Instituts für Psychiatrie" in München, bereits 1929 für den preußischen Landesgesundheitsrat ein ähnliches Gesetz entworfen. Als Erbleiden in diesem Sinne galten: Schwachsinn, Chorea Huntington, Epilepsie, Schizophrenie, manisch-depressive Erkrankung, Alkoholismus, erbliche Taubheit und Blindheit und verschiedene körperliche Missbildungen. Bis 1945 wurden so etwa 360.000 Menschen – meist durch Röntgenbestrahlung – zwangssterilisiert, vorrangig solche mit Schizophrenie und Epilepsie.

Die Unfruchtbarmachung Krimineller, Geisteskranker und unheilbar Erbkranker war kein deutsches Spezifikum, sondern wurde den 20er-Jahren in vielen europäischen Ländern und in 25 US-Bundesstaaten – gesetzlich geregelt – praktiziert. Der Schweizer Psychiater A. Forel (1848–1931), Vorgänger von E. Bleuler (1857–1939) am Zürcher „Burghölzli", hatte sich bereits im Jahr 1882 für Sterilisationen von Geisteskranken ausgesprochen.

In Deutschland jedoch resultierte daraus das theoretische Gerüst für einen angeblich wissenschaftlich legitimierten Rassismus, für „Rassenhygiene" unter dem Etikett der Erbbiologie und der vergleichenden Anthropologie mit der schließlichen Beseitigung der als lebensunwert erachteten Behinderten und Kranken.

Als nächster Schritt wurde die „Ausmerzung" psychisch Kranker ins Auge gefasst, d. h. die systematische, geplante und organisierte Ermordung von rund 200.000 tatsächlich oder vermeintlich unheilbar psychisch kranken Kindern, Erwachsenen und kranken Juden zwischen 1939 und 1945 im damaligen Deutschen Reich und in den besetzten Ostgebieten vor dem Hintergrund obiger Diagnosen. An dieser – bislang finstersten Epoche deutscher Kultur und Gesundheitspolitik – hatten engagierte Psychiater entscheidenden Anteil.

Nachdem ein betroffenes Leipziger Elternpaar ein entsprechendes Gesuch an Hitler gerichtet hatte, wurde 1939 mit der Ermordung behinderter Kinder im Rahmen der sog. Kindereuthanasie begonnen. Ärzte und Hebammen waren verpflichtet, missgestaltete Neugeborene auf Meldebögen zu benennen, auf deren Grundlage drei Gutachter die Tötungsentscheidung trafen. Die Opfer wurden in sog. „Kinderfachabteilungen" in Krankenhäusern und Heilanstalten verbracht, wo sie mit Schlaf- und Beruhigungsmitteln wie z. B. Luminal ohne Wissen, geschweige denn Zustimmung der Eltern getötet wurden, wobei gleichzeitig der Eindruck vermittelt wurde, sie erführen medizinische Untersuchungen und neuartige Behandlungen.

Offizielles Startsignal für die Erwachsenentötung war der Euthanasie-Erlass Hitlers (Abb. 1.2) zur Genehmigung des „Gnadentods" vom 1. September 1939 für sämtliche Anstaltsinsassen mit Schizophrenie, Epilepsie, senilen Erkrankungen, Paralyse, Schwachsinn, Enzephalitis und Chorea Huntington oder solchen, die sich mehr als fünf Jahre in Anstaltspflege befanden. Vorlaufend wurden diese in einem gigantischen Erfassungs- und Meldepflichtprogramm unter dem Namen „Aktion T 4" (nach dem Sitz der zentralen Behörde, Tiergartenstraße 4, in Berlin-Charlottenburg) erfasst. Registrierung, Transport in andere „Zwischenanstalten" zur Tarnung und schließlich in eine der sechs Vernichtungsanstalten Schloss Grafeneck, Brandenburg, Bernburg, Sonnenstein, Hadamar und Schloss Hartheim in Deutschland und Österreich, Begutachtung

Degenerationslehre und Euthanasie  13

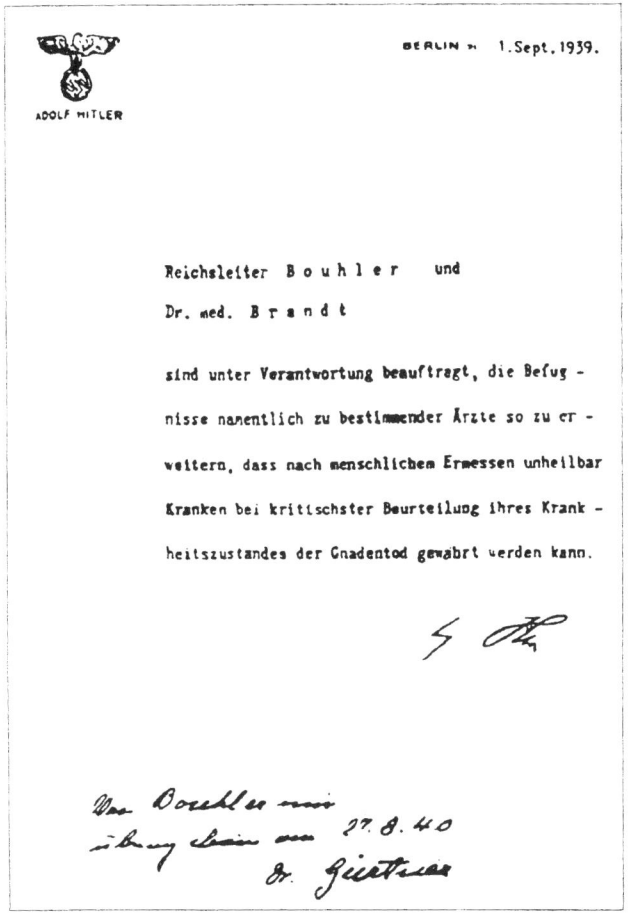

Abb. 1.2: Euthanasie-Erlass Hitlers zur Genehmigung des „Gnadentods" vom 1.9.1939.

durch ausgewählte Psychiater, Massentötung durch Kohlenmonoxid, Injektionen oder Aushungern wurden mit bürokratischer Gründlichkeit und Zielstrebigkeit abgewickelt.

Auch nach dem offiziellen Stopp der Mordaktionen am 23.8.1941 aufgrund von Unruhe in der Bevölkerung und kirchlicher Proteste liefen die Tötungen – unter strengerer Geheimhaltung – auch weiterhin im Rahmen der sog. „wilden Euthanasie" massenweise bis Kriegsende weiter, obgleich die ursprünglich errechnete Liquidierungsquote von etwa 70.000 Patienten, d. h. etwa ein Fünftel aller Anstaltsinsassen, inzwischen bereits erreicht worden war. Die Anstaltsärzte arbeiteten jetzt in eigener Regie und töteten statt durch Gas durch Injektionen und Vergiftungen oder ließen die Patienten mittels drastischer Kostreduktionen verhungern.

Neben der Ermordung von kranken Konzentrationslagerinsassen, aber auch Juden, Zigeunern und Polen unter fadenscheiniger medizinischer Begründung im Rahmen der sog. „Aktion 14 F 13" ab 1943 mit etwa 10.000 bis 20.000 Opfern, begann ab Mitte 1943 unter der Bezeichnung „Aktion Brandt" auch die Ermordung von Altersheiminsassen bis hin zu dem als „Endlösung" organisierten Massenmord in den Vernichtungslagern. Es scheint wichtig, das Gedenken an die fast in Vergessenheit geratenen Opfer wachzuhalten, die damals einer fanatischen Ideologie schutzlos ausgeliefert waren, nachdem sie von der Psychiatrie als Ballastexistenzen und Untermenschen ausgesondert worden waren. Verstörend ist und bleibt die Ideologieanfälligkeit der psychiatrischen Wissenschaft (A. Mitscherlich u. F. Mielke 1947).

Angesichts dieser furchtbaren Erfahrungen muss sich unser Blick umso aufmerksamer auf die Zukunft richten. Die neue Diskussion über den „Gnadentod", der nicht nur passive, sondern auch aktive Sterbehilfe zum Gegenstand hat, schafft Beunruhigung, umso mehr, als in einigen westlichen Ländern entsprechende Bemühungen bereits angelaufen sind. Sehr weit fortgeschritten sind Legalisierungsbemühungen zur aktiven Sterbehilfe und Beihilfe zum Suizid in den Niederlanden, Belgien und der Schweiz.

Der Schweizer Bundesrat hat inzwischen die Beihilfe zum Selbstmord von Alten- und Krankenheimbewohnern gebilligt, wenn keine „selbstsüchtigen Beweggründe" vorliegen. Entsprechenden Sterbehilfeorganisationen wie „Exit" wurde das Recht zugestanden, ihren Mitgliedern dabei aktiv Hilfestellung zu leisten. Dies, obgleich die Organisation in die Schlagzeilen geraten war, nachdem auch depressiv-suizidalen, jüngeren Patienten – z. B. im Rahmen einer wahnhaften Depression – „Sterbehilfe" geleistet worden war. Von einer freien Entscheidung der Betroffenen konnte hier vermutlich keine Rede sein.

In den Niederlanden ist – nach Zustimmung des Senats am 10.4.2001 – inzwischen die aktive Sterbehilfe legalisiert, sodass – unter bestimmten Auflagen und Kontrolle durch einen Prüfungsausschuss – Tötungsbeistand geleistet werden kann, entgegen den Protesten, dass möglicherweise unheilbar kranke Menschen zur Einwilligung in den Tod gedrängt werden könnten. In Belgien wurde am 28.5.2002 ein ähnliches Gesetz verabschiedet. Im amerikanischen Bundesstaat Oregon ist der ärztlich begleitete Suizid bereits seit Ende 1997 gesetzlich erlaubt.

Nach externen Schätzungen wurden in den Niederlanden bis dahin jährlich etwa 1000 Patienten ohne ihren ausdrücklichen und nachhaltigen Wunsch von Ärzten getötet, die sich dabei auf die fehlende Lebensqualität, schlechte Prognose oder Überlastung der Familienangehörigen berufen, die eine Tötung ihrer Angehörigen wünschen. Die Autonomie des Patienten selbst, d. h. dessen eigenen Wünsche und Belastbarkeitsgrenzen, wurden erst an siebter Stelle der Beweggründe für eine nichtfreiwillige Euthanasie genannt.

Da alle voraussetzenden Kriterien zur aktiven freiwilligen Euthanasie unscharf und verschwommen sind, z. B. Freiwilligkeit, unerträgliches Leiden, Ausschöpfung aller medizinischen Hilfen und vollständige Aufklärung, besteht eine breite Grauzone mit der Gefahr einer Ausweitung der Sterbehilfe infolge sozioökonomischer und anderer Überlegungen bis hin zur „Tötung aus Mitleid", die während der vergangenen Jahre immer wieder Gegenstand von Gerichtsverfahren wurde, nachdem Pfleger und Pflegerinnen in Alten- und Krankenheimen Insassen getötet hatten. Erinnert sei beispielsweise an den Fall von „Sterbehilfe" eines Krankenpflegers, der im Sommer 2001 in Bremerhaven fünf ältere Frauen getötet und einen Mordversuch begangen hatte, oder an den Skandal um den Berliner Krankenpfleger, der im selben Jahr fünf schwerstkranke Männer auf der Intensivstation im Berliner Bundeswehrkrankenhaus mit Hilfe von Medikamenten zu Tode gebracht hatte. Etwa zur gleichen Zeit gestand ein Altenpfleger in der Schweiz, seit Dezember 2000 neun altersschwache Patientinnen aus „Mitleid" umgebracht zu haben. Besonders bekannt wurden die Tötungen in der Gütersloher Psychiatrie durch die Untersuchungen von K.-H. Beine (1998). Die deutsche Hospizstiftung schätzt die Zahl der nicht bekannt gewordenen Tötungen um 50 Prozent höher ein und geht von einer großen Dunkelziffer aus.

Die skizzierte kurze Geschichte der Euthanasie in Deutschland zeigt, wie durch Ideologien und menschenverachtende Politik Unrecht und Verbrechen schleichend wachsen und bis zur physischen Vernichtung bestimmter Menschengruppen fortschreiten sowie logisch und zudem anscheinend plausibel begründet werden können, sodass ethische Fundamente brüchig werden können. Derartigen Erosionen kann nur begegnet werden, wenn auch den ersten Anfängen von Entrechtungs- und Entwertungsprozessen zeitig und entschieden entgegengewirkt wird. Gerade Psychiater tragen eine besondere Verantwortung dafür, dass das Leben kranker, behinderter oder alter Menschen nicht erneut einer gesellschaftlichen Kosten-Nutzen-Rechnung unterworfen wird und dass das Lebensrecht aller eine undiskutierbare und unverhandelbare Selbstverständlichkeit bleibt. Was für den Beginn des Lebens gelten soll, kann für das geborene und entwickelte Individuum nicht relativiert werden. Mit größter Aufmerksamkeit wird darauf zu achten sein, dass es niemals wieder zu einer Entsorgung alter, gebrechlicher, schwacher und Kranker unter dem Vorwand kommt, Schmerzen zu verhindern und Leiden zu verkürzen. Stattdessen sollten die vorhandenen Möglichkeiten einer besseren Betreuung und Schmerzlinderung Schwerkranker und Sterbender wirklich genutzt werden.

## 16 Degenerationslehre und Euthanasie

**Literatur**

Beine, K. H.: Sehen, hören, schweigen. Lambertus, Freiburg 1998.
Binding, K. u. Hoche, A.: Die Freigabe der Vernichtung lebensunwerten Lebens. Meiner, Halle 1920
Darwin, Ch.: Die Abstammung des Menschen. 5. Aufl. Kröner, Stuttgart 1982
Haeckel, E.: Die Lebenswunder. Kröner, Stuttgart 1904
Jost, A.: Das Recht auf den eigenen Tod. Dieterich, Göttingen 1895
Mitscherlich, A. u. Mielke, F. (Hrsg.): Das Diktat der Menschenverachtung. Schneider, Heidelberg 1947
Morel, B.-A.: Traite des dégénérescences physiques, intellectuelles et morales. Masson, Paris 1857
Payk, T. R.: Psychiater. Forscher im Labyrinth der Seele. Kohlhammer, Stuttgart 2000.
Ploetz, A.: Die Tüchtigkeit unserer Rasse und der Schutz der Schwachen. Fischer, Berlin 1985

# 2 Psychiatrische Krankheitsmodelle – historische und aktuelle Aspekte

PAUL HOFF

## Einführung

Psychiatrische Konzepte sind in wesentlich stärkerem Umfang abhängig von theoretischen Vorannahmen – etwa zum Menschenbild, zum allgemeinem Verständnis von Krankheit und Gesundheit – als vergleichbare Überlegungen in anderen medizinischen Fachgebieten. Abgesehen von den hier nicht zu thematisierenden anthropologischen Fundamenten betreffen diese Vorannahmen wesentlich die erkenntnistheoretische – konkret, die diagnostische – und die praktische – konkret, die therapeutische – Beziehung zwischen dem Patienten[1], dem Behandler und der vorliegenden Krankheit oder Störung.

Die hier auf der Grundlage früherer eigener Überlegungen (Hoff 1995, 1998) skizzierten drei Extreme der Sichtweise dieser Beziehungen sind quasi Eckpunkte, zwischen denen alle weiteren denkbaren Varianten angesiedelt sind. Dabei handelt es sich um im Interesse der Verdeutlichung bewusst zugespitzte, nicht in der historisch vorgegebenen zeitlichen Reihenfolge ihres Auftretens genannte Positionen. Sie sind nur selten so explizit vertreten worden, leisten aber als Orientierungsmarken im unübersichtlichen Feld der psychiatrischen Begrifflichkeit gute Dienste. Nach der an Beispielen verdeutlichten Darstellung ihres historischen Hintergrundes und ihrer aktuellen Relevanz wird die Essenz der jeweiligen Position in einer These zusammengefasst.

---

[1] Aus Gründen der Lesbarkeit werden Berufs- und sonstige Bezeichnungen nicht immer auch in der femininen Form angegeben.

## Drei konzeptuelle Eckpunkte

### Realdefinition: „Seelische Erkrankungen sind natürliche Krankheitseinheiten"

Die Kernthese dieser Position lautet: Psychische Krankheiten existieren real, quasi als Gegenstände, als objektiv-naturwissenschaftlich fassbare „Dinge". An den historischen Wurzeln dessen, was heute biologische Psychiatrie genannt wird, also in der zweiten Hälfte des 19. Jahrhunderts, finden sich zahlreiche Beispiele für Vertreter dieser Auffassung. Dies gilt vor allem für die Universitätspsychiater, etwa für Emil Kraepelin (1856–1926), der über sein zwischen 1883 und 1927 in neun Auflagen erschienenes (monografisches) Lehrbuch der Psychiatrie sowie über die von ihm initiierten Forschungsansätze, nicht zuletzt auch über die 1917 erfolgte Gründung der Deutschen Forschungsanstalt für Psychiatrie in München, heute Max-Planck-Institut für Psychiatrie, ganz entscheidenden Einfluss auf die Entwicklung des Faches nahm und, rechnet man den vorwiegend in der angloamerikanischen Psychiatrie verbreiteten „Neo-Kraepelinianismus" der letzten Jahre hinzu, noch nimmt (Blashfield 1984).

Kraepelin sprach von den „natürlichen Krankheitseinheiten", die es in der Psychiatrie ebenso wie in allen anderen medizinischen Fächern gebe und die – in ihrer Eigenschaft als biologische Entitäten – ganz unabhängig davon existierten, welcher konkrete Patient nun an ihnen leide oder welcher Psychiater sich mit ihnen klinisch oder wissenschaftlich befasse. Daraus folge auch zwingend – so Kraepelins sehr weit gehende, im Laufe seiner 50-jährigen psychiatrischen Tätigkeit zwar immer wieder leicht modifizierte und kritisch hinterfragte, aber nie grundsätzlich geänderte oder gar aufgegebene Grundüberzeugung –, dass es irrelevant sei, von welcher wissenschaftlich-methodischen Warte man sich diesen Krankheitseinheiten nähere: Hinreichendes methodisches Rüstzeug als vorhanden unterstellt, werde die Forschung notwendigerweise immer wieder auf dieselben, ohnehin a priori festliegenden, eben die „natürlichen" Krankheitseinheiten stoßen (Hoff 1994). In Kraepelins Worten liest sich dies so:[2] "Besäßen wir auf einem der drei Gebiete, der pathologischen Anatomie, der Aetiologie oder der Symptomatologie des Irreseins eine durchaus erschöpfende Kenntniss aller Einzelheiten, so würde sich nicht nur von jedem derselben her eine einheitliche und durchgreifende Eintheilung der Psychosen auffinden lassen, sondern jede dieser Classificationen würde auch – diese Forderung ist das Fundament unserer

---

[2] Das Zitat ist dem Lehrbuch von 1887 entnommen, eine sprachlich leicht modifizierte, inhaltlich aber identische Formulierung findet sich in allen weiteren Auflagen bis 1972 (vgl. Hoff 1994).

wissenschaftlichen Forschung überhaupt – mit den beiden anderen wesentlich zusammenfallen." (Kraepelin, 1887, S. 211)

Die Trennung zwischen den drei, unser Fach – wie jeden anderen medizinisch-therapeutischen Bereich – charakterisierenden Polen Patient, Arzt und Krankheit ist hier eine tatsächlich vollständige; sie ist geradezu ontologisch fundiert, obwohl die psychiatrischen Autoren diesen erkenntnistheoretischen Aspekt in der Regel nicht thematisieren. Hier wirkt dann – und dies ist eben gerade keine akademische Spitzfindigkeit, sondern von hoher praktischer Relevanz – die Formulierung „Der Patient hat eine Krankheit" angemessener als „Der Patient ist krank".

Es handelt sich um „Realdefinitionen" des Typus: „Die Schizophrenie ist ..." Die Krankheit wird zur realen Sache, sie wird „reifiziert". Die Betonung liegt ganz auf der objektiven, quasi fotografischen Abbildung des – Kraepelin hätte gesagt: von der Natur – vorgegebenen krankhaften Sachverhaltes durch den Arzt bzw. Forscher und nicht etwa um eine durch diesen vorgenommene theoretische Konstruktion eines bestimmten Krankheitskonzeptes.

Der Vorteil dieses Ansatzes liegt vor allem in seiner Objektivität, verbunden mit der Anwendbarkeit naturwissenschaftlich etablierter Forschungsmethoden. Nachteilig kann sich auswirken, dass subjektive Momente des diagnostischen (und therapeutischen) Prozesses sowohl auf der Seite des Patienten – wo sie augenfällig sind – als auch auf der Seite des Arztes – wo sie weit weniger klar gesehen und noch weniger akzeptiert werden – eher skeptisch, da der wissenschaftlichen Erkenntnis vermeintlich hinderlich betrachtet werden. Endpunkt einer Überdehnung des biologischen Paradigmas ist – um ein durch inflationäre Benutzung zwar abgegriffenes, hier aber angebrachtes Schlagwort zu benutzen – ein „biologischer Reduktionismus", wie er auch schon gegen Ende des vorigen Jahrhunderts vertreten worden ist.

**These 1:** Das reifizierend-quantitative Herangehen an das Phänomen seelische Störung stellt für bestimmte Sektoren psychiatrischer Forschung, vor allem für die biologische Psychiatrie im engeren Sinne, eine nützliche, ja notwendige Methode zur Komplexitätsreduktion dar. Es darf aber nicht mit Psychiatrie oder Psychopathologie schlechthin gleichgesetzt werden.

## Nominaldefinition: „Seelische Erkrankungen sind begriffliche Konstrukte"

Nach dieser Auffassung sind diagnostische (und überhaupt wissenschaftliche) Termini, mit denen psychische Störungen beschrieben werden, begriffliche Konstrukte, die von Experten nach bestimmten Kriterien entsprechend dem jeweils aktuellen Wissensstand definiert werden. Es handelt sich dabei, sehr im

Gegensatz zur ersten Position, um die Nominaldefinition etwa dessen, was zum gegebenen Zeitpunkt unter „schizophrener Störung" verstanden wird. Letztlich sind Nominaldefinitionen in diesem Zusammenhang in erster Linie psychopathologische Konventionen, die natürlich nicht beliebig sind, sondern alle verfügbaren wissenschaftlichen Argumente angemessen berücksichtigen. Konsequenterweise wird hier auch nicht mehr von psychischen „Krankheiten" gesprochen, da dies zu sehr der „reifizierenden" Position ähnelt, sondern, ätiologisch und pathogenetisch möglichst neutral, von psychischen „Störungen". Das Moment der aktiven Konstruktion eines Konzeptes durch den Arzt steht hier also im Vordergrund. Mit Blick auf die genannten drei erkenntnistheoretischen Säulen des diagnostischen Prozesses – Patient, Arzt, Krankheit – gewinnt hier der Bereich Arzt die zentrale Bedeutung.

Der Zustand eines Patienten wird als ein bestimmtes Störungsbild bezeichnet. Nicht was die Schizophrenie ist, sondern unter welchen Umständen wir begründet von Schizophrenie *sprechen,* ist nunmehr Gegenstand der psychiatrischen Diagnostikforschung – ein insoweit wesentlich bescheidenerer Anspruch als derjenige der Realdefinition. Nominaldefinition heißt in diesem Fall auch, dass keine Aussage darüber getroffen wird, was die Schizophrenie „wirklich ist", welche Ätiologie und Pathogenese sie hat, ja ob es sie als „natürliche Entität", als „reale Krankheitseinheit" überhaupt gibt.

Das wesentlichste Beispiel für diese Position ist die aktuelle operationale psychiatrische Diagnostik, also die ICD-10 der Weltgesundheitsorganisation (WHO) (WHO, 1991) und die sehr ähnliche, aber nicht identische Klassifikation der American Psychiatric Association (APA), das DSM-IV (APA, 1994). Nach diesen Systemen werden psychiatrische Diagnosen in erster Linie nach deskriptiv erfassbaren psychopathologischen und Verlaufskriterien gestellt, wohingegen das explizite oder – häufiger – implizite Einfließen ätiopathogenetischer Hypothesen (oder gar Vorurteile) vermieden werden soll. Dies hat, wenn nicht zur „Abschaffung", dann zumindest zur wissenschaftlichen Diskreditierung so vertrauter Begriffe wie der Endogenität und der Neurose sowie, vor allem bei den depressiven Störungen, zur Orientierung mehr am Schweregrad des klinischen Bildes als an qualitativen Merkmalen geführt (etwa in der Bezeichnung „*major* depressive disorder", etwas brachial eingedeutscht mit „majorer Depression").

Interessanterweise existiert über die Strömung des Neo-Kraepelinianismus durchaus eine Verbindung zwischen den sonst so divergenten Positionen der Real- und der Nominaldefinition: Neo-Kraepelinianische Autoren waren und sind ganz wesentlich am Entwurf und an der ständigen Fortentwicklung operationaler Diagnosesysteme beteiligt; in ihren Augen sind, wohl zurecht, ätiologisch neutrale – irreführenderweise übrigens oft als „theoriefrei" oder „atheoretisch" bezeichnete – Diagnosesysteme gerade für eine biologisch orientierte, sich der Kraepelinschen Tradition verpflichtet fühlende Forschung besonders gut geeignet.

Der entscheidende *Vorteil* dieses Ansatzes liegt in der höheren Reliabilität der Datenerfassung, wobei aber die Validität der so modifizierten oder gar neu entworfenen diagnostischen Entitäten erst gezeigt (oder verworfen) werden muss; keineswegs ist diese Validität derjenigen der klassischen nosologischen Systeme gleichsam *a priori* überlegen. Die verbesserte Kommunikation innerhalb und zwischen den beteiligten Berufsgruppen, die einfache rechnergestützte Verarbeitungsmöglichkeit großer Datenmengen sowie die tatsächlich deutlich verminderte Gefahr des Importierens ungeprüfter ätiopathogenetischer Hypothesen in den diagnostischen – und damit ebenso in den therapeutischen – Prozess sind weitere unbestrittene Vorzüge.

Es existieren aber auch Grenzen der Anwendbarkeit operationaler Diagnosen, ja regelrechte Risiken: Vor allem ist hier die Gefahr eines allzu starken Überwiegens der formalen zu Ungunsten der inhaltlichen Aspekte zu nennen. Konkreter ausgedrückt: Die zwar unumgängliche, aber eben nicht unproblematische Reduktion der klinischen Gesamtheit auf das in den Kriterien Abgebildete und Abbildbare kann den unkritischen Nutzer zu einer Unterschätzung und Vernachlässigung komplexer subjektiver (Erlebens-, also nicht Verhaltens-)Merkmale verleiten, die sich eben nicht in den Kriterienkatalogen finden (können). Beispielhaft sei an komplexe Anmutungsqualitäten im Umgang mit melancholischen oder paranoiden Menschen erinnert oder an akzentuierte Persönlichkeitszüge, die sich gerade nicht der unmittelbaren Beobachtung, sondern nur der subtileren psychopathologischen Exploration im weiteren Sinne erschließen.

Zu bedenken ist also das Risiko, bei der operationalen Diagnostik, die ja ebenso wenig theoriefrei ist wie jede andere psychiatrische Begrifflichkeit, die theoretischen Vorannahmen, die im Wesentlichen dem Umfeld des logischen Empirismus entstammen, zu übersehen und in ihrer Wirksamkeit zu unterschätzen. Schlimmstenfalls gerät hier sogar die unschöne Vision eines „operationalen Menschenbildes" in den Blick.

**These 2:** Das methodenkritische, erkenntnistheoretisch bescheidenere nominaldefinitorische Verständnis von seelischer Störung in der operationalen Diagnostik stellt einen wesentlichen Fortschritt dar, vor allem mit Blick auf die Reliabilität diagnostischer Aussagen. Eine Überdehnung dieses Ansatzes wird zu einem „formalen Reduktionismus" führen, der nicht operationalisierte oder nicht operationalisierbare Sachverhalte ignoriert und dadurch sekundär auch zu einer inhaltlichen Verkürzung führt.

## Biografisch-individuelle Definition: „Seelische Erkrankungen entstehen durch lebensgeschichtliche Umstände und sind nur durch deren Einbeziehung verständlich zu machen und erfolgreich zu behandeln"

Historisch betrachtet, war diese Position die Erste, kam sie doch in prägnanter Form in der Psychiatrie der Romantik zu Beginn des 19. Jahrhunderts zur Geltung. Für Autoren dieser Ausrichtung, etwa J. C. A. Heinroth (1773–1843) oder K. Ideler (1795–1860), sind psychische Störungen in erster Linie Ausdruck einer nur individuell zu verstehenden biografischen Fehlentwicklung der betreffenden Person, wodurch die Grenze zwischen dem Patienten und seiner Krankheit sich – in krassem Gegensatz vor allem zur Position der Realdefinition – stark verwischt, ja geradezu verschwindet. Um die frühere Formulierung aufzugreifen: Der Patient *hat* eben keine Krankheit, er *ist krank*. In diesem prononciert subjekt-orientierten Ansatz werden vor allem die affektiv akzentuierten psychotischen Formen seelischer Störung zum Ausdruck individuellen Scheiterns eines Lebensentwurfs, oft vor dem Hintergrund des schuldhaften Verfehlens normativer Maßstäbe. Wer etwa seine „Leidenschaften", um einen für diese Zeit typischen Begriff zu benutzen, nur mangelhaft steuern kann, wer sie gar rücksichtslos auslebt und damit bestimmten Grundvorstellungen menschlichen Zusammenlebens widerspricht, der läuft Gefahr, psychotisch, „geisteskrank" zu werden (Heinroth 1818, Schmidt-Degenhard 1985).

Bemerkenswerterweise hat diese sehr auf den einzelnen Lebenslauf ausgerichtete Sicht nichts von einem unkritisch-entschuldigenden Tenor, ganz im Gegenteil: Im Unterschied zu der den psychodynamischen Richtungen oft vorgeworfenen Neigung, aufgrund des von ihnen beanspruchten vertieften Verstehens Fehlverhalten vorschnell auch zu entschuldigen, den Einzelnen also aus der Verantwortung für sein Handeln zu entlassen, betont vor allem Heinroth die Selbstverantwortlichkeit des Einzelnen für seine Entwicklung. Zwar erkennt er an, dass der akut psychotische Mensch zu planvollem Handeln kaum oder gar nicht mehr in der Lage ist, doch schlägt Heinroth dessen ungeachtet vor, ihm die in der Psychose gezeigten Fehlverhaltensweisen im Sinne persönlicher Verantwortlichkeit – auch im juristischen Sinn – zuzurechnen, da ja das Hineingeraten in die Psychose Folge einer vorwerfbaren „Lebensführung" gewesen sei – eine Argumentation, die der juristischen Figur der *actio libera* in *causa* ähnelt.

Die wesentlichen Momente dieses Ansatzes sind freilich auch außerhalb der romantischen Strömung und vor allem später gesehen und vertreten worden, sodass es berechtigt erscheint, diese Position den beiden zuvor genannten als dritten Eckpunkt psychiatrisch-konzeptuellen Denkens gegenüberzustellen. Die anthropologische Psychiatrie etwa, die sich unter Berufung vor allem auf Heidegger bemühte, eine ganzheitliche Sicht von seelischer Gesundheit und Krankheit zu entwickeln und die heute unberechtigterweise nur noch marginal wahrgenommen wird, hat in manchem vergleichbare Grundlinien, wie sich etwa an Blankenburgs (1971) fundierter Analyse des Wahns zeigen lässt. Im Übrigen zeigt sich der mit der Position der biografisch-individuellen Definition umschriebene Pol einer sehr personorientierten Vorgehensweise im Verlaufe jeder sorgfältigen psychiatrisch-psychotherapeutischen Behandlung, in welchen theoretischen Bezugsrahmen sie auch immer eingebettet sein mag.

Der *Vorteil* eines solchen Ansatzes ist gerade die individuelle Herangehensweise eines ganz bestimmten Arztes an einen ganz bestimmten Patienten in idiografischer und eben nicht nomothetischer Absicht. Als *Nachteil* wird oft die enorme Schwierigkeit angesehen, subjektive und intersubjektive, also Beziehungsaspekte in trennscharfe Begriffe zu fassen, zu operationalisieren, was ja unbestreitbar eine methodische Voraussetzung für wissenschaftliche Arbeit ist. Außerdem sind unkritisch-dogmatische Auffassungen, die sich im Rahmen dieses Ansatzes entwickeln, von außerhalb der therapeutischen Dyade und erst recht innerhalb derselben schwer korrigierbar.

**These 3:** Die subjektzentrierte Sichtweise stellt einen – erkenntnistheoretisch wie praktisch-therapeutisch – unverzichtbaren Bestandteil psychiatrischen Handelns dar. Kommt es aber zu einer Überdehnung des deutend-biografischen Paradigmas, könnte man, um die Gedankenführung bei der Erörterung der Positionen in der Real- und der Nominaldefinition aufzunehmen, von einem „heuristischen Reduktionismus" sprechen.

## Resümee

Das uns oft so selbstverständlich erscheinende Sprechen von psychischer Krankheit adressiert eine außerordentlich komplexe Thematik und keineswegs simple begriffliche oder ontologische „Grundeinheiten". Die theoretischen Aspekte dieses zentralen Problems hat Janzarik mehrfach meisterhaft herausgearbeitet, so etwa in seinem Vergleich des nosologischen Ringens um die endogenen Psychosen mit dem antiken Sisyphus-Mythos (Janzarik, 1989). Erinnert sei aber auch, mit Blick auf die sehr praktischen Konsequenzen, an die Verlegenheit, in die uns jeder Richter *in foro* mit der aus seiner Sicht arglosen Frage bringen kann, was denn nun eine Psychose, was eine Neurose, was eine Persönlichkeitsstörung sei.

Dieses Umstandes – der Komplexität und historischen Bedingtheit seiner Krankheits- und, moderner, Störungskonzepte – sollte sich der Psychiater bewusst sein. Bezieht er den begrifflichen (und dabei auch den historischen) Kontext der von ihm verwendeten Krankheitsmodelle nämlich nicht mit ein, drohen umfassende Missverständnisse und entstehen zahlreiche, auch in der täglichen Arbeit außerordentlich wirksame Vorurteile, deren verschiedene Spielarten Jaspers (1946) prägnant herausgearbeitet hat (vgl. Hoff 1989).

Daraus folgt: Die psychiatrische Ideengeschichte beschäftigt sich keineswegs „nur" mit dem abstrakt-konzeptuellen Aspekt der Historie seelenheilkundlicher Begrifflichkeit. Vielmehr erreicht sie über das Aufweisen allgemeiner, sich in allen historischen Phasen als wirksam erweisender Strukturen – etwa der hier skizzierten Eckpunkte des psychiatrischen Krankheitsverständnisses – sehr wohl eine hohe Relevanz für die klinische wie wissenschaftliche Praxis unseres Faches.

### Literatur

APA (American Psychiatric Association): Diagnostic and statistical manual of mental disorders (4th edition) (DSM-IV). Washington, D.C., 1994 (deutsch: Hogrefe, Göttingen Bern Toronto Seattle 1996)

Blankenburg, W.: Der Verlust der natürlichen Selbstverständlichkeit. Enke, Stuttgart 1971

Blashfield, R. K.: The Classification of Psychopathology – Neo-Kraepelinian and Quantitative Approaches. Plenum Press, New York 1984

Heinroth, J. C. A.: Lehrbuch der Störungen des Seelenlebens oder der Seelenstörungen und ihrer Behandlung. Vogel, Leipzig 1818

Hoff, P.: Erkenntnistheoretische Vorurteile in der Psychiatrie – eine kritische Reflexion 75 Jahre nach Karl Jaspers' „Allgemeiner Psychopathologie" (1913). Fundamenta Psychiatrica 3:141–150 (1989)

Hoff, P.: Emil Kraepelin und die Psychiatrie als klinische Wissenschaft. Ein Beitrag zum Selbstverständnis psychiatrischer Forschung. Monographien aus dem Gesamtgebiete der Psychiatrie, Band 73. Springer, Berlin Heidelberg New York 1994

Hoff, P.: Subjekt und Objekt der psychiatrischen Forschung – Zur Ideengeschichte einer Kontroverse. Nervenarzt 66:494–504 (1995)

Hoff, P.: Die Umwelt der Krankheit – Zur Kontextabhängigkeit psychiatrischer Krankheitskonzepte. Nervenheilkunde 17:70–74 (1998)

Janzarik, W.: Die nosologische Differenzierung der idiopathischen Psychosyndrome – ein psychiatrischer Sisyphus-Mythos. Nervenarzt 60:86–89 (1989)

Jaspers, K.: Allgemeine Psychopathologie. 4. Auflage. Springer, Berlin 1946

Kraepelin, E.: Psychiatrie. Ein kurzes Lehrbuch für Studierende und Ärzte. 2., gänzlich umgearbeitete Auflage. Abel, Leipzig 1887

Schmidt-Degenhard, M.: Zum Melancholiebegriff J. C. A. Heinroths. In: Nissen, G.; Keil, G. (Hrsg.): Psychiatrie auf dem Wege zur Wissenschaft. Thieme, Stuttgart 1985, S. 12–18

WHO (World Health Organisation): Tenth Revision of the International Classification of Diseases, Chapter V (F): Mental and behavioural disorders (including disorders of psychological development). Clinical descriptions and diagnostic guidelines. WHO, Geneva, 1991 (deutsch 1991: ICD-10. Verlag Hans Huber, Bern Göttingen Toronto)

# 3 Das Degenerationsparadigma in der psychiatrischen Forschung

Leo Hermle

## Die Vorläufer der Degenerationstheorien

Eine allgemeine Definition von „Degeneration" zu geben, ist kaum möglich, weil in der Vergangenheit sehr verschiedene Vorgänge und Zustände mit diesem Begriff bezeichnet worden sind. Der Begriff leitet sich ab vom lateinischen „degenerare" und bedeutet ein negatives Abweichen von bestimmten Gesetzmäßigkeiten und von der Norm. Umgangssprachlich wurde der Begriff „entartet" im 17. Jahrhundert meist im Sinne eines despektierlichen moralischen Werturteils benutzt. So sprach man z. B. von einem entarteten Kind, wenn es aus der Art schlug, z. B. schwer erziehbar war. Beim Erwachsenen hatte das Adjektiv „entartet" einen mehr kriminellen Bedeutungsinhalt. Die Begriffe „Degeneration" bzw. „Entartung" kennzeichneten ursprünglich einen moralischen Defekt.

Im 19. Jahrhundert wurde der Begriff „Degeneration" in sehr unterschiedlichen Bedeutungen verwandt: Rousseau (1825) verstand darunter Veränderungen, die der Abfall vom naturnahen Leben mit sich bringt. In der pathologischen Anatomie definierte der Franzose Beaude (1849) Degeneration als Umwandlung eines Gewebes durch eine Krankheit, wie z. B. Krebs oder Tbc. Auch Virchow (1893) verwandte den Begriff. Er bezeichnete jede Änderung anatomischer, klinischer und physiologischer Eigenschaften des Gewebes als Degeneration. Die Vorläufer der Degenerationslehre finden sich vor allem in Frankreich. Sie entwickelte sich aus Auffassungen über die Erblichkeit von Geisteskrankheiten, die bereits von Pinel und Esquirol, im ausgehenden 18. Jahrhundert angenommen worden waren. Jean Baptiste de Lamarck (1744–1829) vertrat in seiner „Philosophie zoologique" (1809) die Ansicht, dass eine Veränderung der Funktion eines Organismus auch seine Struktur betrifft, und dass diese Veränderung auf die nächste Generation übertragen, also vererbt wird. Er nahm an, dass die Organismen sich durch Anpassung an die Lebensumstände verändern und die erworbenen Eigenschaften vererbt werden (sog. Lamarckismus).

## Morels anthropologisch-religiöse Konzeption der Degeneration

Benedict Augustin Morel (1809–1873) war der eigentliche Begründer der Degenerationslehre. Im Jahre 1857, zwei Jahre bevor Charles Darwin (1809–1882) sein Werk über die „Entstehung der Arten" publizierte, erschien Morels Buch „Traité de dégénérescence".

Morels Begriff der Entartung war eine völlig neue Konzeption. Sie entsprang nicht primär medizinischen Vorstellungen, sondern war Ausdruck seines religiösen Weltbildes. Ausgehend von seinen naturwissenschaftlichen Studien und entsprechend dem Zeitgeist pessimistisch beeindruckt durch die scheinbar stetige Zunahme von Krankheit und Kriminalität, kam Morel zu seiner Lehre der Entartung des Menschengeschlechts. Morel setzte an den Anfang einen sogenannten „type primitif", womit er symbolisch Adam als ursprünglichen und Gott ebenbildlich erschaffenen Menschen meinte. Die Ursache von Entartung und Krankheit enthielt nach Morel stets den Gedanken einer Abweichung vom „type primitif". Morel wollte wissenschaftlich die Bedingungen festlegen, in die der Mensch nach seinem Sündenfall gestellt war. Die Abweichungen vom „type primitif" bilden zwei große Gruppen:

- die natürlichen menschlichen Varietäten, d. h. die verschiedenen Rassen und
- jene anomalen Zustände, die Morel Entartungen nennt.

Die verschiedenen Rassen sind in der Lage, die gesunde menschliche Art weiterzugeben. Die Entartungen hingegen werden nach Morel von zwei fundamentalen Gesetzen beherrscht:

- Das erste Gesetz betrifft die doppelte Vererbung im Sinne der körperlichen Erkrankungen und moralischen Übels.
- Das zweite Gesetz beinhaltet die Progressivität der Entartung bis zum Aussterben der betroffenen Familien.

Morel fasste seine Beobachtungen sinngemäß folgendermaßen zusammen: Zunächst treten psychische Abnormitäten in einer Familie als nervöses Temperament und als sittliche Verwahrlosung auf. In der folgenden Generation schließen sich schwere Neurosen und Alkoholismus an, während in der dritten und vierten Generation schwere geistige Störungen, angeborener Schwachsinn und Missbildungen aller Art hinzukommen. Durch Infertilität stirbt dann die betroffene Familie aus. Morel fügte seinem „Traité de dégénérescence" einen Atlas mit einer anatomisch-physiognomischen Einteilung der Entartungen bei, die bis ins 20. Jahrhundert hinein Anspruch auf Wissenschaftlichkeit erhob (Abb. 3.1 und 3.2). Morel wurde damit zum Wegbereiter der konstitutionellen Typuslehren.

## Morels anthropologisch-religiöse Konzeption der Degeneration 27

Für die Psychiatrie lag die große Bedeutung Morels darin, dass er für die Geisteskrankheiten, die er fast alle als Entartungen ansah, eine kausale Betrachtungsweise einführte. Störungen und Veränderungen, die man im Gehirn und in anderen Organen der Entarteten findet, waren für ihn niemals Ursachen der Erkrankung, sondern sekundäre Umwandlung durch eine einwirkende immaterielle Kraft. Dieses Konzept einer hypothetischen „erblichen Anlage oder Prädisposition" erlaubte es Morel, die verschiedenen Krankheitsbilder in einer Generation auf ganz anders geartete in der vorhergehenden Generation zurückzuführen. Sein Satz: „Alle erblichen Krankheiten sind Schwestern" unterstreicht die Bedeutung einer ungleichartigen, polymorphen Vererbung. Morel ist offensichtlich durch das zufällige Zusammentreffen „endogener" und „exogener" Krankheitsursachen in einzelnen Familien irregeführt worden. Auf diese Beobachtung gründete er nämlich seine Lehre vom Polymorphismus und sein Gesetz der zunehmenden Entartung. Das Dogma des so genannten Polymorphismus der Vererbung der Nerven- und Geisteskrankheiten hat sich bis in die Anfänge des 20. Jahrhunderts als kaum anfechtbare Lehrmeinung gehalten. Mit der Lehre des Polymorphismus steht auch die von Neumann 1859 postulierte Einheitspsychose in ideengeschichtlichem Zusammenhang.

Abb. 3.1: Françoise, 36 J. (links), und Joséphine, 37 J. (rechts) mit „nachgewiesenem Zwergwuchs, Rachtitis, Paralyse".

# 28  Das Degenerationsparadigma in der psychiatrischen Forschung

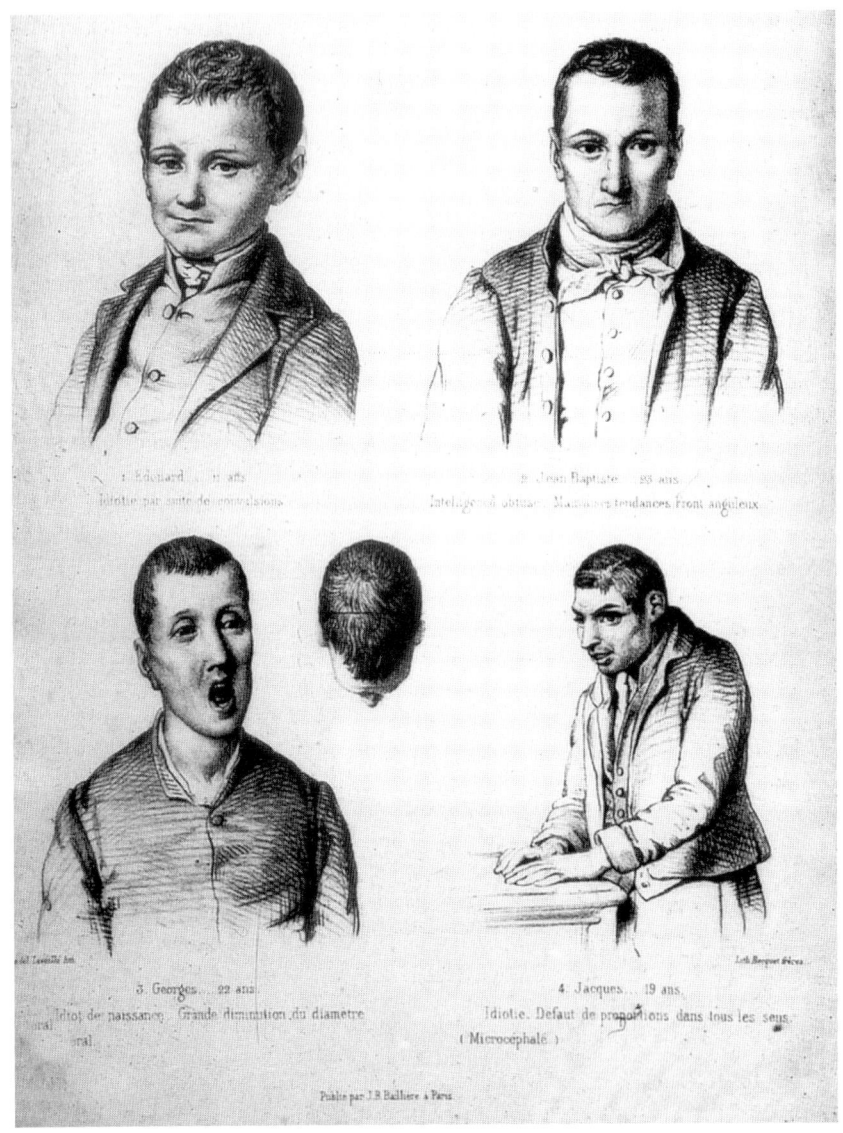

Abb. 3.2: Psychiatrische Patienten – Edouard, 11. J. (links oben), mit „Idiotie als Folge von Krämpfen"; Jean Baptiste, 23 J. (rechts oben), mit „schwerfälliger Intelligenz, schlechten Neigungen und winkliger Stirn"; Georges, 22. J. (links unten), „Idiot von Geburt an, starke Verminderung des transversalen Schädeldurchmessers"; Jacques, 19 J. (rechts unten), mit „Idiotie, allseitigen Störungen der Proportionen (mikrozephal)".

## Modifikation und Erweiterung der Degenerationslehre unter dem Einfluss der Evolutionstheorie

Valentin Magnan (1835–1916), ein weiterer bedeutender französischer Entartungstheoretiker, schloss sich mit kritischen Vorbehalten der Lehre Morels an, lehnte aber dessen religiös-anthropologischen Ausgangspunkt ab. In Magnans Entartungsbegriff drückte sich insbesondere Darwins Evolutionslehre aus.

Im gesamten Verlauf der Evolution befinden sich Hindernisse der Entwicklungen, d. h. Entartungen. Degeneration ist bei Magnan nicht mehr eine krankhafte Abweichung vom ursprünglich erschaffenen Typus, sondern nüchtern, darwinistisch gefasst „ein pathologischer Zustand verminderter psychophysischer Resistenz" im Daseinskampf. Wie bei Morel werden auch bei Magnan die Gesetze der Entartung, nämlich die Vererbung körperlichen und moralischen Übels bis zum Aussterben beibehalten. Magnan stellte ein Stufensystem der Entarteten auf. In den Gruppen 1 bis 3 unterteilte er die verschiedenen Schwachsinnsgrade, in der 4. Gruppe fasste er jene degenerativen Dauerzustände zusammen, die als schwere Charaktermängel mit einer intakten oder überdurchschnittlichen Intelligenz imponieren (sog. „dégénéré supérieur"). Die Disharmonie im Zusammenwirken der geistig-seelischen Anlagen wurde bei Magnan zum wichtigsten Kennzeichen des degenerativen Charakters. Was sich klinisch beim Dégénéré zeigt, ist organisch funktionell eine Gleichgewichtsstörung der zerebrospinalen Achse. Damit wurde Magnan zu einem Vorläufer der späteren Drei-Ebenen-Theorie des zentralen Nervensystems (Großhirn, Basalganglien, Rückenmark). Jackson hat ein ähnliches Modell später in der Neurologie für die Erklärung der Epilepsie verwandt, die er dadurch erklärte, dass nach Ausfall der oberen Ebene die unteren Ebenen enthemmt weiter funktionieren. In der 4. Klasse der Entarteten erkennt man bei Magnan die ersten klinischen Beschreibungen der abnormen Persönlichkeit im heutigen Sinne wieder. Sein Degenerationsmodell gab somit einen wichtigen Anstoß für die Entwicklung der Psychopathielehren in der Psychiatrie.

## Einfluss der Degenerationslehre in der deutschen Psychiatrie

In Deutschland wurde der Entartungsbegriff durch Heinrich Schüle (1840–1916) und Richard von Krafft-Ebing (1840–1902) (Abb. 3.3) von Morel und Magnan übernommen und verbreitet. Im Jahre 1879 erschien Krafft-Ebings Lehrbuch der Psychiatrie. In Anlehnung an die Begriffe Schüles unterschied

Krafft-Ebing zwischen den „Psychoneurosen", in denen sich die psychischen Störungen in einem gesunden, „rüstigen" Gehirn entwickeln, und den psychischen Entartungen, die auf der Grundlage der Erblichkeit entstehen. Krafft-Ebing fasste die Entartung unter dem Begriff der „neuropathischen Konstitution" – einem von Griesinger stammenden Begriff –, die er als wichtige Prädisposition des Irreseins hervorhob. Das Wesen dieser Konstitution sei, dass das Gleichgewicht der psychischen Funktion äußerst labil sei. Eine solche „neuropathische Konstitution" könne angeboren oder erworben sein. Ist sie angeboren, stammen die Betroffenen „meist von Geisteskranken, Nervenkranken, charakterologisch abnormen oder trunksüchtigen Erzeugern" ab, ist sie erworben, dann ist sie Folge eines „zur Zeit der Zeugung treffenden, schwächenden Moments" (z. B. im Fetalleben aufgetretene Schädigungen durch Ernährungsstörungen oder Ausschweifungen der Mutter).

Abb. 3.3: Richard von Krafft-Ebing (1840–1902).

Wie bei den französischen Entartungstheoretikern sind auch bei Schüle und Krafft-Ebing die Entarteten Träger anatomischer Degenerationszeichen: Schädelanomalien, Dysproportionen von Gesichts- und Gehirnschädel, abnorme Bildungen der Ohren und Zähne sowie Lippen-Kiefer-Gaumenspalten oder Zwergwuchs wurden von ihnen als anatomische Entartungszeichen angesehen. Darüber hinaus wollte Krafft-Ebing die Entarteten „durch einen besonderen neuropathischen Ausdruck des Auges" erkennen. Obwohl Krafft-Ebing weder den religiösen Hintergrund Morels noch den weltanschaulich-darwinistischen Standpunkt Magnans teilte, übernahm er deren Entartungsmodell weitgehend. Er beeinflusste die Psychiatrie der 80er- und 90er-Jahre des 19. Jahrhunderts mit dem Dogma der Entartung so nachhaltig, dass Bumke später diese Ära als Herrschaft des Entartungstheoretikers Krafft-Ebing bezeichnete.

## Der Degenerationsbegriff im 20. Jahrhundert

Schon gegen Ende des 19. Jahrhunderts verlor die Degenerationslehre zunehmend an Boden. Vor allem wurde die Vererbbarkeit erworbener Eigenschaften, welche bei allen hier dargestellten Entartungstheoretikern unabdingbare Voraussetzung war, seit etwa den 1880er-Jahren bestritten. Dem so genannten Morel'schen Gesetz der progressiven Entartung stellte bereits Möbius (1900) das Gesetz der Regeneration und abnehmenden Entartung entgegen. Nachdem um 1900 die Mendel'schen Gesetze wiederentdeckt wurden (de Vries, Correns, Tschermak) war auch die Polymorphismuslehre widerlegt.

Im Jahre 1893 unterzog Robert Sommer (1864–1937) die inzwischen auf 110 angewachsenen „degenerativen Stigmata" einer scharfen Kritik. Er wies darauf hin, dass die angeblichen „Belastungszeichen" auch bei Gesunden gefunden und bei schwer belasteten Kranken oft vermisst werden.

Innerhalb der Psychiatrie kritisiert vor allem Oswald Bumke (1877–1950) die klassische Degenerationslehre. Sein Buch „Über nervöse Entartung" kann gewissermaßen als die Grabrede auf die klassische Degenerationslehre angesehen werden. Bei Bumke finden sich bis zur Gegenwart die in der psychiatrischen Genetik diskutierten Mechanismen erblicher Erkrankungen. Er spricht von Selektion im Sinne des „Herausmendelns" von Eigenschaften und von Mutation als Ursache der spontanen Entstehung von Erkrankungen. Die klinische Psychiatrie kennt nach Bumke zwei Möglichkeiten des Zusammenhangs zwischen der Krankheit der Eltern und der Kinder. Die eine besteht in wirklicher Vererbung von Krankheitsanlagen, die dann die Eltern selbst schon ererbt hatten. Die Wahrscheinlichkeit, sich zu vererben, sind für pathologische Qualitäten nicht größer als für normale. Die Möglichkeit einer *Regeneration* durch Erlöschen pathologischer Anlagen bei der Vermischung abnormer mit gesunden Familien stellt Bumke dem Morel'schen Gesetz der progressiven Entartung entgegen. Als weitere wichtige Entstehungsmöglichkeit erblicher Geisteskrankheiten nannte Bumke die Keimschädigung. Er wies auf den Fehler Morels hin, der Kretinismus, Paralyse und Alkoholismus mit allen übrigen Psychosen in einen Zusammenhang brachte. Hierbei seien die äußeren Ursachen, wie Lues und Alkohol und deren Schädlichkeit für die Keime nicht erkannt worden. Für Bumke ist die Keimschädigung ursächlich das, was früher ungenau als Entartung bezeichnet worden ist.

Somit betonten Bumke wie auch Kraepelin, dass sich alle Degenerationserscheinungen eigentlich auf äußere Ursachen zurückführen lassen. Medizinisch handelt es sich demnach um ein „exogenes" Leiden, welches durch präventive Maßnahmen günstig beeinflusst werden könnte.

Trotz der Unzulänglichkeit und Widerlegung der älteren psychiatrischen Erbforschung blieb die Idee der Entartung unter darwinistischen Vorstellungen und dem Eindruck eines um sich greifenden Kulturpessimismus weiterhin sehr populär. Galt die ursprüngliche Fassung von „endogen" noch als degenerative Reaktionsanomalie (Möbius 1902), geriet der Begriff in rasche Abhängigkeit von dem Begriffspartner „exogen", sodass die Erinnerung an die Herkunft aus der Entartung verloren ging.

In der 4. Auflage seines Lehrbuches (1893) hat Kraepelin den Begriff der „Dementia praecox" als Bezeichnung für einen „einfachen geistigen Schwächezustand im jugendlichen Alter" von Morel übernommen und sie mit „Katatonie sowie „Dementia paranoides" zu den psychischen Entartungsprozessen zusammengefasst. Als Eugen Bleuler 1908 auf der Jahresversammlung des Deutschen Vereins für Psychiatrie die Bezeichnung „Schizophrenie" vorschlug, waren seine Überlegungen zugleich ein Versuch, die Degenerationstheorien des 19. Jahrhunderts zu überwinden. Unter Hinweis auf die in vielen Fällen günstige Prognose relativierte Bleuler die Auswirkungen von Heridität und den Degenerationszeichen.

Kraepelin behielt noch in der 9. Auflage seines Lehrbuches, 1927, den Begriff der Entartung bei. Ausgehend von dem zunehmenden Anwachsen anstaltsbedürftiger Geisteskranker in England und Deutschland vermutete Kraepelin, dass die psychischen Erkrankungen in den zivilisierten Ländern in ihrer absoluten Häufigkeit rasch im Zunehmen begriffen seien. Dies führte er auf die wachsende Verbreitung der progressiven Paralyse und des Alkoholismus zurück. Schlimmer als die unmittelbaren Wirkungen von Alkohol und Lues seien die durch sie verursachten Keimschädigungen, die die Entartung der modernen Zivilisation zur Folge haben. Die zweite Gruppe der Kulturschädigungen fasste Kraepelin unter dem Begriff der „Domestikation" zusammen. Er meint damit

„die Loslösung aus den natürlichen Lebensbedingungen". Der Mensch des Industriezeitalters sei jetzt imstande, Besitz, Gesundheit und Leben durch den Staat und die Wissenschaft immer leichter für sich sichern zu können. Die zunehmende Verweichlichung, das ständige Wachsen der Bedürfnisse und die dadurch geschaffene Abhängigkeit sowie die Abschwächung der natürlichen Triebe seien die Ursache für wachsende kulturelle Entartung. Seine pessimistische Kulturprognose führte Kraepelin vor allem auf die zivilisatorischen Einflüsse zurück. Im Jahre 1908 klingen bei Kraepelin dem Zeitgeist entsprechend sogar rassistische Töne an, als er die Gefahr der modernen Zivilisation an die Wand malt: „Immerhin lehrt uns das Beispiel der Juden mit ihrer starken Veranlagung zu nervösen und psychischen Erkrankungen, dass die bei ihnen weit gediehene Domestikation, schließlich auch der Rasse, deutliche Spuren aufprägen kann."

Fanatismus in Bezug auf Alkohol, Nation und Juden wurden Kraepelin von vielen Zeitgenossen bescheinigt, er war jedoch in seinen Äußerungen innerhalb der Psychiatrie und Naturwissenschaften kein Einzelgänger. Trotz einerseits unkritischer Bejahung des Degenerationskonzeptes durch Kraepelin, welches ihm als vorläufige nosologische Kategorie für die manisch-depressive Erkrankungen, die Paranoia und für die abnormen Persönlichkeiten nützlich erschien, lehnte er aber andererseits spekulative biologistische Sichtweisen strikt ab, so z. B. die „Stigmata degenerationis".

Die Idee der Entartung blieb in breiten Schichten und in verwandelter Form in der gesamten damaligen Wissenschaft populär. Die Äußerungen vieler Psychiater zu Beginn des 20. Jahrhunderts belegen eindrucksvoll, wie stark antidemokratische Tendenzen, Antisemitismus, Skepsis gegen Humanität und Mitleid verbreitet waren.

## Sozialdarwinistische Einflüsse

Morels Arbeit fiel bereits in eine Zeit, in der die Psychiatrie, neben den eigentlichen Geistesstörungen, auch die sozialen und moralischen Anomalien in ihren klinischen Bereich mit einbezog. Selbstmord, Kriminalität, moralische und intellektuelle Defekte galten immer schon als Anzeichen einer sittlichen und geistigen Entartung einer Kultur oder eines Volkes. Durch die Einbeziehung dieser Phänomene in die psychiatrische Forschung hatte die Psychiatrie auch das Entartungsproblem übernommen und musste an seiner Lösung mitarbeiten. Das macht verständlich, dass die Psychiatrie in den populären Sog des Darwinismus und den sich daraus entwickelnden eugenischen und rassehygienischen Ideologien hineingeriet. Ausgehend von den Lehren Darwins klagten insbesondere die

Sozialdarwinisten über die Entartungserscheinungen der modernen Zeit und forderten dazu auf, diese mit biologischen Mitteln zu bekämpfen. So entstand schließlich jene biologistische Ethik, die den Schutz der Schwachen, der Minderwertigen, der Geisteskranken, der Kriminellen und der Erbkranken in Wahrheit für unmenschlich hielt, weil durch sie die ganze Menschheit ruiniert werde. Da diese Ideen im Zeitalter des Nationalismus entwickelt wurden, gerieten sie bald in dessen Sog.

## Fortwirkungen der Degenerationslehre auf die gegenwärtige Psychopathologie

Auch nach dem Niedergang der klassischen Degenerationslehre konnten sich die Begriffe „Degeneration" bzw. „Entartung" noch längere Zeit in der Psychiatrie behaupten, da sie sich als praktische diagnostische Konvention für die fließenden Übergänge zwischen „gesund" und „krank" anboten. Unter die Kategorie des Degenerativen wurde nahezu alles subsumiert, was heute im Sinne von abnormen Entwicklungen (Neurosen) und abnormen Persönlichkeiten (Psychopathien) verstanden wird. Außerdem wurde das so genannte „degenerative Irresein" als überdehnte Puffergruppe für die „atypischen Psychosen" benutzt, deren nosologische Eigenständigkeit bis heute umstritten ist.

Durch die Gleichsetzung von Kriminalität und degenerativer Minderwertigkeit entwickelte sich in der deutschen Psychiatrie, angeregt durch die Untersuchungen Bonhoeffers (1907) und Birnbaums (1908), die Kategorie der so genannten Degenerationspsychosen. Die Haftpsychosen wurden als atypische Krankheitsbilder früh in die Diskussion gebracht und den beiden endogenen Krankheitsblöcken Kraepelins gegenübergestellt. Bonhoeffer und Birnbaum erblickten in der psychogenen Auslösbarkeit und Formbarkeit ein besonders typisches Merkmal degenerativer Geistesstörungen. Die Haft wurde nur als auslösendes Moment angesehen, während als Grundlage der Psychose eine minderwertige Anlage angenommen wurde. Neben den Merkmalen des atypischen Erscheinungsbildes dieser Psychosen sind es vor allem die Beeinflussbarkeit und die Flüchtigkeit der Wahnproduktion, die beide Autoren als Kennzeichen degenerativer Wahnbildung hervorhoben.

Die Studien der deutschen Psychiater über die Degenerationspsychosen wurden vor allem in den skandinavischen Ländern die Basis, auf der die Lehre von den reaktiven bzw. psychogenen Psychosen aufgebaut wurde. Von grundlegender Bedeutung war die Monografie von A. Wimmer (1916), der den ursprünglichen Terminus „degenerative Psychose" aus der deutschen Psychiatrie übernommen hatte.

# Schlussfolgerungen

Der aus historischen Gründen seit 100 Jahren nicht mehr diskutierte deskriptivklinische Aspekt der Degenerationslehre, dass psychiatrische Erkrankungen von Generation zu Generation an Schwere zunehmen können, fand unter dem Begriff der „Antizipation" wieder Eingang in den wissenschaftlichen Diskurs. Immerhin liegen inzwischen wenige fundierte Studien vor, denen zufolge das Phänomen einer Zunahme der Schwere von schizophrenen und bipolaren Erkrankungen nachgewiesen werden konnte (vgl. Spitzer und Hermle 1995).

In der Psychiatrie haben sich terminologische und ideologische Residuen der Entartungstheorien auch nach deren wissenschaftlicher Widerlegung weiter behaupten können. Der Degenerationsbegriff hatte sich dadurch unentbehrlich gemacht, dass er für die in der älteren Psychiatrie vernachlässigten Fälle zwischen „gesund" und „psychisch krank" ein terminologisches Sammelbecken bot. Es folgten Neurasthenie (Beard), Psychasthenie (Janet), Neurosen und die Hysterie als modische Diagnosen und als unscharf definierte Krankheitskonzepte. Die nahezu beliebig anwendbare Degenerationslehre fügte eigene Bezeichnungen hinzu: Den „dégénéré", den „déséquilibré", die „hereditäre Neurose" und die „sexuellen Perversionen", die von Krafft-Ebing in seiner „Psychopathia sexualis" (1886) beschrieben wurden. Die terminologische Auflösung der „degenerativen" Normabweichungen erfolgte schließlich in Richtung auf Psychopathien, Neurosen und atypische Psychosen.

Trotz der terminologischen Verdrängung und Auflösung des Degenerationsbegriffs blieb die Idee der Entartung unter sozialdarwinistischen Vorstellungen und dem Eindruck eines um sich greifenden Kulturpessimismus weiterhin populär. Die Tötung psychisch Kranker und geistig Behinderter, wie sie im Zuge der Euthanasie im „Dritten Reich" durchgeführt wurden, hat einige ihrer geistigen Wurzeln sicherlich in den Grundgedanken der Degenerationslehre. Die wissenschaftlich spekulative Degenerationstheorie hat es den noch weitaus spekulativeren Eugenik- und Rassetheorien der Nationalsozialisten zumindest sehr leicht gemacht, ihre verzerrte Ideologie wissenschaftlich zu verbrämen.

Unter dem Deckmantel des wissenschaftlichen Fortschritts ist in sehr versteckter Form sozialdarwinistisches Gedankengut auch heute noch sichtbar, was man z. B. in den Diskussionen über das „Recht auf Euthanasie" und über aktuelle embryonale Stammzellenforschung verfolgen kann. Zwar ist das Ziel der modernen Vorstellungen nicht mehr von sozialdarwinistischer Pseudowissenschaftlichkeit bestimmt, der Glaube an ein wissenschaftlich machbares „normiertes" Menschenbild ist jedoch geblieben.

## Literatur

Beaude, J. P.: Dictionnaire de médicine usuelle. Band 1, Didier, Paris 1849
Birnbaum, K.: Psychosen mit Wahnbildung und wahnhafte Einbildung bei Degenerativen. Marh., Halle 1908
Bonhoeffer, K.: Klinische Beiträge zur Lehre von den Degenerationspsychosen. Marh., Halle, 1907
Bumke, O.: Über nervöse Entartung. Monographien aus dem Gesamtgebiet der Neurologie und Psychiatrie. Springer, Berlin 1912
Hermle, L.: Die Degenerationlsehre in der Psychiatrie. Fortschr. Neurol. Psychiat. 54:69–79 (1986)
Kraepelin, E.: Psychiatrie. Ein kurzes Lehrbuch für Studierende und Ärzte. 4. Aufl., Ambr. Abel, Leipzig, 1893; 8. Aufl. Band 3, 2. Teil, Joh. Ambrosius Barth, Leipzig, 1913
Kraepelin, E.: Zur Entartungsfrage, Centralblatt für Nervenheilk. Psychiat., Leipzig 19:745–751 (1908)
Krafft-Ebing, R. Frh. von: Psychopathia sexualis. Enke, Stuttgart 1886
Krafft-Ebing, R. Frh. von: Lehrbuch der Psychiatrie. 1. Aufl., Enke, Stuttgart (1879), 2. Aufl. (1883), 4. Aufl. 143 (1890) 419–425
Lamarck de, J. B.: Philosophie zoologique. Dentu, Paris 1809
Magnan, V.: Psychiatrische Vorlesungen. Deutsch von P. J. Möbius. Thieme, Leipzig 1891–1893
Morel, B. A.: Traité des dégénérescences physiques, intellectuelles et morales de l'espèce humaine et des causes qui produisent ces variétés maladives. Paris 1857
Möbius, P. J.: Über die Einteilung der Krankheiten; Neurologische Betrachtungen. Zbl. Nervenheilk. Psychiat. 15 (1902) 289–301
Möbius, P. J.: Über Entartung. In: Grenzfragen des Nerven- und Seelenlebens. Bd. 1, Bergmann, Wiesbaden 1900
Neumann, H.: Lehrbuch der Psychiatrie. Enke, Erlangen 1859
Rousseau, J. J.: Discours sur l'origine et les fondemens de l'inégalité parmi les hommes. Œvres compl. Bd. 1, Dalibon, Paris 1825
Schüle, H.: Handbuch der Geisteskrankheiten. In: H. v. Ziemsen (Hrsg.): Handbuch spec. Path. u. Ther. Bd. 16, Vogel, Leipzig, 1878, S. 247–248
Sommer, R.: Die Beziehung von morphologischen Abnormitäten zu den endogenen Nerven- und Geisteskrankheiten. Zbl. Nervenheilk. 16 (1893) 561
Spitzer, M.; Hermle L.: Von der Degeneration zur Antizipation. Nervenarzt 66:187–196 (1995)
Virchow, R.: Transformismus und Descendenz. Berliner Klin. Wschr. 30 (1893) 5
Wimmer, A.: Psykogene sindygdoms former (Psychogenic varieties of mental disorders). St. Hans Hospital, Kopenhagen 1916

# 4 Evolutionstheorie kontra Sozialdarwinismus

FRANZ M. WUKETITS

## Einleitung

Mit der Evolutionstheorie – genau gesagt: der Theorie Darwins – wird, auch heute noch, oft der Sozialdarwinismus mitgedacht. Darwin, der Ideenlieferant einer Ideologie mit verheerenden Konsequenzen? In Wahrheit hat seine Theorie mit dem Sozialdarwinismus zwar genauso wenig zu tun wie etwa die Astronomie mit der Astrologie, aber es ist nicht zu bestreiten, dass seine Ideen ideologisch umgedeutet und missbraucht wurden. Die „Naturgesetze" *Wettbewerb ums Dasein* und *Überleben des Tauglichsten* wurden „zum obersten Gesetz der Regelung zwischenmenschlicher Beziehungen, der oberste biologische Wert zum höchsten sittlichen Wert" (Peters 1972, S. 339). Die einer preisgekrönten Schrift vorangestellte Frage war: „Welche von den modernen gesellschaftlichen Einrichtungen sind geeignet, die veredelnde Auslese des Daseinskampfes beim Menschen zu fördern, und welche umgekehrt, sie zu hemmen?" (Schallmayer 1910, S. XV). Die von solchen Fragen ausgehende Gefahr ist noch immer nicht gebannt. Ich möchte in der Folge zeigen, dass sich Darwins Theorie und die Evolutionstheorie insgesamt nicht dazu eignen, Ideologien wie den Sozialdarwinismus zu begründen oder auch nur zu unterstützen. Im Gegenteil. Versteht man den Evolutionsgedanken richtig und Darwins Werk so, wie es gemeint war, dann wird dem Sozialdarwinismus der Wind aus den Segeln genommen. Evolutionstheorie und Sozialdarwinismus sind nicht miteinander verträglich.

## Sozialdarwinismus

Was ist Sozialdarwinismus? Ganz allgemein die Lehre (Ideologie), dass die im Kampf ums Dasein überlebenden Individuen und Arten der menschlichen Gesellschaft, Politik und Wirtschaft als Vorbild dienen können, dass also der Wettbewerb ums Dasein, wie er sich in der Natur abspielt, in einem *normativen* Sinn auf die Organisation des menschlichen Soziallebens übertragbar sei (vgl. z. B. Koch 1973). Der Sozialdarwinismus ist zwar in vielen Facetten aufgetreten und stellt ein ganzes Bündel von Ideologien dar, dennoch lassen sich die damit verbundenen Grundüberzeugungen im Wesentlichen in folgenden Punkten zusammenfassen (vgl. Wuketits 1998b):

1. Darwins Selektionstheorie (s. u.) liefert die Maßstäbe für die gesellschaftliche, wirtschaftliche und moralische Entwicklung des Menschen.
2. Es gibt gute und schlechte Erbanlagen.
3. Der Mensch hat die Aufgabe, die guten Erbanlagen zu fördern und die schlechten zu eliminieren.

„Für die Nationen wie für den einzelnen ist das Höchste Gut ihr organisches Erbgut", schrieb der Arzt und Privatgelehrte Wilhelm Schallmayer (1857–1919) (Schallmayer 1910, S. 368). Er hatte sich um einen Preis beworben, der im Jahr 1900 zur Beantwortung der Frage ausgeschrieben worden war: „Was lernen wir aus den Prinzipien der Deszendenztheorie in Beziehung auf die innerpolitische Entwicklung und Gesetzgebung der Staaten?" Unter 60 Bewerbern gewann er den ersten Preis. Zu den Juroren zählte der bedeutende Zoologe Ernst Haeckel (1834–1919), einer der glühendsten Verfechter der Lehre Darwins.

Analog zur „Stufenleiter der Natur"[1] postulierte Haeckel (1905) eine Hierarchie der Völker, und zwar, von unten nach oben: Naturvölker oder „Wilde", Barbarvölker oder Halbwilde, Zivilvölker und Kulturvölker. Jede dieser Stufen unterteilte er in drei Kategorien – „niedere", „mittlere" und „höhere", also beispielsweise niedere Wilde, mittlere Wilde und höhere Wilde. Ein akribischer deutscher Geist. Was uns heute daran nicht nur als nicht politisch korrekt, sondern als geradezu lächerlich erscheinen mag, lag seinerzeit durchaus im Trend: Die Überzeugung, dass es eben unterentwickelte, höher entwickelte und hoch entwickelte Völker gibt. So konnte sich Haeckel auch auf andere Autoren stützen und folgte der damals beliebten Idee des Fortschritts und der Höherentwicklung der Menschheit – einer Entwicklung, an der, der verbreiteten Meinung zufolge, nicht alle Völker gleichen Anteil haben konnten (vgl. Wuketits 1998a). Etwas peinlich wird man berührt, wenn ein so hervorragender Gelehrter sich zu der Behauptung versteigt, „der Lebenswerth [der] niederen Wilden" sei „gleich demjenigen der Menschenaffen oder steht doch nur sehr wenig über demselben" (Haeckel 1905, S. 452).

Es fehlte mithin nicht an Vorstellungen und Vorschlägen, wie sich die „hoch entwickelten Völker" behaupten können. Nach Schallmayer (1910) sollte sich „jede gesunde Sozialpolitik" das Ziel setzen, eine „Fortpflanzungsauslese" im „Rasseninteresse" zu betreiben (s. a. Weiss 1986).

---

[1] Die Idee der Stufenleiter der Natur *(scala naturae)* geht auf die Antike zurück und reflektierte über viele Jahrhunderte die Überzeugung, dass alle „Naturdinge" sozusagen in aufsteigender Reihenfolge angeordnet sind.

Wie bereits Hertwig (1918) in seinem Versuch, den Sozialdarwinismus abzuwehren, mit Besorgnis feststellte, war die Zahl der Naturwissenschaftler und Ärzte, die unter Berufung auf Darwin gesellschaftliche Reformen durchsetzen wollten, Anfang des 20. Jahrhunderts recht groß. Aber keineswegs allein in Deutschland – wo die Entfaltung des Germanenkults zu dieser unerfreulichen Entwicklung beitrug (vgl. Mann 1973). In Frankreich vertrat vor allem Georges Vacher de Lapouge (1854–1936) einen ziemlich brutalen Sozialdarwinismus. Für ihn beruhte die menschliche Gesellschaft mit ihren Veränderungen ausschließlich auf einer biologischen, genetisch fassbaren Grundlage, und für den Untergang von Kulturen waren die „niederen Rassenelemente" verantwortlich (vgl. Seidler und Nagel, 1973). Insgesamt kann man sagen, dass zu Beginn des 20. Jahrhunderts sozialdarwinistische Ideen auf sehr fruchtbaren Boden fielen.

Während aber Leute wie Schallmayer in erster Linie doch Theoretiker waren, beseelt von Wunschvorstellungen von der Menschheit und pseudowissenschaftlichen Ideen über die Zukunft unserer Spezies, wurde in der Folgezeit daraus blutiger Ernst. Die ideologischen Konzepte verselbstständigten sich und führten im Dritten Reich zu einer mörderischen Praxis (s. a. Peters 1972). Freilich wäre es eine grobe Vereinfachung, „wollte man diesen Abstieg in die Barbarei einfach aus sozialdarwinistischen Anfängen herleiten" (Zmarzlik 1973, S. 302). Denn der „Erfolg" des Dritten Reichs wurde von mehreren Faktoren begünstigt, nicht zuletzt von der tristen wirtschaftlichen Situation in der Zwischenkriegszeit, von Hoffnungen auf eine Verbesserung dieser Situation, vom blinden Gehorsam gegenüber einem demagogischen Führer ... Es ist nicht zu leugnen, dass sich sozialdarwinistische Ideen damals in den Köpfen vieler Biologen und Mediziner eingenistet hatten, die dann – aus unterschiedlichen persönlichen und politischen Gründen – unter Hitler eine unselige Rolle spielen sollten (vgl. Deichmann 1995). Dennoch meine ich (vgl. Wuketits 1998b), dass die Machthaber des Dritten Reiches ihre Verbrechen auch dann begangen hätten, wenn ihnen Darwin und bestimmte (Fehl-)Interpretationen seiner Lehre gar nicht bekannt gewesen wären. Doch das ist schon ein anderes Thema, über das nachzudenken sich lohnen würde, das hier aber nicht weiterverfolgt werden kann.

## Darwin beim Wort genommen

Eingangs wurde betont, dass Darwins Theorie mit dem Sozialdarwinismus nichts zu tun habe. Eine flüchtige Lektüre einiger Schriften Darwins mag daran zunächst Zweifel aufkommen lassen. In seinem Buch *The Descent of Man* erinnert er sich an seine erste Begegnung mit den Feuerländern und hält fest, was ihm damals durch den Kopf gegangen war: „So waren unsere Vorfahren" (Darwin 1871 [1966, S. 273]). Also noch keine „wirklichen" Menschen, keine wie *wir*. Aus heutiger Sicht gewiss diskriminierende Worte aus dem Mund eines bahnbrechenden Gelehrten. Andererseits: Wie hätte ein junger Gentleman aus dem viktorianischen England auf Menschen reagieren können, die ihm zuvor völlig unbekannt waren und ihn nun durch ihre Fremdartigkeit überraschten? Im 19. Jahrhundert war die „Entdeckung des Menschen" noch voll im Gang. Das will heißen: Die *Europäer* hatten andere Völker entdeckt und hatten Mühe, diese als *Menschen* zu erkennen (vgl. Wuketits und Wuketits 2001).[2] Haeckels erwähnte Klassifikation ist ein Beispiel dafür.

Nun hieße es, Darwin vollkommen falsch zu verstehen, wollte man aus einigen seiner erstaunten Ausrufe anlässlich seiner Weltreise auf der „Beagle" sein Welt- und Menschenbild rekonstruieren. Seine grundlegende Arbeit bleibt die in dem Werk *On the Origin of Species* (1859) niedergelegte und begründete Theorie der Evolution durch *natürliche Auslese* oder *Selektion*. Darüber ist in den letzten 100 Jahren so viel geschrieben worden, dass ich hier nur ein paar Arbeiten berücksichtigen kann und mich im Übrigen an Darwin selbst halten will.

Mayr (1994) betont, man müsse bei Darwin zwei Theorien auseinander halten: Zum einen die Theorie der gemeinsamen Abstammung, zum anderen die Selektionstheorie: „Wie eigenständig die beiden Theorien in Wirklichkeit sind, zeigte sich, als kurz nach 1859 nahezu jeder Biologe, der sein Fachgebiet beherrschte, zwar die Theorie der gemeinsamen Abstammung übernahm, die natürliche Auslese jedoch ablehnte" (Mayr 1994, S. 123). Dass alle Lebewesen miteinander verwandt sind bzw. in einem abgestuften Verwandtschaftsverhältnis zueinander stehen und die heutigen Arten von früheren, „andersartigen" Spezies abstammen, ist eine Einsicht, die schon vor Darwin in den Köpfen einiger Naturforscher herangereift war (vgl. z. B. Glass et al. 1959; Wuketits 1989; Zimmermann 1953). Mit seiner Selektionstheorie aber lieferte Darwin eine *Erklärung* für den evolutiven Wandel der Organismen einschließlich des Menschen. (Was den Menschen betrifft, ließ er es in seinem Werk von 1859 allerdings mit einer kryptischen Bemerkung bewenden: Licht werde auch fallen auf den Menschen und seine Geschichte ...).

Was besagt nun Darwins Selektionstheorie? Sie beruht im Wesentlichen auf vier Beobachtungen und enthält drei zentrale Schlussfolgerungen (s. a. Wuketits, 2000):

---

[2] Hierzu muss man sich vergegenwärtigen, dass die Anthropologie als Wissenschaft vom Menschen im umfassenden Sinn im Wesentlichen aus dem Kuriositätsinteresse an fremden Ländern und Völkern entstanden ist (vgl. Mühlmann 1968).

- Beobachtungen:
  - potenziell unbegrenzte Produktion von Nachkommen (Nachkommenüberschuss),
  - Begrenztheit der Ressourcen,
  - Unterschiede zwischen Individuen einer Art (Einmaligkeit jedes Individuums),
  - differenzielle Reproduktion, d. h. unterschiedliche Fortpflanzungsfähigkeit.

- Schlussfolgerungen:
  - Wettbewerb ums Dasein unter den Individuen jeder Art,
  - Natürliche Auslese, d. h. unterschiedliche Überlebensfähigkeit,
  - durch viele Generationen hindurch Veränderung der Arten.

Für unser Thema sind vor allem die beiden ersten Schlussfolgerungen von Interesse. Sie führten zu den sozialdarwinistischen Missverständnissen.

Darwin lehnte sich bekanntlich an die Ideen des Sozialwissenschaftlers und Nationalökonomen Thomas R. Malthus (1766–1834) an. Der war zu dem Schluss gekommen, dass die Bevölkerung in geometrischer Reihe (2, 4, 8, 16 usw.) wächst, die Ressourcen (Nahrungsmittel) aber nur in arithmetischer Reihe (2, 3, 4, 5 usw.) zunehmen. Für Malthus ergaben sich daraus düstere Perspektiven: Vom sich ausbreitenden Massenelend im beginnenden Industriezeitalter nicht unbeeindruckt, rechnete er mit einer Überbevölkerung und Massenelend. Darwin übernahm Malthus' Vorstellungen und stellte sie sozusagen auf den Kopf, indem er den Wettbewerb ums Dasein beim Menschen auf die Welt der Tiere und Pflanzen verallgemeinerte (vgl. Ruse 1987). Er schrieb, „der Kampf ums Dasein der organischen Wesen der ganzen Erde" sei „eine unvermeidliche Folge der großen geometrisch fortschreitenden Vermehrung – die Lehre von Malthus auf das gesamte Tier- und Pflanzenreich angewendet" (Darwin 1859 [1967, S. 27]). Und weiter: „Da viel mehr Einzelwesen jeder Art geboren werden, als leben können, und da infolgedessen der Kampf ums Dasein dauernd besteht, so muss jedes Wesen, das irgendwie vorteilhaft von den anderen abweicht, unter denselben komplizierten und oft sehr verschiedenen Lebensbedingungen bessere Aussicht für das Fortbestehen haben und also von der Natur zur Zucht ausgewählt werden. Nach dem Prinzip der Vererbung hat dann jede durch Zuchtwahl entstandene Varietät die Neigung, ihre neue veränderte Form fortzupflanzen" (Darwin 1859 [1967, S. 27 f.]).

Im Zusammenhang mit der Formel „Wettbewerb ums Dasein" sind häufig zwei für den Sozialdarwinismus relevante Missverständnisse anzutreffen. Das ist zum einen die Auffassung, dass mit Wettbewerb ein *Kampf* gemeint sei, Auge um Auge, Zahn um Zahn. Natürlich spielen sich in der Natur allerorten Kämpfe ab, und wir wissen, dass Tiere verschiedene „Organe" (Hörner, Geweih, Klauen,

Zähne, Giftdrüsen usw.) einsetzen, um einander oft blutige Kämpfe zu liefern oder einander zu töten. Aber der Sinn der Metapher vom Daseinskampf, die sich am (liberalen) Gesellschaftsmodell des freien Spiels der Individuen orientiert (Fellmann 1977), liegt woanders. Es geht darum, dass die Individuen einer Art über bestimmte Eigenschaften verfügen, die sie gegenüber anderen als tauglicher erweisen, „was bedeutet, dass beispielsweise derjenige gewinnt, der schneller als andere laufen kann, der effektiver nach Futter sucht, sich vor Feinden in Schutz bringen kann, besser hört, sieht oder riecht, die Beute schnell zu verstecken in der Lage ist usw." (Wuketits 1999, S. 46). Außerdem ist zu bemerken, dass ja Austern, Seesterne und viele andere Lebewesen gar nicht miteinander *kämpfen* können. Aber auch sie stehen, ebenso wie Pflanzen, miteinander im Wettbewerb um Ressourcen, obwohl sie über keine „Waffen" verfügen und ihre Artgenossen nicht verletzen können. Die krude sozialdarwinistische Formel vom „Überleben des Stärksten" ist ein Unsinn, der an Darwins Ideen völlig vorbeigeht. Darwin (1859 [1967, S. 101]) selbst betont, dass er „die Bezeichnung 'Kampf ums Dasein' in einem weiten metaphorischen Sinne gebrauche, der die Abhängigkeit der Wesen voneinander [...] mit einschließt."

Das zweite Missverständnis liegt darin, im Wettbewerb ums Dasein einen „Kampf" zwischen verschiedenen Arten zu sehen. Zwar können manche Arten, die denselben Lebensraum bewohnen und ähnliche Lebensansprüche haben, miteinander in Konkurrenz stehen, liest man ihn aber wirklich, dann versteht man, was Darwin gemeint hat: „Der Kampf ums Dasein ist am heftigsten zwischen Individuen und Varietäten derselben Art" (Darwin 1859 [1967, S. 116]). Tatsächlich lassen schon einfache Überlegungen erkennen, dass der größte Konkurrent beispielsweise eines Löwen sein Artgenosse ist und nicht ein Zebra oder ein Gnu. Denn der Artgenosse kann ihm seine Beute oder sein Weibchen wegnehmen, während sich Zebras und Gnus weder für die von ihm erbeutete Gazelle, noch für ein Löwenweibchen interessieren.

Zu gravierenden Missverständnissen führte auch Darwins Metapher vom „Überleben des Tauglichsten", die er übrigens nicht selbst prägte, sondern von dem Philosophen Herbert Spencer (1820–1903) übernahm und erst in eine spätere Auflage der *Origin of Species* einarbeitete (vgl. Schmitz 1983). Wie bereits angedeutet, kann es nicht um ein Überleben des „Stärksten" gehen; und Überleben kann natürlich auch nicht „ewiges Leben" bedeuten, sondern, im Sinne Darwins, nur Reproduktionserfolg. In der Evolutionsbiologie ist es inzwischen ein Gemeinplatz, dass die Individuen jeder Art bei der Fortpflanzung nicht gleich erfolgreich sind, dass einige ihre Gene effizienter weitergeben als andere. Von Genen konnte Darwin noch nichts wissen, aber er erkannte mit geradezu schlafwandlerischer Sicherheit, dass die natürliche Auslese diejenigen Varianten (Individuen) einer Art fördert, die sich relativ erfolgreich fortpflanzen: „Wenn nun Veränderungen auftreten, die jedem [...] Lebewesen nützen, so werden sicher die damit beglückten Individuen am ehesten im Kampf ums Dasein erhalten bleiben; und nach dem Prinzip der Vererbung werden sie die Neigung haben, ähnlich charakterisierte Nachkommen hervorzubringen. Dieses Prinzip der Erhaltung oder das Überleben des Tüchtigsten nannte ich natürliche Zuchtwahl. Es führt zur Verbesserung eines jeden Geschöpfs gegenüber seinen organischen und anorganischen Lebensbedingungen" (Darwin 1859 [1967, S. 184]).

Damit lieferte Darwin – „der größte Amateur aller Zeiten, ein Amateur-Naturforscher, der ein großer Wissenschaftler wurde" (Huxley und Kettlewell 1965, S. 63 [meine Übersetzung]) – den Schlüssel zum Verständnis eines der faszinierendsten Probleme der Natur: des Wandels der Organismenarten in der Zeit. Mit der „künstlichen Selektion", also der Selektion von Kulturpflanzen- und Haustierrassen, hatte der begeisterte Taubenzüchter im Übrigen eine brauchbare *Analogie* zur Hand, eine Analogie zu seiner postulierten natürlichen Auslese, der Haupttriebkraft der Evolution (vgl. z. B. Ruse 1982). Seine Theorie aber diente auch Ideologien zum Vorbild, sein Naturauffassung wurde quasi in Analogie auf die menschliche Gesellschaft übertragen.

## Missverständnisse mit verheerenden Folgen

Es soll hier gar nicht davon gesprochen werden, dass Darwin ein großer Humanist war, der sich beispielsweise gegen die Sklaverei aussprach – was im viktorianischen England keine Selbstverständlichkeit war! –, sondern es soll nur versucht werden, einige Missverständnisse zu rekonstruieren, die Darwins Lehre in den Sozialdarwinismus verwandelten. Dabei spielte die erwähnte Vorstellung, dass es „niedere" und „höhere" Menschen gibt, von vornherein eine große Rolle. Wenn wir beispielsweise in einer Arbeit aus dem frühen 20. Jahrhundert lesen, dass „die verschiedenen Tier-, Pflanzen- oder *Menschen-Arten* durch ihre verschiedenen Kräfte und Fähigkeiten verschieden im Wettkampfe gestellt [sind]" (Reiner 1902, S. 39 f. [meine Hervorhebung]), dann wird schon eines der grundlegenden Missverständnisse deutlich: Verschiedene „Arten von Menschen" besitzen unterschiedliche Fähigkeiten, im Wettbewerb ums Dasein zu bestehen (!). Der heutige Mensch, *Homo sapiens* – genauer: *Homo sapiens sapiens* – ist *eine* Art, und das schon seit etwa 40.000 Jahren. Hier wurde Darwin im Hinblick auf seine Metapher vom Wettbewerb ums Dasein gründlich missverstanden. Im Übrigen war ihm, ungeachtet seines Erstaunens angesichts der Feuerländer, durchaus klar, dass alle rezenten Völker und „Rassen" des Menschen *einer* Spezies angehören. Woran später selbst Anthropologen, die dem Gedankengut des Dritten Reiches ihren Tribut zollten, nichts ändern konnten: „Die gesamte Menschheit [ist] heute noch eine Art; d. h. alle Menschenrassen sind untereinander dauernd fruchtbar", schrieb Weinert 1941 (S. 4) und schloss sogar nicht aus,

„dass einmal Umstände eintreten, die anspruchslosere Rassen für den Weiterbestand befähigter machen als die hoch kultivierten Völker" (S. 138).

Wirklich bedenklich sind Arbeiten wie die eines Psychologen, der den Hühnerhof „als Forschungs- und Aufklärungsmittel in menschlichen Rassenfragen" vorstellte (Jaensch 1939). Seine Untersuchungen wollen belegt haben, dass es bei den Hühnern analog zum Menschen Süd- und Nordrassen mit unterschiedlicher Leistungsfähigkeit gibt. Er schreibt Folgendes: „Wir haben beim Haushuhn den Fall vor uns, dass eine Tierart, die heute fast über die ganze Erde verbreitet ist, trotz ihrer Aufspaltung in verschiedene Rassen, nachweislich auf einen einheitlichen Ursprung zurückgeht. Bei dieser rassischen Aufspaltung der ursprünglichen Einheit zeigt sich insbesondere ein Unterschied zwischen Nord- und Südrassen, der demjenigen menschlicher Nord- und Südformen in Europa auffallend ähnlich ist. Rückt das nicht den Gedanken nahe, dass sich auch bei wichtigen Teilen europäischen Menschentums die Dinge ähnlich verhalten mögen wie in der in dieser Hinsicht schon besser durchsichtigen Hühnerwelt ...?" (Jaensch 1939, S, 253).

Wir wollen den Autor freilich fair behandeln und nicht übersehen, dass er letztlich die Idee einer europäischen *Völkerfamilie* begründen wollte. Fragt sich nur, warum er dazu „Nord-" und „Südhühner" strapazieren musste ...

Missverständlich war auch, aus Darwins Theorie *Normen* für die Organisation des gesellschaftlichen Lebens abzuleiten. „Daseinserhaltung hat mit Werterhaltung nichts zu tun" (Guenther 1905, S. 419). Der Umkehrschluss dieser Aussage hatte fatale Konsequenzen. Er besteht in einer strikten Unterscheidung zwischen „wertem" und „unwertem" Leben und der Forderung, dieses durch „Selektion" zu eliminieren, jenes aber zu fördern. Man sollte, so liest sich diese Forderung im Klartext, „Krüppeln" und „Entarteten" nicht „gestatten, dass sie mit ihrer Brut den Wohlgeborenen den Raum streitig machen. Man muss sich vielmehr vergegenwärtigen, dass irgendwo und irgendwann auch das Mitleid ein Ende haben muss" (Hentschel 1922, S. 162 f.). Solche und ähnliche Zitate sind in sehr großer Zahl zu finden, es soll hier bei diesem einen belassen werden. Wie jene Forderung dann im Dritten Reich in die Praxis umgesetzt wurde, ist hinreichend bekannt und braucht an dieser Stelle nicht weiter kommentiert zu werden. Das grundlegende Missverständnis Darwins im Sozialdarwinismus in Theorie und Praxis war der Glaube, aus dem Überleben der Tauglichsten ein *Recht des Stärkeren* ableiten und den Wettbewerb ums Dasein in der Natur als *gesellschaftliche Norm* umsetzen zu können. Genau dies hatte Darwin nicht im Sinn.[3]

---

[3] Auch die Sozialdarwinisten waren in diesem Zusammenhang wesentlich „milder". Die völkische Idee „mit der *letztgültigen* Bewertung des eigenen Volkstums und mit der daraus resultierenden aggressiven Haltung gegen die 'minderwertigen' Rassen ('Ariertum' gegen 'Judentum' u. Ä.)" war „dem Sozialdarwinismus von Hause aus völlig fremd" (Peters 1972, S. 342).

## Warum die Evolutionstheorie im Widerspruch zum Sozialdarwinismus steht

Versteht man die Evolutionstheorie und Darwin richtig, dann kann man daraus keinen Sozialdarwinismus ableiten. Da Darwin die Einmaligkeit des Individuums und die Bedeutung der Variation betont, steht seine Lehre im Widerspruch zu *rassistischen* Vorstellungen ganz allgemein (s. a. Mayr 2000). Für den Evolutionstheoretiker ist es klar, dass alle heutigen Menschen, unabhängig von ihren phänotypischen Unterschieden und ihrer kulturellen Differenzierung Angehörige *einer* Spezies sind. „Mindestens seit dem Jungpaläolithikum gehören alle Varianten der Hominiden [Menschenartigen; meine Anmerkung], denen man in allen Erdteilen begegnet, mit Sicherheit der Art Homo sapiens an" (Schwidetzky 1971, S. 118). Mit anderen Worten: Wir alle sitzen auf demselben Stammbaumast. Rassistische Diskriminierung von Menschen kann also keine schlüssige Folge der Evolutionstheorie sein. Der Evolutionstheoretiker weiß aber auch, dass es gerade die Vielfalt der Individuen des Menschen und die Unterschiede zwischen den Individuen sind, die letztlich die „materielle" Grundlage für unsere Kultur darstellen (vgl. Dunn und Dobzhansky 1952).

Freilich war Darwin vom Denken seiner Zeit nicht unbeeinflusst. Das ist trivial. Weniger trivial aber ist die Projektion des *Fortschrittsgedankens* in die Entwicklung des Lebens, die Evolutionstheorien des 19. Jahrhunderts – bis tief ins 20. Jahrhundert hinein – begleitet hat. Ich habe darauf bereits hingewiesen. Die irrige Gleichsetzung von Evolution und Fortschritt hatte unglückliche Konsequenzen (siehe z. B. auch Gould 1980).[4] Auch Darwin glaubte an einen Fortschritt der Menschheit, meinte damit aber nicht, dass „fortgeschrittene" Völker „die anderen" unterjochen dürfen oder gar sollen. Er glaubte, dass die „sozialen Instinkte" immer besser würden. Seine Botschaft war daher durchaus im humanistischen Sinne gemeint und liest sich wie folgt: „Ein Ausblick auf fernere Geschlechter braucht uns nicht fürchten zu lassen, dass die sozialen Instinkte schwächer werden; wir können im Gegenteil annehmen, dass die tugendhaften Gewohnheiten stärker und vielleicht durch Vererbung noch befestigt werden. Ist dies der Fall, so wird unser Kampf zwischen den höheren und niederen Impulsen immer mehr von seiner Schwere verlieren, und immer häufiger wird die Tugend triumphieren" (Darwin 1871 [1966, S. 159 f.]).

Wer darin eine (sozialdarwinistische) Utopie der Menschenzüchtung erkennt, der hat Darwin nicht verstanden. Allerdings könnte man hier über einen

---

[4] Und trieb manchmal skurrile Blüten. So, wenn behauptet wurde, der Mensch könne vielleicht noch ein höheres, „unirdisches" Ziel erreichen, aber „wohl nur in den höheren Rassen, besonders in der arischen" (Frieling 1940. S. 111).

Widerspruch diskutieren. Wenn der Mensch, was Darwin im Sinn hatte, seine sozialen Instinkte und Sympathien auf *alle* Angehörigen seiner Spezies ausdehnen kann – was wird dann aus dem Wettbewerb ums Dasein? (vgl. Greene, 1963). Diese Frage wäre natürlich weiterer Überlegungen wert, die hier nicht angestellt werden können. Es soll damit aber darauf hingewiesen werden, dass der Humanist Darwin mit seiner eigenen Theorie gewisse Schwierigkeiten hatte.

Mit dem Sozialdarwinismus liegt eine unglückliche Verbindung zwischen Biologie und Ideologie vor, die auch in anderen Lehren zum Ausdruck kommt (vgl. z. B. Wuketits, 1992), auf die hier nicht eingegangen wurde und nicht eingegangen werden kann. Der Sozialdarwinismus „dient zur naturwissenschaftlichen Legitimierung der bestehenden Gesellschaftsordnung" und rechtfertigt die soziale Ungleichheit „als Ergebnis eines natürlichen Ausleseprozesses" (Sieferle, 1994, S. 139). Damit wird Darwin auf den Kopf gestellt. Indem er Malthus' Überlegungen auf die Natur übertrug, bediente er sich gewissermaßen eines *soziomorphen Modells* (Peters, 1960) und hatte nicht die Absicht, gesellschaftliche Zustände durch ihre Rückprojektion auf die Natur zu rechtfertigen.

Abschließend soll betont werden, dass es an der Zeit wäre einzusehen, was Darwin wirklich sagte und meinte, und zu erkennen, dass eine richtig verstandene Evolutionstheorie nicht sozialdarwinistisch uminterpretiert werden kann. Darwins Theorie ist keine Sozialtheorie und schon gar kein Modell dafür, wie menschliche Gesellschaften organisiert sein *sollen*. Sie ist eine naturwissenschaftliche Theorie, die auch die Entstehung und Entwicklungsgeschichte des Menschen beschreibt und erklärt. Es ist klar, dass man daraus sozusagen viel machen kann. Das hat uns der Sozialdarwinismus vorgeführt, aber man sollte Darwins Namen und Werk nicht mehr zur Stützung dieser Irrlehre missbrauchen. Ein frommer Wunsch, vielleicht, in Anbetracht der Tatsache, dass Evolution und Evolutionstheorie nicht zum allgemeinen Bildungsgut gehören. Eine Umfrage in den USA hat ergeben, dass über 60 Prozent der Bevölkerung glauben, Menschen hätten gleichzeitig mit Dinosauriern gelebt. Diesen Leuten wird es wohl auch ziemlich gleichgültig sein, was Darwin wirklich sagte und wie seine Theorie falsch interpretiert wurde ...

**Literatur**

Darwin, Ch.: On the Origin of Species. Murray, London 1859. [Die Entstehung der Arten. Reclam, Stuttgart 1976]

Darwin, Ch.: The Descent of Man. Murray, London 1871. [Die Abstammung des Menschen. Kröner, Stuttgart, 1966]

Deichmann, U.: Biologen unter Hitler. Porträt einer Wissenschaft im NS-Staat. Fischer Frankfurt/M. 1995

Dunn, L. C.; Dobzhansky, T.: Heredity, Race and Society. The New American Library, New York 1952
Fellmann, F.: Darwins Metaphern. Archiv für Begriffsgeschichte 21, 285–297 (1977)
Frieling, H.: Herkunft und Weg des Menschen. Abstammung oder Schöpfung? Klett, Stuttgart 1940
Glass, B.; Temkin, O.; Straus, W. L. (Hrsg.): Forerunners of Darwin 1745–1859. The Johns Hopkins Press, Baltimore 1959
Gould, S. J.: Ever Since Darwin. Reflections in Natural History. Penguin Books, Harmondsworth 1980
Greene, J. C.: Darwin and the Modern World View. The American Library, New York, 1963
Guenther, K.: Der Darwinismus und die Probleme des Lebens. Zugleich eine Einführung in das einheimische Tierleben. F. E. Fehsenfeld, Freiburg/Br. 1905
Haeckel, E.: Die Lebenswunder. Gemeinverständliche Studien über Biologische Philosophie. Kröner, Stuttgart 1905
Hentschel, W.: Vom aufsteigenden Leben. Ziele der Rassenhygiene. Metthes, Leipzig 1922
Hertwig, O.: Zur Abwehr des ethischen, des sozialen, des politischen Darwinismus. G. Fischer, Jena 1918
Huxley, J.; Kettlewell, H. B. D.: Charles Darwin and His World. Thames and Hudson, London 1965
Jaensch, E. R.: Der Hühnerhof als Forschungs- und Aufklärungsmittel in menschlichen Rassefragen. Zeitschrift für Tierpsychologie 2, 223–258 (1939)
Koch, H. W.: Der Sozialdarwinismus. Seine Genese und sein Einfluss auf das imperialistische Denken. Beck, München 1973
Mann, G.: Rassenhygiene – Sozialdarwinismus. In: Mann, G. (Hrsg.): Biologismus im 19. Jahrhundert. Enke, Stuttgart 1973, S. 73–93
Mayr, E.: ... und Darwin hat doch recht. Charles Darwin, seine Lehre und die moderne Evolutionstheorie. Piper, München, Zürich 1994
Mayr, E.: Darwin's Influence on Modern Thought. Scientific American 283 (1), 79–83 (2000)
Mühlmann, W. E.: Geschichte der Anthropologie (2. Aufl.). Athenäum Verlag, Frankfurt/M., Bonn 1968
Peters, H. M.: Soziomorphe Modelle in der Biologie. Ratio 1, 22–37 (1960)
Peters, H. M.: Historische, soziologische und erkenntniskritische Aspekte der Lehre Darwins. In: Gadamer, H.-G.; Vogler, P. (Hrsg.): Neue Anthropologie. Bd. 1: Biologische Anthropologie (1. Teil). Deutscher Taschenbuch Verlag, München 1972, 326–352
Reiner, J.: Darwin und seine Lehre. Für gebildete Laien geschildert. Seemann, Leipzig 1902
Ruse, M.: Darwinism Defended. A Guide to the Evolution Controversies. Addison-Wesley, Reading/Mass. 1982
Ruse, M.: Evolutionary Models and Social Theory. Prospects and Problems. In: Schmid, M.; Wuketits, F. M. (Hrsg.): Evolutionary Theory in Social Science. D. Reidel, Dordrecht, Boston, Lancaster, Tokyo 1987, 23–47
Schallmayer, W.: Vererbung und Auslese in ihrer soziologischen und politischen Bedeutung. G. Fischer, Jena 1910

Schmitz, S.: Charles Darwin. Leben – Werk – Wirkung. Econ, Düsseldorf 1983
Schwidetzky, I.: Das Menschenbild der Biologie (2. Aufl.). G. Fischer, Stuttgart 1971
Seidler, E.; Nagel, G.: Georges Vacher de Lapouge (1854–1936) und der Sozialdarwinismus in Frankreich. In: Mann, G. (Hrsg.): a. a. O., S. 94–107, 1973
Sieferle, R.-P.: Sozialdarwinismus. In: Baumunk, B.-M.; Rieß, J. (Hrsg.): Darwin und Darwinismus. Eine Ausstellung zur Kultur- und Naturgeschichte. Akademie Verlag, Berlin 1994, S. 134–142
Weinert, H.: Die Rassen der Menschheit. Teubner, Leipzig, Berlin 1941
Weiss, S. F.: Wilhelm Schallmayer and the Logik of German Eugenics. ISIS 77, 33–46 (1986)
Wuketits, F. M.: Grundriss der Evolutionstheorie (2. Aufl.). Wissenschaftliche Buchgesellschaft, Darmstadt 1989
Wuketits, F. M.: Biologie, menschliche Natur und Ideologie: Zur Analyse einer unglücklichen Beziehung. In: Salamun, K. (Hrsg.): Ideologien und Ideologiekritik. Ideologietheoretische Reflexionen. Wissenschaftliche Buchgesellschaft, Darmstadt 1992, S. 185–202
Wuketits, F. M.: Naturkatastrophe Mensch. Evolution ohne Fortschritt. Patmos, Düsseldorf 1998a (Deutscher Taschenbuch Verlag, München 2001)
Wuketits, F. M.: Eine kurze Kulturgeschichte der Biologie. Mythen, Darwinismus, Gentechnik. Wissenschaftliche Buchgesellschaft, Darmstadt 1998b
Wuketits, F. M.: Die Selbstzerstörung der Natur. Evolution und die Abgründe des Lebens. Patmos, Düsseldorf 1999 (Deutscher Taschenbuch Verlag, München, 2002)
Wuketits, F. M.: Evolution. Die Entwicklung des Lebens. Beck, München 2000
Wuketits, M.; Wuketits, F. M.: Humanität zwischen Hoffnung und Illusion. Warum uns die Evolution einen Strich durch die Rechnung macht. Kreuz, Stuttgart 2001
Zimmermann, W.: Evolution. Geschichte ihrer Probleme und Erkenntnisse. Alber, Freiburg, München 1953
Zmarzlik, H.-G.: Der Sozialdarwinismus in Deutschland. Ein Beispiel für den gesellschaftlichen Missbrauch naturwissenschaftlicher Erkenntnisse. In: Altner, G. (Hrsg.): Kreatur Mensch. Moderne Wissenschaft auf der Suche nach dem Humanum. Deutscher Taschenbuch Verlag, München 1973, S. 289–311.

# 5 Domestikation und Menschenauslese – Versuch einer Kritik vom evolutionsbiologischen Standpunkt aus

MARTIN BRÜNE

## Einleitung

In der Philosophie wird seit Jahrhunderten über die Stellung des Menschen in der Natur gestritten: In Rousseaus kulturkritischer Sicht steht der über sich und die Welt reflektierende Mensch jenseits seiner Natur und ist – verglichen mit dem idealisierten *„homme naturel"* – denaturiert und daher entartet („L' état de réflexion est un état contre nature, et que l'homme, qui médite est un animal dépravé"; Rousseau 1755). Im Humanismus ist dagegen der Versuch der „Domestikation des Menschen" mit dem Ziel der „Entwilderung" geradezu unabdingbare Voraussetzung, einer „Bestialisierung" entgegenzuwirken (siehe Kommentar bei Schmidt-Salomon 2000).[1] Arnold Gehlen (1944) sah im Menschen gar ein sich selbst domestizierendes Zucht- und zugleich Mängelwesen. Im biologischen Sinn fasste Gehlen die „Mängel" „als Unangepasstheiten, Unspezialisiertheiten und Primitivismen" auf, Kultur dagegen als Kompensation dieser biologischen Mangelausstattung (Gehlen 1944).

Trotz aller Unterschiede zwischen diesen philosophischen Betrachtungen über das Verhältnis des Menschen zur Natur besteht – verkürzt ausgedrückt – das Gemeinsame darin, dass eine *außer Kraft gesetzte natürliche Selektion* postuliert, programmatisch die Kultur der Natur gegenübergestellt und die *Auslese durch den Menschen selbst* als Notwendigkeit betrachtet wird.[2]

Die Diskussion um die Domestikation und um daraus vermeintlich zu ziehende Schlüsse für eine genetische Verbesserung des Menschen wurde kürzlich durch den Philosophen Peter Sloterdijk in dessen *Regeln für den Menschenpark* (1999) vor dem Hintergrund der ethischen Vertretbarkeit moderner Gentechno-

---

[1] Aus psychiatrischer Sicht bemerkenswert ist, dass im 19. Jahrhundert vielfach die Behandlung psychisch Kranker – auch ideengeschichtlich – mit Zähmung (Domestikation) gleichgesetzt wurde (Übersicht bei Scull 1983).

[2] Auch vor Darwin gab es Vorstellungen zur Evolution der Lebewesen einschließlich des Menschen, siehe etwa Rousseau 1755.

logie wieder aufgegriffen. Mit Blick auf Nietzsches *Zarathustra* schrieb Sloterdijk: „Die Menschen haben [...] es mithilfe einer geschickten Verbindung von Ethik und Genetik fertig gebracht, sich selber klein zu züchten. Sie haben sich selber der Domestikation unterworfen und eine Zuchtwahl in Richtung auf haustierliche Umgänglichkeit bei sich selbst auf den Weg gebracht."

Die weitere philosophische Debatte kann an dieser Stelle nicht nachgezeichnet werden; hervorzuheben ist in diesem Zusammenhang jedoch, dass ihr ganz offensichtlich nur äußerst unzureichende biologisch-anthropologische Kenntnisse zugrunde liegen (siehe z. B. Kamann 1999, Schmidt-Salomon 2000).

In diesem Kapitel wird die These vertreten, dass:

1. das ursprünglich philosophische Paradigma von der menschlichen „Selbstdomestikation" unter dem Einfluss des Zeitgeistes des ausgehenden 19. und beginnenden 20. Jahrhunderts von den Naturwissenschaften aufgegriffen wurde und schließlich auch Eingang in die Psychiatrie fand, und dass

2. das Domestikationsparadigma zudem wesentlichen Anteil daran hatte, Forderungen nach eugenischen Maßnahmen aufzustellen, und somit zumindest partiell zur „wissenschaftlichen Untermauerung" von Züchtungsprogrammen und Tötungsaktionen im Nationalsozialismus beitrug.

Wenn heutzutage von prominenten Genetikern wie James D. Watson, dem „Pionier der Erbgutanalyse", die Auffassung vertreten wird, „die Evolution zu verbessern, wann immer das möglich ist, sofern wir damit gesündere und klügere menschliche Wesen schaffen" (Frankfurter Allgemeine Zeitung, 28.6.2000, Nr. 147, S. 49), fühle ich mich als evolutionsbiologisch denkender Psychiater dazu aufgerufen, derartigen Forderungen entgegenzutreten. Ziel der folgenden Übersicht ist es daher auch, die Hypothese von der menschlichen Selbstdomestikation und Fragen der „Menschenauslese" vom evolutionsbiologischen Standpunkt aus kritisch zu beleuchten.

# Die „Domestikation des Menschen" in der biologischen Literatur

Verglichen mit seinem Werk über *Die Entstehung der Arten* (1859) ist Charles Darwins Abhandlung des Themas „Domestikation" in den *Variations of Animals and Plants under Domestication* (1868) weniger bekannt. Die Bedeutung dieses Werkes für die gesamte Biologie kann jedoch kaum überschätzt werden, stellten doch die Domestikationsexperimente auch die Grundlage für Darwins Verständnis der „natürlichen Zuchtwahl" dar. Wie später noch zu zeigen sein wird, ist im Hinblick auf die These der Domestikation des Menschen bedeutsam, dass Darwin feststellte, dass domestizierte Tiere und Pflanzen:

1. von Wildformen abstammen,
2. stärker variieren als Letztere,
3. dass – im Unterschied etwa zu gezähmten Tieren – in der Regel die Fruchtbarkeit domestizierter Arten erhöht ist,
4. dass eine Neigung zum „Rückschlag" (Atavismus) besteht und
5. dass enorme Größenunterschiede im Sinne von Zwerg- und Riesenwuchs auftreten können.

Darwin hob außerdem hervor, dass auch die „geistigen Anlagen domesticierter Tiere" stark variieren und sowohl „neue geistige Charaktere" erlangt als auch natürliche unter Domestikationsbedingungen verloren werden können (Darwin 1868 in der Übersetzung von Carus 1910, S. 459 f.). Des Weiteren ist hinsichtlich der späteren definitorischen Verwässerung des Begriffs der Domestikation auch in der biologischen Literatur zu betonen, dass Darwin in der Einleitung des ersten Bandes der *Variations* hervorhob, dass der Ausdruck „natürliche Zuchtwahl" für selektive Prozesse insofern irreführend sei, als er eine bewusste Wahl einzuschließen scheint. Auf der anderen Seite bringe dieser Ausdruck jedoch „die Erzeugung domestizierter Rassen durch das Vermögen des Menschen zur Zuchtwahl mit der natürlichen Erhaltung von Varietäten und Arten im Naturzustande in Zusammenhang." Wichtig ist hier die Betonung der zielgerichteten Auslese bestimmter Merkmale und Eigenschaften ausschließlich bei Domestikationsvorgängen (an anderer Stelle hat sich Darwin klar dazu bekannt, dass er die natürliche Selektion im Gegensatz zur Zucht domestizierter Arten als nicht zielgerichtet betrachtet (Darwin 1892 [1958, S. 63]).

Während sich in den *Variations* keine Hinweise für eine Domestikationshypothese des Menschen finden, ging Darwin in *The Descent of Man* (1871) dezidiert auf diesen Punkt ein, wie zu zeigen sein wird, allerdings keineswegs eindeutig. Mit Bezug auf den bedeutenden deutschen Naturforscher J. F. Blumenbach, schrieb Darwin: „Nichtsdestoweniger ist es ein Irrthum, selbst wenn wir nur auf die Lebensbedingungen sehen, denen er unterworfen gewesen ist, vom Menschen so zu sprechen als sei er ‚weit mehr domestizirt' (Blumenbach 1865) als irgend ein anderes Thier. [...] In einer anderen und noch bedeutungsvolleren Beziehung weicht der Mensch sehr weit von jedem im strengen Sinn domesticirten Thier ab; die Nachzucht ist nämlich bei ihm weder durch methodische noch durch unbewußte Zuchtwahl controlirt worden. Keine Rasse oder größere Zahl von Menschen ist von anderen Menschen so vollständig unterworfen worden, daß gewisse Individuen, weil sie in irgendwelcher Weise ihren Herren von größerem Nutzen gewesen wären, erhalten und so unbewußt zur Nachzucht ausgewählt worden wären." Weiter führte er aus: „In meinem Buche über das Variieren domesticierter Thiere habe ich den Versuch gemacht, in einer skizzenartigen Weise die Gesetze des Variierens unter die folgenden Punkte zu ordnen: Die direkte und bestimmte Wirkung veränderter Bedingungen wie sich dieselben bei allen oder fast allen Individuen einer und derselben Spezies zeigt, welche unter denselben Umständen in einer und derselben Art und Weise abändern; [...] doch habe ich von diesem Gesetz beim Menschen kein entscheidendes Beispiel gefunden" (Darwin 1871, S. 32–33). An anderer Stelle heißt es dagegen: „Wir dürfen daher erwarten, dass civilisierte Menschen, welche in einem gewissen Sinn hoch domesticiert sind, fruchtbarer als wilde Menschen seien. Es ist auch wahrscheinlich, dass die erhöhte Fruchtbarkeit civilisierter Nationen, wie es bei unseren domesticierten Thieren der Fall ist, ein erblicher Charakter wird" (ebd., S. 50).

Bezug nehmend auf die Gehirngröße des Menschen stellte Darwin fest, dass im Unterschied zu domestizierten Tieren – verglichen mit der Wildform – keine Größenabnahme im Laufe der menschlichen Stammesgeschichte festzustellen sei (ebd., S. 60–61). Wieder an anderer Stelle bemerkte Darwin: „Der Mensch kann in vielen Beziehungen mit denjenigen Thieren verglichen werden, welche schon seit langer Zeit domesticiert worden sind." (ebd., S. 191–192). Aber: „In Betreff des Menschen kann keine solche Frage entstehen, denn man kann nicht sagen, dass er zu irgendeiner besonderen Periode domesticiert worden wäre (ebd., S. 197). Bei unseren domesticierten Thieren kann eine neue Rasse leicht von einem einzelnen Paare ausgebildet werden, welches einige neue Merkmale besitzt, ja selbst von einem einzigen in dieser Weise ausgezeichneten Individuum, und zwar dadurch, dass man die variierenden Nachkommen mit Sorgfalt zur Paarung auswählt. Aber die meisten unserer Rassen sind nicht absichtlich von einem ausgewählten Paare, sondern unbewußt durch die Erhaltung vieler Individuen, welche, wenn auch noch so unbedeutend, in einer nützlichen oder erwünschten Art und Weise variiert haben, gebildet worden." (ebd., S. 202).

Zusammenfassend hat sich Darwin also durchaus widersprüchlich über die Domestikation des Menschen geäußert, allerdings klar darauf hingewiesen, dass keine zweifelsfreien wissenschaftlichen Belege im Sinne dieser Hypothese vorliegen.

In der biologischen Literatur nach Darwin ist nun eine zunehmende Unschärfe des Begriffs „Domestikation" festzustellen. Im Wesentlichen wird das Kriterium der gezielten Auslese von Eigenschaften in Bezug auf den Menschen weitgehend fallen gelassen und durch die Hypothese ersetzt, dass kulturelle und vor allem moderne zivilisatorische Einflüsse allein einer künstlichen Zuchtwahl gleichkämen.

Obwohl verschiedene Autoren Ende des 19. Jahrhunderts auf vermeintliche Parallelen zwischen Haustiereigenschaften und morphologischen Charakteristika des Menschen hingewiesen hatten, erfolgte eine umfassendere systematische Darstellung dieser Thesen erst durch Eugen Fischer (*Die Rassenmerkmale des Menschen als Domesticationserscheinungen,* 1914). Fischer wurde später vor allem bekannt wegen seines gemeinsam mit Erwin Baur und Fritz Lenz herausgegebenen *Grundriss der menschlichen Erblichkeitslehre und Rassenhygiene* (Baur et al. 1921). In seiner Arbeit über die Domestikation des Menschen schlug Fischer folgende Definition vor: „Domesticiert nennt man solche Tiere (und Pflanzen), deren Ernährungs- und Fortpflanzungsverhältnisse der Mensch eine Reihe von Generationen lang willkürlich beeinflusst." Ausgehend von dieser Definition postulierte er, dass der Mensch von Beginn seiner Existenz als domestiziert zu gelten habe, da er sowohl seine Ernährungs- als auch seine Fortpflanzungsverhältnisse willkürlich beeinflusse. Fischer betrachtete auch menschliche „Rassenunterschiede" als Folge einer domestikationsbedingten Steigerung der innerartlichen Variabilität. Demnach seien alle Merkmale, die beim Menschen als Rassenunterschiede vorkämen, auch bei Haustieren nachweisbar und umgekehrt. Ausnahmen bildeten lediglich die geringe Variabilität der Ohrmuschel verglichen mit domestizierten Tieren und die beim Menschen fehlende Fleckung (Scheckung) der Haut und der Haare. Locken und Kraushaarbildung beim Menschen fasste er ebenso als domestikationsbedingt auf, wie Variationen der Hautfarbe. Die helle Hautfarbe des Europäers stelle nach Fischer einen „partiellen Albinismus" dar, der sich auch in der Pigmentierung der Iris als so genannter „Domestikationsalbinismus" zeige. Dunkelhäutige Menschen stellten dagegen melanotische Domestikationsformen dar, die von einer angenommenen ursprünglichen mitteldunklen Hautfarbe abstamme. Zusammenfassend folgerte Fischer, dass „die Blondheit, Helläugigkeit und Hellhäutigkeit der europäischen Rassen Domestikationserscheinungen sind" (dies ist umso bemerkenswerter, als im Nationalsozialismus gerade Blondheit und Blauäugigkeit als Züchtungskriterien einer „germanisch-arischen Rasse" herangezogen wurden; s. u.). Neben der Variabilität in der Pigmentierung vertrat Fischer die Auffassung, dass Größenunterschiede verschiedener menschlicher Populationen, einschließlich so genannter Zwerg- und Riesenrassen Domestikationserscheinungen seien. Des Weiteren erwähnte Fischer Nasen- und Lippenformen als Domestikationsvarianten, sowie „die rassenmäßig typische und verschieden starke Neigung zu Fettansatz." Auch sei die „Dauerbrust des menschlichen Weibes wie das sich nach der Säugeperiode ebenfalls nicht zurückbildende Euter des Hausrindes als eine der vielen Haustiereigentümlichkeiten des Menschengeschlechtes anzusehen." Bezüglich charakterlich-psychischer Eigenschaften äußerte sich Fischer in der Arbeit (1914) nur am Rande, postulierte jedoch, dass „Verschiedenheiten in Temperament, Charakter, Phantasie-Intelligenz-Gemüts-Begabung [...] mit der

Annahme ihrer Entstehung im Zusammenhang mit der Domestikation" stünden. Immerhin war Fischer bezüglich etwaiger aktiver Auslesevorgänge ebenfalls eher zurückhaltend. Man müsse „sehr vorsichtig sein in der Beurteilung, ob eine Eigenschaft biologisch wertvoll oder schädlich ist". Ebenso stelle die Untersuchung der Umweltwirkung auf den Menschen eine dringende Forderung dar. Versuche einer Kategorisierung menschlicher Rassen würden „durch unsere Domestikationshypothese stark entmutigt werden" (Fischer 1914).

Mitte der 20er-Jahre des 20. Jahrhunderts brachte der Zoologe Max Hilzheimer die Tendenz des Menschen zur Verlängerung jugendlicher Entwicklungsstadien (vielfach auch als Neotenie bezeichnet) mit der Domestikationshypothese in Verbindung. Etwa zeitgleich hatte der niederländische Anatom Louis Bolk (1926) die Auffassung vertreten, dass der Mensch eine auf jugendlichem Stadium stehen gebliebene Primatenform sei. Ähnlichkeiten der menschlichen Schädelform mit derjenigen jugendlicher Menschenaffen und andere Besonderheiten des Gesichtsschädels und des übrigen Skeletts interpretierte Bolk als Resultat einer allgemeinen „Fetalisierung" des Menschen. Hilzheimer postulierte, dass eine Tendenz zum Erhaltenbleiben jugendlicher Merkmale auch bei vielen domestizierten Tierarten festzustellen sei. Vergleiche von Schädelformen verschiedener Hunderassen mit der des Wolfs einerseits und der Schädelform des Menschen im Verhältnis zu der von Menschenaffen ließen nach Hilzheimer den Schluss zu, dass insbesondere der „heutige Europäer als das weitgehendst domestizierte bzw. verjugendlichte, der Neandertaler als ein weniger verjugendlichtes Glied der Reihe" aufzufassen sei. Andere Organe seien dagegen nicht mit einer domestikationsbedingten Verjugendlichung zu erklären, insbesondere fehle beim Menschen eine sonst charakteristische Abnahme der Körpergröße im Vergleich zur Wildform.

Es blieb Konrad Lorenz vorbehalten, die Domestikationshypothese systematisch auf psychische Eigenschaften und Verhaltensweisen des Menschen auszudehnen (Lorenz 1940, 1959). Lorenz stellte die These auf, dass es beim Menschen neben einer domestikationsbedingten Vergrößerung der Veränderlichkeitsbreite im Verhalten auch zu einem Verlust bereits erreichter Differenzierungen und zu einer Involution spezialisierter Eigenschaften und Fähigkeiten wie bei domestizierten Tieren, etwa den von ihm besonders intensiv studierten Graugänsen, komme. In seiner Arbeit *Durch Domestikation verursachte Störungen arteigenen Verhaltens* (1940) vertrat Lorenz die Auffassung, dass auffällige „Parallelen zwischen den äußeren Lebensbedingungen des zivilisierten Großstadtmenschen und des Haustieres" bestünden, die eindeutig als „Verfallserscheinungen" zu bewerten seien. Insbesondere komme es wie bei domestizierten Tieren zu einer Veränderung der Intensität und Häufigkeit von Instinkthandlungen, zu einer „Hypertrophie" einzelner Instinkthandlungen, zu einer sinkenden Selektivität des Ansprechens der betreffenden Handlungsweise und zu einem funktionellen Auseinanderfallen arteigener Verhaltensweisen. In morphologischer Hinsicht sah Lorenz in der „Verkürzung der Extremitäten" und des Schädelgrundes („Mopskopf"), der „Erschlaffung der Muskulatur", insbesondere des Rumpfes („Hängebauch") und dem Fettansatz Domestikationsfolgen (später sprach Lorenz salopp von einer – wohl nicht ganz wörtlich zu nehmenden – „Verhausschweinung" des Menschen). Auch „Schönheitsempfindungen" würden aufgrund von Domestikationserscheinungen „in entgegengesetzter Richtung" gezüchtet (Lorenz 1940).

In Bezug auf das Verhalten mache sich beim Menschen die quantitative Veränderung endogener Reizerzeugung durch eine Verminderung feiner sozialer Reaktionen bemerkbar, etwa durch eine gewisse „Gefühlsschwäche". Dem stehe eine Vermehrung einzelner Instinkthandlungen gegenüber, die sich dadurch äußere, dass es beim Menschen zu einem Auseinanderfallen funktionell zusammengehörender Instinkthandlungen, etwa „der Funktionskreise der Liebe und Ehe auf der einen, der Begattung auf der anderen Seite" komme. Lorenz' weitere Ausführungen sind zudem durch eine auffallende Brutalisierung der Sprache – ganz im Stile der Zeit – gekennzeichnet. So forderte er etwa in rassenhygienischer Hinsicht: „Sollte sich [...] herausstellen, dass unter den Bedingungen der Domestikation keine Häufung von Mutationen stattfindet, sondern nur der Wegfall der natürlichen Auslese die Vergrößerung der Zahl vorhandener Mutanten und die Unausgeglichenheit der Stämme verschuldet, so müsste die Rassenpflege dennoch auf eine noch schärfere Ausmerzung ethisch Minderwertiger bedacht sein, als sie es heute schon ist, denn sie müsste in diesem Falle buchstäblich alle auslesenden Faktoren ersetzen, die im natürlichen Freileben die Auslese besorgten."

Lorenz war gleichzeitig klar, dass es im Grunde keine empirisch gesicherten „Auslesekriterien" geben konnte. In Ermangelung „harter" Kriterien sei eine Selektion nach „Anständigkeit" sowie nach einem physischen „Solltypus" sinnvoll, der am Ideal der alten Griechen auszurichten sei.

In späteren Publikationen modifizierte Lorenz seine Aussagen über die Domestikation des Menschen in wesentlichen Aspekten. In seinem Beitrag *Psychologie und Stammesgeschichte* in *Die Evolution der Organismen* (Hrsg. von Gerhard Heberer 1943, 1959) griff Lorenz die Idee von Gehlen (1940, 1944) auf, der Mensch sei „spezialisiert auf das nicht spezialisiert Sein". Gehlen hatte in seiner Abhandlung *Der Mensch, seine Natur und seine Stellung in der Welt* (1940, 1944) Bolks und Hilzheimers Hypothesen übernommen und sie als wissenschaftliche Belege seiner These vom unspezialisierten „Mängelwesen" herangezogen. Lorenz folgte Gehlen insofern, als er die Unspezialisiertheit des Menschen in körperlicher Hinsicht unterstrich, die These vom „Mängelwesen" dagegen ablehnte: „Wenn wir nun rein körperliche völlig ungeistige Leistungen des Menschen in Hinblick auf ihre Vielseitigkeit mit denen ungefähr gleich großer Säugetiere vergleichen, so zeigt er sich durchaus nicht als ein so gebrechliches und mangelhaftes Wesen, wie man meinen könnte.³ Stellt man etwa die drei Aufgaben, 35 Kilometer in einem Tage zu marschieren, 5 Meter hoch an einem Hanfseil emporzuklimmen, und 15 Meter weit und 4 Meter tief unter Wasser zu schwimmen, und dabei zielgerichtet eine Anzahl von Gegenständen vom Grunde empor zu holen, lauter Leistungen, die auch ein höchst unsportlicher Schreibtischmensch, z. B. ich, ohne weiteres zustande bringt, so findet sich kein einziger Säuger, der ihm das nachmacht." (Lorenz 1959, S. 154).

Auf der anderen Seite sah Lorenz jedoch im Unterschied zu Gehlen, dass die Gehirnentwicklung des Menschen eine „sehr greifbare morphologische Spezialanpassung" bedeute. Im Unterschied zu seinen früheren Ausführungen (1940), in denen er ausschließlich die negativen Konsequenzen einer angenommen[en Do]mestikation des Menschen ausgeführt hatte, befand Lorenz nun[, dass der Me]nsch der domestikationsbedingten Neotenie seine Weltoffen[heit und ein explor]ierendes Neugierverhalten verdanke. Dies war insofern neu, [als das Bekl]eiben jugendlicher Merkmale nicht nur morphologische [Merkmale, sondern] nun auch bestimmte Verhaltenscharakteristika des Men[schen zugeordnet] wurden. Dieser prinzipiell positiv zu bewertenden Weltoffenhe[it und der bis ins E]rwachsenenalter andauernden Neugierde des Menschen stand na[ch Lorenz' Auffa]ssung jedoch die bereits erwähnte „Verminderung sozialer Triebe [und Leistun]gen" gegenüber, die dazu führe, dass „weniger soziale bis asoziale [Individuen zeitwei]t erfolgreicher sind als die vollwertigen, auf deren Kosten sie letz[ten Endes] leben" (Lorenz 1959, S. 163). Lorenz' kulturpessimistisch geprägte Bewertung wird an folgender Äußerung deutlich: „Es fällt schwer, in voller Erkenntnis dieser die Menschheit bedrohenden Gefahren einigen Optimismus für ihre zukünftige Evolution aufrechtzuerhalten [...]. [...] Die um sich greifenden Degenerationen seiner sozialen Instinkte, das ständige Anwachsen der Furchtbarkeit seiner Waffen, die zunehmende Überbevölkerung der Erde, scheinen den nahen Untergang der Menschheit zu verkünden. Oder sind alle diese Übel letzten Endes doch nur Teile von jener Kraft, die stets das Böse will und stets das Gute schafft?" (Lorenz 1959, S. 164).

---

³ Im Übrigen hat bereits Darwin (1871) der Auffassung widersprochen, dass „der Mensch eines der hülflosesten und vertheidigungslosesten Geschöpfe in der Welt ist, und dass er während seines früheren und weniger gut entwickelten Zustandes noch hülfloser gewesen sein wird. [...] Die geringe körperliche Kraft des Menschen, seine geringe Schnelligkeit, der Mangel natürlicher Waffen u.s.w. werden mehr als ausgeglichen erstens durch seine intellectuellen Kräfte, durch welche er sich, während er noch im Zustande der Barbarei verblieb, Waffen, Werkzeuge u.s.w. formen lernte, und zweitens durch seine socialen Eigenschaften, welche ihn dazu führten, seinen Mitmenschen Hülfe angedeihen zu lassen und solche wiederum von Ihnen zu empfangen." (Darwin 1871, S. 69, S. 70).

In späteren Jahren wurde die Fetalisations- und Domestikationshypothese des Menschen scharf kritisiert. So bemängelte Starck (1962), dass Bolks Hypothese wohl deshalb außergewöhnliche Resonanz hervorgerufen habe, weil die schwierigen Probleme in der Erklärung der Menschwerdung scheinbar sehr einfach gelöst werden konnten. So hätten „Vertreter zahlreicher Wissenschaftsgebiete [...] die stark aphoristischen Ausführungen von Bolk aufgegriffen und ohne wesentlich neues Tatsachenmaterial beizutragen, das Prinzip anerkannt und den Erklärungsversuch als Lösung des Problems der Menschwerdung akzeptiert" (Starck 1962, S. 1). [...] „Die Tatsache, dass die Fetalisationslehre offenbar geeignet erscheint, Sachverhalte aus derartig verschiedenen Gebieten wie Morphologie, Verhaltenslehre, Psychopathologie und Soziologie zu deuten, mag einer der Gründe dafür sein, dass dieser Hypothese ein so ungewöhnlicher Erfolg beschieden war" (ebd., S. 7).

In seiner Abhandlung *Der heutige Stand des Fetalisationsproblems* (1962) widerlegte Starck die generelle Gültigkeit dieser Hypothese in Bezug auf den Menschen. Haararmut und Pigmentmangel seien leichter als Verlustmutationen zu deuten als durch Retardation. Die Größe des menschlichen Gehirns könne nicht durch ein Stehenbleiben auf einem juvenilen Stadium erklärt werden, sondern sei vielmehr Kennzeichen eines „propulsiven" Entwicklungsprozesses (ebd., S. 13). In einer dezidierten Analyse nach morphologischen Kriterien bewies Starck, dass die Entwicklung der Formen der menschlichen Schädelbasis in der Ontogenese weder mit der Basisentwicklung beim Menschenaffen vergleichbar noch durch Fetalisation erklärbar sei (ebd., S. 14–15). Auch in anderen Skelettteilen seien Akzelerationen und Deviationen nachzuweisen, sodass neben somatischen Primitivmerkmalen auch zahlreiche Spezialisationen zu finden seien, insbesondere in der Organisation der Großhirnrinde. Das Prinzip der „Retention jugendlicher Merkmale" sei generell auch nicht in der Erklärung von Domestikationsmerkmalen aufrechtzuerhalten. Des Weiteren sei es unzulässig, innerartliche Vorgänge auf die Deutung interspezifischer Prozesse zu übertragen (Starck 1962).

Herre und Roehrs (1971) wiesen ferner auf die Problematik der Begriffe „Domestikation" und „Selbstdomestikation" hin. Bei der Selbstdomestikation sei der Mensch gleichzeitig Domestizierender und Domestizierter. Im Unterschied zu Haustieren sei beim Menschen auch die Frage der wilden Stammformen nicht zu klären. Ein allmählicher Übergang von nichtdomestizierten zu domestizierten Menschen habe überhaupt nicht stattgefunden. Folge man der Definition von Fischer (1914), der Mensch lebe in einem dem domestizierten Tier vergleichbaren biologischen Zustand „seit er Feuer besitzt und Werkzeuge gebraucht", müssten zu irgendeinem Zeitpunkt Vorfahren des Homo sapiens durch „Selbstdomestikation" den Homo sapiens „erschaffen haben", was „unwahrscheinlich" sei. Die Selektionsbedingungen und Fortpflanzungsverhältnisse von Haustieren könnten auch nicht auf den Menschen übertragen werden; die typisch menschlichen Eigenschaften seien Ergebnis der natürlichen Selektion und nicht von selbstdomestikationsbedingten Einflüssen. Eine gezielte Zuchtwahl gebe es beim Menschen nicht. Gewisse Ähnlichkeiten menschlicher Lebensbedingungen zu denen der Domestikation könnten dagegen durch die Entwicklung der Humanmedizin hervorgerufen werden, weil damit ein Selektionswandel verbunden sein könne. Die mit der Evolution zum Homo sapiens verbundene Vergrößerung des Gehirns, vor allem des Neokortex sei aber weder mit einer Fetalisations- noch mit einer Domestikationshypothese vereinbar, da bei Haustieren stets eine erhebliche Abnahme der Hirngröße stattfinde (Herre und Roehrs 1971, S. 129 f.).

Vergleiche von Gehirnvolumina bei Haustieren mit den entsprechenden Wildformen haben gezeigt, dass bei vielen Haustierarten das Volumen des Neokortex um über 30 Prozent gegenüber der Wildform reduziert ist; erhebliche Größenabnahmen betreffen auch den Allokortex, das limbische System und das Kleinhirn (Übersicht bei Herre und Roehrs 1971). Im Unterschied zu Lorenz' Auffassung suchten Herre und Roehrs (1971) die Ursache eines Rückgangs instinktiver Verhaltensweisen des Menschen nicht in der Domestikation, sondern in deren besserer kortikaler Kontrolle.

## Die Domestikationshypothese in der psychiatrischen Literatur

Die Domestikationshypothese des Menschen wurde bereits frühzeitig von führenden deutschen Psychiatern übernommen. Sie stellt in vielerlei Hinsicht eine Präzisierung und einen Sonderfall der von Morel (1857) eingeführten Degenerationslehre dar. Ein wesentlicher Grund der Attraktivität der Domestikationshypothese mag in einer generellen Biologisierungswelle in der Psychiatrie während der zweiten Hälfte des 19. Jahrhunderts liegen, gewissermaßen als Ausschlag des Pendels weg von der romantischen Psychiatrie, die ja persönliches Verschulden als Ursache psychischer Störungen angesehen hatte, hin zu einer aus heutiger Sicht einseitigen Überbetonung biologischer Dispositionen als Kausalfaktoren psychischer Erkrankungen unter nahezu völliger Vernachlässigung von Umwelteinflüssen. Ebenso hatten zweifellos geisteswissenschaftliche Strömungen – vor allem Kulturpessimismus, aber auch idealistisches Fortschrittsdenken – großen Anteil an der bereitwilligen Integration wissenschaftlich kaum abgesicherter Hypothesen in ein naturwissenschaftlich geprägtes psychiatrisches Ätiologiekonzept.

Emil Kraepelin, einer der sowohl im deutschen Sprachraum als auch international einflussreichsten und bedeutendsten Psychiater des späten 19. und frühen 20. Jahrhunderts, fasste die domestikationsbedingten Störungen als wesentliche „Bedrohungen der Volksgesundheit" auf. In seiner Arbeit *Zur Entartungsfrage* (1908) argumentierte Kraepelin, dass bei „Kulturvölkern" eine beständige Zunahme psychischer Störungen zu verzeichnen sei, während Geisteskrankheiten bei „Naturvölkern" selten seien. Kraepelin hatte 1904 die psychiatrische Klinik „Buitenzorg" auf Java besucht und festgestellt, dass Paralyse und Alkoholismus nur sehr selten vorkämen, obwohl syphilitische Infektionen bei den Javanern häufig seien. Er bewertete dies als Folge größerer Resistenz gegen Krankheiten allgemein, während es unter zivilisatorischen Bedingungen zu einer Keimschädigung durch Vererbung erworbener Eigenschaften und somit zu einer Zunahme von „Entartungsirresein" komme. Eine Ursache liege in der durch Domestikation verursachten „Loslösung aus den natürlichen Lebensbedingungen" (Kraepelin 1908, S. 748). Kraepelin subsumierte nun eine ganze Reihe von „Symptomen" als domestikationsbedingt: „Abschwächung der Lebensfähigkeit und der Widerstandskraft gegen schwächende Einflüsse" sowie „Abnahme der Fruchtbarkeit" (ganz im Gegensatz zu Darwins Beobachtungen einer Zunahme der Fruchtbarkeit unter Domestikationsbedingungen!); weitere Folgen der Domestikation stünden in unmittelbarem Zusammenhang mit der „Proletarisierung", etwa „Mangelhaftigkeit der Ernährung, Verlust von frischer Luft, Licht, Sonne und Bewegungsfreiheit" sowie „sittliche Schäden der Zusammenpferchung". Das Ergebnis sei insgesamt „die Gefahr der Verweichlichung, Verkümmerung und Lebensschwäche" (ebd., S. 748–749).

Eine weitere Gefahr sah Kraepelin in der „einseitigen Züchtung geistiger Eigenschaften unter Vernachlässigung des Körpers und namentlich auch der Willensentwicklung". Domestikationseinflüsse bedingten nach Kraepelin auch „die Abschwächung der natürlichen Triebe" (vgl. Lorenz, der eine Steigerung mancher triebhafter Verhaltensweisen annahm!) und „das Versagen des Selbsterhaltungstriebes", für das Kraepelin die steigende Suizidrate als Beweis ansah, während im Gegensatz dazu bei Naturvölkern der Selbstmord eine „völlig fremde Erscheinung" sei. Bei Kraepelin zeigen sich ebenfalls die auch in der biologischen Literatur nachgewiesene Brutalisierung und Radikalisierung der Sprache sowie auch antisemitische Äußerungen (zu analoger Versprachlichung in der Biologie vgl. Junker 2000) sowie eine Verquickung weltanschaulicher und biologistischer Einstellungen (s. a. Brüne, im Druck). Exemplarisch sei hier nur auf einige wenige Zitate verwiesen: „Jedenfalls ist die Menge der Schwachsinnigen, Epileptiker, Psychopathen, der Verbrecher, Prostituierten und Landstreicher, die von alkoholisierten und syphilitischen Eltern abstammen, und ihre Minderwertigkeit auf ihre Nachkommen übertragen, ganz unabsehbar. Gewiß wird der Schaden durch ihre geringere Lebensfähigkeit zum Teil wieder ausgeglichen, aber unsere immer fortschreitende soziale Fürsorge hat ja gerade die traurige Nebenwirkung, dass sie dieser natürlichen Selbstreinigung unseres Volkes entgegenarbeitet. Wir werden kaum hoffen dürfen, dass dessen Regenerationsfähigkeit auf die Dauer stark genug sein wird, die immer reichlicher fließenden Quellen der Keimschädigung unschädlich zu machen" (Kraepelin 1908, S. 747). „Immerhin lehrt uns das bekannte Beispiel der Juden mit ihrer starken Veranlagung zu nervösen und psychischen Erkrankungen, dass die bei ihnen besonders weit gediehene Domestikation schließlich doch auch der Rasse deutliche Spuren aufprägen kann" (ebd., S. 750).

In ähnlicher Form erscheint Kraepelins Argumentation auch erstmals in der achten Auflage seines Lehrbuchs der Psychiatrie (Kraepelin 1909, S. 198 ff.).

Während sich Kraepelin hinsichtlich der daraus zu folgernden Schlüsse nur sehr vage äußerte, finden sich bei seinem Schüler Ernst Rüdin schon deutlichere Hinweise. In seiner Abhandlung *Über den Zusammenhang zwischen Geisteskrankheit und Kultur* (1910) folgte Rüdin weitgehend der Kraepelin'schen Auffassung von der Domestikation des Menschen. Insbesondere griff er dessen These eines überzüchteten Intellekts auf und schlussfolgerte beinahe bedauernd, dass „wer mit klarem fleißigem Kopf stillzusitzen vermag, kommt als Individuum weiter als wer sich einen Lebensberuf mit harmonischer Betätigung etwa den des Bauern erwählt hat". [...] „Es ist ganz klar, dass zahllose Kopfarbeiter einfach krank werden an ihren Nerven, weil ihre Betätigung eine ganz einseitige ist, eine Stubenkultur, das heißt der harmonischen Übung aller Körperorgane entbehrt" (Rüdin 1910, S. 738). Ebenso wie Kraepelin stellte Rüdin fest, dass die Abnahme der Geburtenrate Folge der Domestikation sei und „dass gerade die Erfolgreichen, die Hochgekommenen ihre Kinderzahl beschränken ..." (ebd., S. 740). Die menschenverachtende Diktion bei Rüdin deutet bemerkenswert früh an, welche Folgen daraus tatsächlich einmal erwachsen sollten, etwa das später unter seiner Mitwirkung eingeführte „Gesetz zur Verhinderung erbkranken Nachwuchses" und schließlich auch Gräueltaten an psychisch Kranken im Nationalsozialismus. So heißt es beispielsweise: „Die Alkoholiker [...] werden veranlasst oder gezwungen [...] gewissermaßen Lebensverlängerungskuren in unseren Anstalten durchzumachen. Die Selbstmordsüchtigen werden [...] mit aller Gewalt daran verhindert, sich umzubringen. Nur die psychotisch leichteren oder psychopathischen, nicht anstaltsbedürftigen Formen können vorläufig noch ungestört in den Tod gehen. [...] Die Nahrungsverweigerer ernährt man künstlich mit dem Löffel oder der Schlundsonde und bringt sie so über Tod, Schwächezustände und zehrende Krankheiten hinweg. [...] Zahllose Verbrecher, die früher in großen Massen im Namen des Gesetzes oder kurzerhand durch Selbsthilfe des Volkes gehängt oder sonst unschädlich gemacht wurden, werden jetzt, wenn sie geisteskrank sind, zum Range liebevoll behandelter Kranker erhoben oder, wenn sie Verbrecher im Sinne des Gesetzes sind, einfach eingesperrt. [...] Zahlreiche andere sogenannte 'Narren' ließ man früher jämmerlich verkommen. Wie viele hat man früher als Hexen usw. verbrannt? Epileptiker ließ man ersticken oder machte sie für immer unschädlich, wenn sie gemeingefährlich wurden" (ebd., S. 728–729).

Für Rüdin – wie für viele seiner Zeitgenossen – war gar die „Verkehrung der natürlichen Auslese" von großer Bedeutung; „die menschenmordende Ausmerze ist seit Ankunft der humanitären Ära, in der wir jetzt leben, aber viel milder geworden. Nicht für den körperlich und geistig Tüchtigen, d. h. durchschnittlich und überdurchschnittlich Veranlagten, für den er sich, wie mir scheint, ganz erheblich verschärft hat, sondern für den Schwachen, Kranken, Defekten, für den erblich oder anerzeugt unterdurchschnittlich Veranlagten, für den Entarteten." (ebd., S. 735). Rüdin schlussfolgerte daher: „Auf der einen Seite haben wir also die systematische privat und staatlich geförderte Unterstützung der Kranken, Defekten, Entarteten und Absterbenden. Auf der anderen Seite wird aber das hochwertige und überdurchschnittliche Element als Kanonenfutter im friedlichen Kulturkrieg zerstört [...] Also hier verminderte selektorische, dort vermehrte kontraselektorische Ausmerze. Dass dieser Prozess, ohne die Volksreserven aufzubrauchen, nicht so weitergehen kann, liegt auf der Hand." (ebd., S 745) [...] „Es bleibt uns deshalb nichts übrig, als uns aufzuraffen und der drohenden Entartung durch rassenhygienische Maßnahmen einen Damm zu setzen" (ebd., S. 748).

In der übrigen psychiatrischen Literatur ist das Thema der Domestikation insgesamt nur eher beiläufig erwähnt worden. Ernst Kretschmer streifte wiederholt in seiner Abhandlung über *Geniale Menschen* thesenartig den Zusammenhang von Genie und Psychopathologie mit Blick auf eine „Züchtung" von Intelligenzleistungen. Hinweise zum Domestikationsparadigma finden sich nur sehr versteckt (Kretschmer 1929, S. 153) und wurden in folgenden Auflagen auch wieder fallen gelassen (Kretschmer 1958). Richter (1959) wies auf einen möglichen Zusammenhang von Zivilisation und Domestikation und einer sich daraus ergebenden Vulnerabilität für schizophrene Erkrankungen hin.

Bis in die jüngste Zeit wurden jedoch psychische Erkrankungen immer wieder mit der Neotenie in Verbindung gebracht, ohne jedoch explizit auf einen Zusammenhang mit domestikationsbedingten Merkmalen zu verweisen. Bemporad (1991) stellte etwa die Hypothese auf, dass der Mangel an Neugierde und Spielverhalten bei „Dementia praecox" auf eine Dysfunktion von Regulatorgenen beruhen könne, die in Zusammenhang mit neotenen Eigenschaften stünden. Schizophrene Negativsymptome könnten als Folge gestörter Neotenie aufgefasst werden, chronische Schizophrenien sogar mit „subprimatenartigen Zuständen" verglichen werden (Bemporad 1991). Auch Crow (1995) vermutete eine mit Neotenie assoziierte Störung bei Schizophrenien, die die geringere Hemisphärenasymmetrie bei psychotischen Erkrankungen im Vergleich zu gesunden Gehirnen erklären könne. Andere Autoren stellten neurotische Störungen als persistierendes, infantiles Verhalten in einen Zusammenhang mit Neotenie (z. B. Jonas und Jonas 1974). Bei all diesen Hypothesen wird übersehen, dass die menschliche Gehirnentwicklung und folglich auch menschliches Verhalten sicher nicht durch neoteniebedingte Veränderungen allein erklärt werden können. Selbst wenn Neugierverhalten und lebenslanges emotionales Bindungsverhalten Folge neotener Prozesse sind, so können doch Störungen hoch spezialisierter Leistungen nicht mit der Neotenie-Hypothese im Verbindung gebracht werden. Vielmehr stehen die hoch spezialisierten, überwiegend sozialkognitiven Fähigkeiten des Menschen nicht mit Neotenie, einem Erhaltenbleiben jugendlicher Merkmale anzestraler Formen in Verbindung, sondern können vom embryologischen Standpunkt aus betrachtet allenfalls als so genannte hypermorphotische Veränderungen bewertet werden, als neu hinzugekomme Entwicklungsstadien, die über die mature Form der stammesgeschichtlichen Vorläufer hinausgehen (McKinney und McNamara 1991, Übersicht bei Brüne 2000).

## Diskussion

Das Paradigma von der menschlichen „Selbstdomestikation" hat eine wechselvolle Geschichte durchgemacht. Ursprünglich entstammt die These von der Selbstdomestikation des Menschen wohl kulturpessimistischen Weltbildern. Die ganze Ambivalenz dieses Begriffs spiegelt sich darin wider, dass die Domestikation des Menschen einerseits als Sonderfall der Degeneration, Entartung und Entfremdung von der Natur bewertet, auf der anderen Seite aber auch als Notwendigkeit im Sinne der „Zähmung der Menschheit" angesehen wurde (Übersicht bei Goody 1973, Schmidt-Salomon 2000). Hieran knüpfen sich auch sehr unscharfe Vorstellungen von einer menschlichen „Höherzüchtung", wobei durchaus unklar bleibt, ob man denn nun domestikationsbedingte Merkmale des Menschen züchterisch verstärken oder ihnen gerade entgegenwirken solle.

In der Rückschau ergeben sich deutliche Anhaltspunkte dafür, dass die These von der menschlichen Selbstdomestikation von der biologischen Forschung übernommen wurde. An diesem Beispiel zeigt sich daher besonders deutlich, dass eine Trennung zeitgeistiger Strömungen und Wissenschaft wohl unmöglich ist. Auch in der Biologie wurde die Frage nach der Domestikation des Menschen und ihrem „Wert" sehr uneinheitlich beantwortet und war zweifellos in hohem Maße von allgemeinen politischen, philosophischen und soziokulturellen Strömungen abhängig. Exemplarisch sei hier auf Goulds' entlarvende Analyse der zeitgenössischen Bewertung der mit Domestikation in Zusammenhang gebrachten neotenen Merkmale des Menschen aufmerksam gemacht: Während Mitte des 19. Jahrhunderts die These von der Rekapitulation, der Wiederholung der Phylogenese in der Ontogenese allgemein akzeptiert war, wurde im Hinblick auf Rassenunterschiede des Menschen argumentiert, dass die höchstentwickelten Menschenrassen – natürlich die „weiße Rasse" – am weitesten entwickelt sei, weil sie über die Rekapitulationsstadien stammesgeschichtlich älterer Formen vor allem in Bezug auf ihre intellektuellen Fähigkeiten hinausgehe. Alle „niederen Rassen", aber auch Frauen und untere soziale Klassen blieben dagegen auf einer Entwicklungsstufe stehen, die allenfalls der von Kindern der weißen Rasse entspreche. Dunkelhäutige Menschen, Frauen und auch Weiße niederer sozialer Klassen verhielten sich deshalb auch wie weiße Kinder der Oberklasse. Nachdem aber die Gültigkeit der Rekapitulationstheorie immer mehr in Zweifel gezogen worden war, und schließlich Bolk (1926) seine Hypothese der Fetalisation aufstellte, dass umgekehrt das Erhaltenbleiben jugendlicher Merkmale einen Meilenstein in der Menschwerdung darstelle, wurden schnell auch „wissenschaftliche Beweise" gesammelt, dass die „überlegenen Rassen" sowohl in morphologischer als auch hinsichtlich des Verhaltens kindliche Eigenschaften bis in das Erwachsenenalter beibehielten, während die „niederen Rassen" diese Phase durchliefen und dann in Richtung affenähnlicher Verhaltensweisen und morphologischer Charakteristika degenerierten (Übersicht bei Gould 1996).

Derartige Verzerrungen scheinbar wissenschaftlicher Erkenntnisse können wohl nicht Darwin angelastet werden (wohl aber Personen aus seinem Umfeld, etwa seinem Cousin Francis Galton, dem Begründer der „Eugenik"; auch Ernst Haeckel, der „deutsche Darwin", vertrat radikale sozialdarwinistische Ideen, etc.). Obwohl sich Darwin widersprüchlich über Domestikationsmerkmale des Menschen geäußert hatte, hatte er insgesamt jedoch davor gewarnt, sie etwa als Maßstab für Werturteile heranzuziehen. In der biologischen Literatur wurden dagegen zum Teil – ohne jegliche empirische Prüfung – sehr unterschiedliche Eigenschaften des Menschen als negative Folgen einer Domestikation angesehen; schließlich wurden fast alle „Zivilisationskrankheiten" mit domestikationsbedingten Veränderungen in Verbindung gebracht. Die ambivalente Verwendung des Domestikationsbegriffs in der Biologie spiegelt sich beispielsweise in Lorenz' Ausführungen wider, einerseits eine Ausmerzung domestikationsbedingter Entartung zu fordern, auf der anderen Seite – nach Vollzug einer partiellen Kehrtwendung – eine domestikationsbedingte neotene Weltoffenheit und persistierendes Neugierverhalten für essenziell menschliche Eigenschaften zu halten.

Viele Aspekte der These von der menschlichen Selbstdomestikation in der Biologie und besonders auch in der Psychiatrie sind an eine definitorische Verwässerung des Begriffs geknüpft, in der schließlich Domestikation mit Kultur und Zivilisation praktisch gleichgesetzt wurde. Der Psychiatrie kam das Domestikationsparadigma des Menschen entgegen, weil es scheinbar einen kausalen Erklärungsmechanismus für eine angebliche Zunahme psychischer Störungen in engem Zusammenhang mit dem Degenerationsparadigma für „Entartungsirresein" verhieß (Brüne, im Druck). Wenn auch das Domestikationsparadigma des Menschen nicht allein als wissenschaftliche Untermauerung eugenischer Programme diente, so lässt sich an ihm besonders gut die ganze Widersprüchlichkeit und die bis ins Groteske gehende wissenschaftliche Unhaltbarkeit von Eugenik und Menschenzüchtung zeigen. Auf der einen Seite wurde, lange vor der Machtergreifung der Nazis und nicht nur in Deutschland,[4] eine negative Eugenik gefordert im Sinne einer „Ausmerzung" oder „Ausjätung" von als Domestikationsfolgen bewerteten Eigenschaften, die dann in der Zeit des Nationalsozialismus zu den bekannten furchtbaren Vernichtungsaktionen führten. Auf der anderen Seite entstanden Programme zur „Höherzüchtung" („Anagenese") des Menschen, deren „Auslesekriterien" zweifelsfrei rassistisch geprägt waren. Züchtungsprogramme einer arisch-germanischen Rasse finden sich beispielsweise schon in Hentschels programmatischen Schriften (1901, 1907, 1910) zur Gründung eines Mittgarts. Im Mittgart sollte eine ländliche Siedlung entstehen, in der durch Auslese 1000 Frauen und 100 Männer leben sollten und auf polygamer Grundlage eine Zuchtwahl zur Erneuerung der germanischen Rasse erfolgen sollte (eine heute noch lesenswerte Kritik stellt Oscar Hertwigs Abhandlung *Zur Abwehr des ethischen, des sozialen, des politischen Darwinismus*, 1918, dar). Zudem gab es Anfang des 20. Jahrhunderts sogar Bemühungen, Menschenaffen mit „niederen Menschenrassen" zu kreuzen, um billige Arbeitssklaven zu züchten. Diese Versuche scheiterten aber, weil die künstlich inseminierten Schimpansinnen auf dem Transport von Westafrika nach Europa verstarben (Übersicht bei Geus 1997). Unter den Nazis wurden menschliche Züchtungsprogramme dann tatsächlich im „Lebensborn e.V." in die Tat umgesetzt. Hier wurden Männer und Frauen nach anthropologisch-biometrischen Kriterien wie etwa Blondheit und Blauäugigkeit, Schädelform etc. ausgewählt, nicht zuletzt aus dem Grund, wehrtauglichen Nachwuchs für die nationalsozialistische Kriegsmaschinerie zu liefern. Neben morphologischen ging es aber immer auch um vermeintliche psychisch-charakterologische Rasseeigenschaften, die als Auslesekriterien herangezogen wurden (Lilienthal 1985, Clay und Leapman 1995, Schmitz-Köster 1997). Groteskerweise stellten Blondheit und Blauäugigkeit nach Eugen Fischers Untersuchung (1914) domestikationsbedingte Veränderungen dar, die es mit eugenischen Programmen ja gerade „auszumerzen" galt.

Heutzutage ist das Paradigma der menschlichen Selbstdomestikation aus der wissenschaftlichen Literatur weitgehend verschwunden (keineswegs jedoch vermutlich aus den Köpfen vieler Wissenschaftler) und gilt seit den 50er-Jahren

---

[4] Zur Eugenik und entsprechender Gesetzgebung in den Vereinigten Staaten von Amerika siehe von Hoffmann 1913, und Allen 1997.

des 20. Jahrhunderts als widerlegt. Aus heutiger Sicht könnte man die These von der menschlichen „Selbstdomestikation" am ehesten als „Just-so-Story" bezeichnen (so benannt nach Rudyard Kiplings „Just so Stories", etwa, wie der Leopard zu seinen Flecken kam, etc., die in der evolutionsbiologischen Literatur als Metapher für empirisch nicht prüfbare Hypothesen gelten; Alcock 2001). Morphologische Eigenschaften und Verhaltensweisen des Menschen stellen biologische Anpassungen dar und sind allenfalls parziell Folge zivilisatorischer oder kultureller Einflüsse. Wir wissen heute, dass auch die meisten der so genannten „Zivilisationskrankheiten" keineswegs auf einer Degeneration oder Domestikation beruhen, sondern im Gegenteil ursächlich auf Anpassungen an die menschliche „Umwelt der evolutionären Angepasstheit". Übergewicht, manche Formen von Diabetes mellitus, Hypertonie und Gefäßkrankheiten beruhen wohl eher auf einer Selektion so genannter „thrifty genes", die als biologische Anpassungen eine optimale Nahrungsausnutzung garantierten und die Speicherung wertvoller Energie in Zeiten relativer Nahrungsknappheit in der menschlichen Stammesgeschichte sicherstellten (Neel 1962, Ritenbaugh und Goodby 1989, King et al. 1994, Sharma 1998, Ravussin und Bogardus 2000, Anand et al. 2001). Erst unter heutigen Bedingungen des Nahrungsüberflusses und der Unausgewogenheit der Nahrung zugunsten fettreicher Anteile haben diese Anpassungen ihren Selektionsvorteil zumindest in den westlichen Industriegesellschaften verloren. Manche Anpassungen des menschlichen Stoffwechsels stehen tatsächlich auch mit der Domestikation in Zusammenhang – aber mit der von Tieren! Dazu zählt etwa die Laktosetoleranz, die sich vermutlich im Laufe der Domestikation Milch produzierender Haustiere entwickelt hat, während die Laktoseintoleranz des Erwachsenen gewissermaßen die „Wildform" darstellt, da es in der menschlichen Stammesgeschichte unter Jäger- und Sammlerbedingungen keine Notwendigkeit gab, Milchprodukte jenseits des Kleinkindalters verstoffwechseln zu können (Durham 1991). Von Selbstdomestikation kann jedoch in diesem Zusammenhang keinesfalls die Rede sein, da es sich sicher nicht um einen bewusst gesteuerten Ausleseprozess gehandelt hat.

Es ist stark zu bezweifeln, dass wir Menschen überhaupt in der Lage sind, die natürliche und sexuelle Selektion in Bezug auf unsere eigene Art außer Kraft zu setzen. Selbst wenn es uns eines Tages gelingen sollte, aktiv in das menschliche Genom einzugreifen, so können wir dennoch künftige Bedürfnislagen nicht voraussagen (siehe auch Interview mit Ernst Mayr, einem der bedeutendsten Evolutionsbiologen unserer Zeit; Frankfurter Allgemeine Zeitung, 12.3.2002, Nr. 60, S. 47). Es stimmt daher äußerst bedenklich, wenn führende Wissenschaftler behaupten und sogar fordern, das menschliche Genom zu verbessern und „höher zu züchten". Man muss gar ernste Zweifel hegen, ob Forscher wie James Watson oder einer der Gründungsväter der modernen Soziobiologie, Sir Ronald Fisher, das Prinzip der Evolution überhaupt wirklich verstanden haben

(Weber 2002). Evolutive Prozesse sind erstens niemals zielgerichtet, zweitens kann man ihnen auch gar kein Ziel geben, weil künftige Umwelten nicht vorhersagbar sind. Abgesehen davon, dass bei derartigen Denkmodellen genetischer Manipulation die Bedeutung von Umwelteinflüssen für die Entwicklung von Eigenschaften sträflich vernachlässigt wird, ist auch unabsehbar, was eine etwaige Manipulation bewirken würde. Das menschliche Genom enthält offenbar viel weniger aktive Gene (etwa 30.000) als ursprünglich angenommen. Die so genannte Pleiotropie, die Beeinflussung mehrerer Eigenschaften durch ein einzelnes Gen, ist somit vermutlich eher die Regel als die Ausnahme. Es ist daher wahrscheinlich, dass man mit einer (hypothetischen) Genmanipulation auch die Ausbildung anderer Eigenschaften als die der „Zielgröße" beeinflusst, ohne deren Folgen absehen zu können; derartige Probleme sind erst kürzlich im Tierversuch beschrieben worden, als durch ein in das Erbgut von Mäusen eingefügtes Gen unerwarteter Weise Leukämien ausgelöst wurden (Li et al. 2002).

Denken wir einmal moderne Eugenik in Bezug auf psychische Erkrankungen weiter: Welche Eigenschaften sollten wir selektieren? Negative Eugenik würde bedeuten, dass bestimmte disponierende Allele, beispielsweise im Rahmen einer heute schon möglichen Präimplantationsdiagnostik, aus dem Genpool einer Population eliminiert würden; für welche Störungen sollte eine derartige Selektion Geltung haben? Vielleicht für die Alzheimer-Demenz (dann wäre aber, hätte es die Technik schon gegeben, etwa Immanuel Kant nicht geboren worden; Kanngiesser 1919), oder Depression (wir hätten wohl die Geburt von Johann Wolfgang von Goethe verhindert; Nager 1991), oder als letztes Beispiel die Panikstörung (dann wäre sogar Charles Darwin selbst einer negativen Eugenik zum Opfer gefallen; Barloon und Noyes 1997). Auszunehmen sind meiner Auffassung nach allenfalls monogenetische Erkrankungen mit hoher Penetranz, wie z. B. Chorea Huntington. Auf der anderen Seite ist ebenso fragwürdig, was mit einer positiven Eugenik erreicht werden sollte: Ist vielleicht Intelligenz (meistens ist mit dem Begriff wohl technisch-mathematische Intelligenz gemeint) eine „lohnenswerte" Eigenschaft? Möglicherweise wäre dann aber mit einer Zunahme autistischer Störungen zu rechnen, die scheinbar in Familien, in denen Väter und Großväter technische Berufe ausüben, gehäuft vorkommen (Wheelwright und Baron-Cohen 1998). Angesichts wachsender Umweltzerstörung wäre es wohl ratsamer, eher Resistenzen gegen PCB, Radioaktivität oder UV-B Strahlen zu „züchten".

Trotz des rapiden medizinischen Fortschritts, der tatsächlich einen gewissen Selektionswandel bedingen könnte, etwa dadurch, dass Menschen mit früher vielleicht letal verlaufenden Erkrankungen jetzt durchaus das Fortpflanzungsalter erreichen können, ist dies doch nicht mit Selbstdomestikation gleichzusetzen. Um es deutlich zu sagen: Hier soll auch nicht die Gentechnologie *per se* verteufelt werden, aber sie sollte sinnvoll eingesetzt werden, etwa in der Herstellung von Impfstoffen oder zur Bekämpfung von Infektionskrankheiten wie Malaria, Tuberkulose usw., an denen vor allem in der Dritten Welt nach wie vor Tausende von Kindern und Erwachsenen pro Jahr sterben.

Der Mensch stellt wie alle biologischen Wesen eine „Kompromisslösung" miteinander im Widerstreit stehender Selektionsdrücke dar; insofern stehen bei den meisten Eigenschaften „Kosten" und „Nutzen" in einem (relativ) ausgewogenen Verhältnis. Wir sollten unser einzigartiges biologisches Erbe annehmen und uns nicht dazu verleiten lassen, wissenschaftlichen Fortschritt mit biologisch-technologischer Machbarkeit zu verwechseln. Abgesehen davon, dass eine Manipulation des menschlichen Erbguts nur einer verschwindend geringen Minderheit der Weltbevölkerung „zugute" käme, könnte es doch sinnvoller sein, lebenswerte Umwelten zu erhalten und zu schaffen, die unseren biologischen Anpassungen entgegenkommen.[5] Die hier dargestellte Argumentation soll keineswegs einem naturalistischen Fehlschluss unterliegen, etwa, dass nicht sein kann, was nicht sein darf. Die Evolution kennt aber kein „höher" oder „besser", keine „Anagenese", auch nicht in Bezug auf uns Menschen. Die Natur lebt schließlich von der Vielfalt, nicht von der Einfalt.

**Literatur**

Alcock, J.: The triumph of sociobiology. Oxford University Press, Oxford, New York 2001

Allen, G. E.: The social and economic origins of genetic determinism: a case history of the American Eugenics Movement, 1900 – 1940 and its lessons for today. Genetica 99:77–88 (1997)

Anand, S. S.; Yusuf, S.; Jacobs, R.; Davis, A. D.; Yi, D. Q.; Gerstein, H.; Montague, P. A.; Lonn, E.: Risk factors, atherosclerosis, and cardiovascular disease among Aboriginal people in Canada: The Study of Health Assessment and Risk Evaluation in Aboriginal Peoples (SHARE-AP). Lancet 358: 1147–1153 (2001)

Barloon, T. J.; Noyes, R. Jr.: Charles Darwin and panic disorder. Amer. Med. Ass. 277:138–141 (1997)

Baur, E.; Fischer, E.; Lenz, F.: Grundriß der menschlichen Erblichkeitslehre und Rassenhygiene. Bd. 1: Menschliche Erblichkeitslehre. Bd. 2: Menschliche Auslese und Rassenhygiene. J. F. Lehmann's Verlag, München 1921

Bemporad, J. R.: Dementia praecox as a failure of neoteny. Theor. Med. 12:45–51 (1991)

Bolk, L.: Le problème de l'anthropogenèse. C.-R. Ass. Anat. 1, Paris (1926)

Brüne, M.: Neoteny, psychiatric disorders and the social brain: hypothesis on heterochrony and the modularity of the mind. Anthropol. and Med. 7:301–318 (2000)

---

[5] Eine Forderung, die übrigens schon sehr früh von Alfred Russel Wallace, dem Mitbegründer der modernen Evolutionstheorie und erbitterter Gegner der Eugenik, aufgestellt wurde (siehe Marchant, 1916 Bd. II, S. 246).

Brüne, M.: Emil Kraepelin's antialcohol obsession. An example of the „naturalistic fallacy" in psychiatry. In: Schiefenhövel, W. et al.: Fluid bread: Images and usages of beer in cross-cultural perspective. Berghahn Books, Providence, Oxford (im Druck)

Clay, C.; Leapman, M.: Herrenmenschen. Das Lebensborn-Experiment der Nazis. Heyne, München 1995

Crow, T. J.: Darwinian approach to the origins of psychosis. Br. J. Psychiatry 167:12–25 (1995)

Darwin, C.: Das Variieren der Tiere und Pflanzen im Zustande der Domestikation, Band 1 und 2. Nägele und Dr. Sproesser, Stuttgart 1910

Darwin, C.: Die Abstammung des Menschen (1871). Nachdruck. Fourier Verlag, Wiesbaden 1966

Darwin, F. (ed.): The autobiography of Charles Darwin and selected letters. Dover Publication, New York 1892, 1958

Durham, W. H.: Coevolution: Genes, culture, and human diversity. Stanford University Press, Stanford 1991

Fischer, E.: Die Rassenmerkmale des Menschen als Domesticationserscheinungen. Z. Morphol. und Anthropol. 18:479–524 (1914)

Frankfurter Allgemeine Zeitung. Sollen wir den Piloten ins Gehirn blicken? Ein Gespräch mit James D. Watson, dem Pionier der Erbgutanalyse. Frankfurter Allgemeine Zeitung, 28.6.2000, Nummer 147, S. 49 (Fragen und Übersetzung aus dem Amerikanischen von Joachim Müller-Jung)

Frankfurter Allgemeine Zeitung: Darwins Apostel. Der fast 100 Jahre alte Biologe Ernst Mayr über den Siegeszug der Evolutionstheorie, über Orpheus und die Zukunft des Menschen im Biotechzeitalter. Frankfurter Allgemeine Zeitung, 12.3.2002, Nummer 60, S. 47

Gehlen, A.: Der Mensch. Seine Natur und seine Stellung in der Welt. 3. Auflage. Junker und Dünnhaupt Verlag, Berlin 1944

Geus, A.: Anthropogenie und Menschenzucht. Biologistische Utopien im 19. und 20. Jahrhundert. In: Schmutz, H.-K. (Hrsg.): Phantastische Lebensräume, Phantome und Phantasmen. Basiliskenpresse, Marburg 1997, S. 221–238

Goody, J.: Evolution and communication: the Domestication of the savage mind. Br. J. Sociol. 24:1–12 (1973)

Gould, S. J.: The mismeasure of man. Revised and expanded edition. Penguin Books, London, New York 1996

Hentschel, W.: Varuna. Eine Welt- und Geschichtsbetrachtung vom Standpunkt des Arier. Theodor Fritsch, Leipzig 1901

Hentschel, W.: Varuna. Das Gesetz des aufsteigenden und sinkenden Lebens in der Geschichte. 2. Auflage. Theodor Fritsch, Leipzig 1907

Hentschel, W.: Vom aufsteigenden Leben. Ziele der Rassen-Hygiene. Fritz Eckardt Verlag, Leipzig 1910

Herre, W.; Roehrs, M.: Domestikation und Stammesgeschichte. In: Heberer, G. (Hrsg.): Die Evolution der Organismen. Ergebnisse und Probleme der Abstammungslehre. Band II/2 Solität der Phylogenie. Fischer, Stuttgart 1971, S. 29–174

Hertwig, O.: Zur Abwehr des ethischen, des sozialen, des politischen Darwinismus. Fischer, Jena 1918

Hilzheimer, M.: Historisches und Kritisches zu Bolks Problem der Menschwerdung. Anatomischer Anzeiger 62:110–121 (1926/27) von Hoffmann, G.: Die Rassenhygiene in den Vereinigten Staaten von Nordamerika. J. F. Lehmann's Verlag, München 1913

Jonas, A. D.; Jonas, D. F.: The evolutionary mechanisms of neurotic behavior. Amer. J. Psychiatry 131:636–640 (1974)

Junker, T.: Synthetische Theorie, Eugenik und NS-Biologie. In: Brömer, R; Hoßfeld, U.; Rupke, N.A. (Hrsg.): Evolutionsbiologie von Darwin bis heute. Verlag für Wissenschaft und Bildung, Berlin 2000, S. 307–360

Kamann, M.: Der Mensch ist die Bestie. Wie der Philosoph Peter Sloterdijk in seinem umstrittenen Vortrag auf Schloß Elmau argumentierte. Die Welt, 10.9.1999

Kanngiesser, F.: Zur Pathographie des Immanuel Kant. Arch. Psychiatrie und Nervenkrankheiten 60:219–222 (1919)

King, H.; Collins, V.; King, L. F.; Finch, C.; Alpers, M.P.: Blood pressure, hypertension and other cardiovascular risk factors in six communities in Papua New Guinea, 1985–1986. Papua New Guinea Med. J. 37:100–109 (1994)

Kraepelin, E.: Zur Entartungsfrage. Zentralblatt für Nervenheilkunde und Psychiatrie 31:745–751 (1908)

Kraepelin, E.: Psychiatrie. Ein Lehrbuch für Studierende und Ärzte. 8. Aufl. I. Bd. Allgemeine Psychiatrie. Johann Ambrosius Barth, Leipzig 1909

Kretschmer, E.: Geniale Menschen. 1. Auflage. Springer, Berlin 1929

Kretschmer, E.: Geniale Menschen. 5. Auflage. Springer, Berlin, Göttingen, Heidelberg 1958

Li, Z.; Düllmann, J.; Schiedlmeier, B.; Schmidt, M.; von Kalle, C.; Meyer, J.; Forster, M.; Stocking, C.; Wahlers, A.; Frank, O.; Ostertag, W.; Kühlcke, K.; Eckert, H.-G.; Fehse, B.; Baum, C.: Murine leukemia induced by retroviral gene marking. Science 296:497 (2002)

Lilienthal, G.: Der „Lebensborn e.V." Ein Instrument nationalsozialistischer Rassenpolitik. Fischer, Stuttgart, New York 1985

Lorenz, K.: Durch Domestikation verursachte Störungen arteigenen Verhaltens. Zeitschrift für angewandte Psychologie und Charakterkunde 59:2–81 (1940)

Lorenz, K.: Psychologie und Stammesgeschichte. In: Heberer, G. (Hrsg.): Die Evolution der Organismen. Ergebnisse und Probleme der Abstammungslehre. Band I. 2. Auflage. Fischer, Stuttgart 1959, S. 131–172

Marchant, J.: Alfred Russel Wallace: Letters and reminiscences. Two volumes. Cassell and Company, London, New York 1916

McKinney, M., L., McNamara, K. B.: Heterochrony. The evolution of ontogeny. Plenum Press, New York 1991

Nager, F.: Goethes Kampf mit der Depression. Schweizerische Rundschrift für Medizinpraxis 17: 984–991 (1991)

Neel, J. V.: Diabetes mellitus: a „thrifty" genotype rendered detrimental by „progress". Amer. J. Hum. Genet. 14:353–362 (1962)

Ravussin, E.; Bogardus, C.: Energy balance and weight regulation: genetics versus environment. Br. J. Nutrit. 83 (Suppl. 1):S17–20 (2000)

Richter, C. P.: Rats, men and the welfare state. Amer. Psychologist 14:18–28 (1959)

Ritenbaugh, C.; Goodby, C. S.: Beyond the thrifty gene: Metabolic implications of prehistoric migration into the new world. Med. Anthropol. 11:227–236 (1989)

Rousseau, J. J.: Discours sur l´origine et les fondemons de l'egalité parmis les hommes. Marc Michele Rey, Amsterdam 1755

Rüdin, E.: Kraepelins sozialpsychiatrische Grundgedanken. Archiv für Psychiatrie und Nervenkrankheiten 87:75–86 (1929)

Rüdin, E.: Über den Zusammenhang zwischen Geisteskrankheit und Kultur. Archiv für Rassen- und Gesellschaftsbiologie 7:722–748 (1910)

Schmidt-Salomon, M.: Die Entzauberung des Menschen. Anmerkungen zum Verhältnis von Humanismus und Anthropologie. Aufklärung und Kritik. Zeitschrift für freies Denken und humanistische Philosophie 7:23–42 (2000)

Schmitz-Köster, D.: „Deutsche Mutter, bist du bereit ..." Alltag im Lebensborn. Aufbau-Verlag, Berlin 1997

Scull, A.: The domestication of madness. Med. Hist. 27:233–248 (1983)

Sharma, A. M.: The thrifty-genotype hypothesis and his implications for the study of complex genetic disorders in man. J. Molec. Med. 76:568–571 (1998)

Starck, D.: Der heutige Stand des Fetalisationsproblems. Paul Parey, Hamburg, Berlin 1962

Weber, T.: Lasst uns die Briten doch noch ein wenig verbessern. Der ungeklärte Kausalitätsbegriff in den Biowissenschaften: über die wissenschaftsgeschichtliche und politische Herkunft eines blinden Flecks. Frankfurter Allgemeine Zeitung, 19.3.2002, Nummer 66, S. 53

Wheelwright, S.; Baron-Cohen, S.: The link between autism and skills such as engineering, maths, physics and computing: a reply to Jarrold and Routh. Autism 5:223–227 (2001)

## 6 Lebensstil und ätiologisches Konzept: Rassenhygienische Tendenzen bei Emil Kraepelin

MATTHIAS M. WEBER

## Rassenhygiene, Psychiatrie und Lebensreform in Deutschland um 1900

Sozialdarwinistische und rassenhygienische Konzepte spielten für die Entwicklung psychiatrischer Krankheits- und Therapiemodelle seit dem letzten Drittel des 19. Jahrhunderts eine große Rolle. Dieser unbezweifelbare Zusammenhang gehört insbesondere aufgrund der menschenverachtenden Maßnahmen der nationalsozialistischen Gesundheits- und Bevölkerungspolitik, wie sie z. B. durch die Zwangssterilisation im „Gesetz zur Verhütung des erbkranken Nachwuchses" oder in der so genannten „T4-Aktion" umgesetzt wurden, zu den zentralen Themen des aktuellen medizinhistorischen Forschungsinteresses [1]. In der psychiatriegeschichtlichen Diskussion ist allerdings umstritten, ob etwa der Sozialdarwinismus und die Entartungstheorie des 19. Jahrhunderts tatsächlich nahtlos in die Eugenik des 20. Jahrhunderts einschließlich ihrer konkreten politischen Verwirklichung während des Nationalsozialismus übergingen. Eine umfassende Kenntnis dieser Entwicklungslinien, und zwar sowohl ihrer fraglos vorhandenen Kontinuitäten als auch ihrer offensichtlichen Brüche, ist jedoch für die medizinhistorische Einordnung der Rassenhygiene unverzichtbar.

    Neben Richard von Krafft-Ebing [2] (1840–1902) und August Forel [3] (1848–1931) ist für den zunehmenden Einfluss rassenhygienischer Konzepte auf die Psychiatrie in der Zeit um und nach 1900 vor allem Emil Kraepelin (1856–1926) bedeutsam, der seit 1886 Klinikdirektor und Lehrstuhlinhaber in Dorpat, seit 1891 in Heidelberg und seit 1903 in München war. Kraepelins ätiologische und nosologische Vorstellungen erlangten hauptsächlich durch die neun Auflagen seines weit verbreiteten Lehrbuchs, die zwischen 1883 und 1927 erschienen, einen enormen Einfluss auf die Entwicklung der gesamten Psychiatrie im 20. Jahrhundert. Obwohl sein Lehrgebäude keineswegs unwidersprochen blieb, zählt vor allem die von ihm postulierte Dichotomie der endogenen Psychosen, d. h. „Dementia praecox" und „manisch-depressives Irresein", nach wie vor zum Kernbestand der psychiatrischen Hypothesen. Daher verwundert es nicht, dass auch Kraepelins Rezeption der Entartungstheorie und der Rassenhygiene sowie ihr Zusammenhang mit seinen politischen Aktivitäten während des

Ersten Weltkriegs auf ein kritisches Interesse bei heutigen Psychiatern und Medizinhistorikern stößt.[4]

Nachfolgend ist weder eine umfassende biografische Darstellung von Kraepelins Leben und Werk noch eine erschöpfende Abhandlung der Beziehungen zwischen Psychiatrie und Rassenhygiene beabsichtigt. Insbesondere zu der letztgenannten Thematik liegen inzwischen zahlreiche Einzeldarstellungen vor. Ebenso wenig steht der Einfluss der Entartungstheorie auf die Entwicklung von Kraepelins Nosologie, insbesondere hinsichtlich der Dementia praecox, im Mittelpunkt der Untersuchung. Vielmehr soll hier am Beispiel Kraepelins einem anderen Aspekt des wachsenden Einflusses der Rassenhygiene um 1900 nachgegangen werden, nämlich der Frage, inwieweit sich diese Vorstellungen nicht nur in den ätiologischen Überlegungen eines international arrivierten Psychiaters, sondern auch in seinem persönlichen Lebensstil niederschlagen. In diesem Zusammenhang ist neben der Entstehung des medizinischen Modells der Rassenhygiene die sich dazu im gleichen Zeitraum parallel entwickelnde „Lebensreform-Bewegung" zu berücksichtigen. Sie forderte ebenfalls eine „hygienische" und „gesunde" Umgestaltung des zunehmend von der Industriekultur bestimmten Alltags im Wilhelminischen Kaiserreich [5]. Obwohl die Lebensreform um 1900 zweifellos wesentlich breitere Kreise des Bürgertums ansprach als die Rassenhygiene, waren ihren Zielsetzungen zumindest komplementär.

Das sozialdarwinistische Ideengut erhielt in Deutschland allerdings in der Form der Rassenhygiene seine institutionelle Gestalt und seinen konkreten programmatischen Inhalt. Ohne den Anspruch auf eine allgemein gültige Definition zu erheben, soll darunter die Gesamtheit derjenigen theoretischen Konzepte und gesundheitspolitischen Maßnahmen verstanden werden, die der Aufklärung und Bekämpfung des vermeintlichen drohenden Niedergangs der biologisch-somatischen Existenzgrundlage des Menschen dienten. Für die Rassenhygiene stand dabei allerdings weniger das Wohl von Individuen im Vordergrund, sondern eher der Erfolg menschlicher Gemeinschaften in der Konkurrenz des „Daseinskampfs", wobei zwischen biologischen Rassen, Völkern und Nationen begrifflich meist nicht klar unterschieden wurde. Als Ursache des angenommenen kontinuierlichen Verfalls des Menschen identifizierte die Rassenhygiene die angeblich „verweichlichenden" und „kontraselektorischen" Lebensbedingungen der industriellen Zivilisation, die dem natürlichen Vorgang der biologischen Auslese im Sinne des Darwinismus widersprächen. Praktisch trat die Rassenhygiene als so genannte „positive" und „negative" Eugenik auf, womit die Förderung der Fortpflanzung „Erwünschter" bzw. die Verhinderung von Nachkommen „Unerwünschter" gemeint war. Bereits die Terminologie zeigt, dass sich dieser Bewertungsmaßstab vielfach an sozialen und nicht an biologischen Kriterien orientierte.

Obwohl sich die Rassenhygiene als Teil der Biologie verstand und durch die ersten Ergebnisse der Genetik um 1900 legitimiert sah, stellte sie infolge ihrer vorrangigen sozialen und politischen Zielsetzungen keine Naturwissenschaft dar. Darüber hinaus stand die Rassenhygiene durchaus in einer Tradition utopischer europäischer Gesellschaftsmodelle, die sich bis zu Platons Politeia [6] zurückverfolgen lässt. Diese Systeme postulierten nicht nur ein Ideal der Maximierung des individuellen Glücks durch die Etablierung eines „wohl geordneten" Zusammenlebens, sondern rechtfertigten damit auch sehr weit reichende Eingriffe von – politischen, philosophischen oder wissenschaftlichen – Führungseliten in bislang private Lebensbereiche des Einzelnen, wie etwa in die menschliche Fortpflanzung. Die Rassenhygiene darf daher keineswegs nur dem rechten politischen Spektrum zugeordnet oder als historisches Phänomen eines deutschen „Sonderweges" gedeutet werden; entsprechende Bewegungen existierten in nahezu allen westlichen Staaten und waren untereinander stark verflochten [7]. *De facto* ergaben sich aber vor allem in Deutschland bedeutsame personelle und institutionelle Überschneidungen der Rassenhygiene mit völkischen und antisemitischen Gruppierungen [8].

Das Auftreten der Rassenhygiene kurz vor 1900 kann nur vor dem Hintergrund der wissenschaftlichen Entwicklungen verstanden werden, welche die öffentliche Diskussion seit etwa 1850 bestimmten. Hier ist nicht nur die breite Rezeption von Charles Darwins (1809–1882) Evolutionstheorie in Deutschland zu nennen, vor allem vermittelt durch Ernst Haeckel (1834–1919), sondern auch von Benedict Augustin Morels (1809–1873) Entartungslehre durch Psychiatrie und Kriminologie [9]. Die Degenerationstheorie stellte eine zeitgemäß plausible Umformung christlich-theologischer Aussagen über die Sündhaftigkeit des Menschen mit den Mitteln der damaligen Biologie und Medizin dar. Bedeutsam waren ferner die Etablierung der Eugenik, der Zwillingsforschung und des Genie-Irrsinns-Problems als legitime naturwissenschaftliche Fragen durch Francis Galton (1822–1911) sowie die Philosophie Herbert Spencers (1820–1903), die von einer optimistischen Anwendung der Evolutionstheorie auf die kulturelle und gesellschaftliche Entwicklung des Menschen geprägt war [10]. Hinzu kam, dass sich die Medizin unter dem Leitbild der aufstrebenden Bakteriologie generell vermehrt „prophylaktischen" und „hygienischen" Problemen zuwandte. Auch die Psychiatrie versuchte zunehmend, ihre Tätigkeit als wissenschaftlich begründete und therapeutische Aufgabe im Dienste der Allgemeinheit darzustellen [11]. Außerdem war ihre politische Bedeutung durch Affären wie etwa um die Absetzung und den spektakulären Tod König Ludwigs II. von Bayern einer breiten Öffentlichkeit bewusst geworden [12].

Die allgemein zunehmende Plausibilität der Rassenhygiene beruhte nicht zuletzt auf ihrer Legitimationsfunktion in außen- und innenpolitischen Auseinandersetzungen. Eine biologisch begründete Erhaltung und Steigerung der

Durchsetzungsfähigkeit und „Tüchtigkeit" der jeweiligen Eliten erschien sowohl im imperialistischen Wettstreit der europäischen Nationalstaaten um die Ausdehnung ihrer Kolonialreiche als auch in der Behandlung der so genannten „sozialen Frage" notwendig, d. h. im Verhalten des Bürgertums gegenüber der rasch anwachsenden Industriearbeiterschaft und dem Proletariat. Im Jahre 1895 publizierte der Arzt und Privatgelehrte Alfred Ploetz (1860–1940) „Die Tüchtigkeit unserer Rasse und der Schutz der Schwachen" [13], jenes Werk, das in Deutschland die Rassenhygiene begründete. Dessen Untertitel „Ein Versuch über Rassenhygiene und ihr Verhältnis zu den humanen Idealen, besonders zum Socialismus", erscheint keineswegs zufällig. Ploetz hatte sich nämlich erst ein Jahr vorher aufgrund eigener enttäuschender Erfahrungen von utopisch-sozialistischen Gesellschaftsmodellen ab- und darwinistischen Konzepten zugewandt [14]. Die politische Destabilisierung in Deutschland nach der 1890 erfolgten Entlassung Bismarcks, insbesondere die Zuspitzung des Verhältnisses der staatlichen Autoritäten zur Sozialdemokratie, dürfte die tagespolitisch bedingte Akzeptanz der Rassenhygiene in interessierten bürgerlichen Kreisen zusätzlich gefördert haben. In diesem Zeitraum gewannen die Degenerationstheorie und rassenhygienische Momente auch in Emil Kraepelins Denken einen wachsenden Einfluss.

## Rassenhygienische Konzepte in Kraepelins Publikationen

Zweifellos belegen die nachfolgend vorgestellten Passagen aus den Veröffentlichungen Kraepelins exemplarisch die konzeptuelle Bedeutung der Entartungstheorie und der Rassenhygiene, insbesondere für die Formulierung seiner ätiologischen und prophylaktischen Vorstellungen seit den 90er-Jahren des 19. Jahrhunderts. Es wäre allerdings verfehlt, das psychiatrische Werk, dessen inhärente philosophische Voraussetzungen [15] oder die Person Kraepelins ausschließlich auf degenerationstheoretische Momente oder rassenhygienische Zielsetzungen reduzieren zu wollen. Hervorzuheben ist, dass andere wissenschaftliche Interessensbereiche, wie die Experimentalpsychologie oder die klinisch-psychopathologische Erfassung und Abgrenzung der psychischen Krankheiten, für Kraepelin mindestens ebenso wichtig waren. Hinzu kommt, dass er sich keineswegs durchgehend positiv zu den einschlägigen Themenkreisen der Degenerationslehre äußerte. Obwohl Kraepelin etwa die kriminalbiologische Forschung des italienischen Psychiaters und Anthropologen Cesare Lombroso (1835–1909) prinzipiell begrüßte, lehnte er dessen Atavismus-Theorie ab [16]. Der angeblichen „Seltenheit des Irreseins bei Naturvölkern" stand er ebenso abwägend gegenüber wie der Hypothese über die ständige Vermehrung der Geisteskranken unter den Bedingungen der modernen Zivilisation [17]. Darüber hinaus beklagte Kraepelin stets die „unsichere und schwankende Umgrenzung der Entartungstheorie" [18].

Bereits die frühesten Veröffentlichungen Kraepelins ließen jedoch den zeittypischen terminologischen Einfluss des Darwinismus erkennen. In seiner 1880 erschienenen kriminologischen Streitschrift „Die Abschaffung des Strafmaßes", die in Fachkreisen einiges Aufsehen erregte, bezog er sich häufig auf den „Kampf ums Dasein" als soziales Funktionsmodell [19]. In seiner 1882 entstandenen, im Original von ihm nicht veröffentlichten Abhandlung über „Schuld und Strafe" benutzte er den „Selbsterhaltungstrieb" [20] als universales Prinzip zur Erklärung des menschlichen Verhaltens. Schließlich äußerte sich Kraepelin im „Compendium der Psychiatrie", der 1. Auflage seines Lehrbuchs von 1883, erstmals unmissverständlich über den negativen Einfluss der modernen Kultur, insbesondere der Verstädterung, auf die psychische Gesundheit:

„Kultur [...] Gerade die großen Städte mit ihren erhöhten Anforderungen an die intellektuelle und moralische Kraft des Einzelnen, mit ihrer Erschwerung der Lebensbedingungen und ihren mannigfachen Verführungen und Excessen aller Art sind es, welche bei weitem das größte Kontingent zu der raschen Vermehrung der Geisteskrankheiten und des Selbstmordes abgeben. Je intensiver und verwickelter sich die Konkurrenz der Individuen und Lebensinteressen gestaltet, desto größer ist der Procentsatz Jener, die den gesteigerten Ansprüchen nicht gewachsen sind und in dem friedlichen Kampfe invalide werden." [21]

Hinsichtlich der ätiologischen Bedeutung der Erblichkeit folgte Kraepelin den tradierten klinischen Beobachtungen und theoretischen Annahmen. Er räumte jedoch ein, dass keine verlässlichen statistischen Ergebnisse vorlagen, die über die bloße Feststellung eines noch nicht näher beschreibbaren genetischen Zusammenhangs hinausgingen:

„Erblichkeit [...] Die Bedeutung dieses Moments in der Pathogenese psychischer Krankheiten ist jederzeit und von allen Irrenärzten auf das Einmüthigste betont worden, so sehr auch bei den naheliegenden Fehlerquellen einer Statistik über diesen Punkt die Zahlenangaben im Einzelnen auseinandergehen (von 4 bis 90 %) [...] Müssen wir somit jene Zahlenangaben lediglich als empirische Daten ansehen, ohne in ihnen zunächst den exakten Ausdruck eines 'Gesetzes' zu erblicken, so steht dennoch die allgemeine Thatsache von der hohen Bedeutung der Heredität in der Aetiologie der Psychosen über allen Zweifel fest, so wenig wir uns auch von dem tiefen Zusammenhange der Vorgänge hier eine irgendwie genügende Vorstellung machen können." [22]

Außerdem fällt auf, dass die Tatsache der Erblichkeit von vornherein im Kontext der Entartungstheorie und pathologischer Veränderungen dargestellt wurde. Kraepelin war dabei nicht nur mit der deutschen, sondern auch mit der italienischen und französischen psychiatrischen Literatur seiner Zeit eingehend vertraut. Die Erläuterung des Mechanismus des Entartungsvorgangs übernahm er daher nahezu unverändert von Morel:

„... Am intensivsten wirkt sicherlich die direkte Heredität, namentlich wenn beide Eltern (cumulative Vererbung) und wenn sie schon bei der Zeugung des Kindes geisteskrank waren [...] Wo die hereditären Einflüsse sich häufen, wie das namentlich bei Verwandtschaftsheiraten in neuropathisch disponirten Familien der Fall zu sein scheint, da entsteht eine 'organische Belastung', da treten bei der Descendenz die schweren Formen der psychischen Entartung hervor. Morel gibt für diese progressive erbliche Degeneration das folgende allgemeine Schema: 1. Generation: nervöses Temperament, sittliche Depravation, Excesse. 2. Generation: Neigung zu Apoplexien und schweren Neurosen, Alkoholismus. 3. Generation: psychische Störungen, Selbstmord, intellektuelle Unfähigkeit. 4. Generation: angeborene Blödsinnsformen, Missbildungen, Entwicklungshemmungen." [23]

Diese Darstellung der Erblichkeit behielt Kraepelin bis zu den letzten Auflagen seines Lehrbuchs prinzipiell bei; er erweiterte und modifizierte seine Auffassungen über die Genese psychischer Krankheiten allerdings kontinuierlich durch die Einführung neuer Definitionen und zusätzlicher ätiologischer Faktoren. Die 4. Auflage von 1893 enthielt etwa eine allgemeine Beschreibung der „psychischen Entartungsprozesse", wobei sich die Erklärung jedoch auf den sehr unscharfen Begriff von „Schwächezuständen" beschränkte:

„VIII. Die psychischen Entartungsprocesse. Das Gemeinsame derjenigen Krankheitsbilder, welche wir unter dem Namen der psychischen Entartungsprozesse zusammenfassen wollen, liegt in der ungemein raschen Entwicklung eines dauernden psychischen Schwächezustandes [...] anderseits greift der körperliche Entartungsvorgang, der diesen Krankheitsformen wahrscheinlich zu Grunde liegt, niemals so tief, dass er den Bestand des Lebens selbst gefährden würde ..." [24]

Die endgültige Ausformung von Kraepelins einschlägigen Vorstellungen erfolgte schließlich in der 8. Auflage des Lehrbuchs von 1909. Sein Konzept der „Entartung" ging zwar von einer kausalen genetisch-somatischen Grundlage aus, die konkrete Definition beruhte jedoch nicht auf primär biologisch oder psychopathologisch nachweisbaren Funktionsdefiziten. Kraepelin leitete diese vielmehr aus dem Verfehlen von nicht näher definierten „allgemeinen Lebenszielen", d. h. von sozialen Erwartungen ab:

„Mit dem Namen der Entartung bezeichnen wir das Auftreten vererbbarer Eigenschaften, welche die Erreichung der allgemeinen Lebensziele erschweren oder unmöglich machen. Von einfacher Krankheit oder Siechtum unterscheidet sie sich eben dadurch wesentlich, dass ihre Wirkung sich nicht auf das Einzelwesen beschränkt, sondern durch ungünstige Beeinflussung der folgenden Geschlechter eine Verschlechterung der Art selbst herbeiführen kann. Am leichtesten verständlich ist das bei denjenigen Formen der Entartung, die selbst schon durch die Blutmischung entstehen und somit von den Eltern her übertragen werden, wir fassen sie als erbliche Entartung zusammen." [25]

Neben der Erblichkeit im engeren Sinne gewannen in Kraepelins ätiologischen Vorstellungen exogene Noxen, insbesondere die Folgen des Alkoholmissbrauchs und der venerischen Infektionen, eine immer größere Bedeutung. Diese „Schädlichkeiten" waren jedoch nicht unabhängig von den anderen bereits genannten Faktoren, sondern standen in einem engen Zusammenhang vor allem mit den negativen Auswirkungen der Urbanisierung für die psychische Gesundheit:

„Jedenfalls ist der Schluss berechtigt, dass in der Großstadt vor allem Paralyse, Epilepsie und Alkoholismus gedeihen, also Erkrankungen, die wesentlich den Wirkungen der Syphilis und des Alkohols entsprechen. Berücksichtigen wir, dass die beiden genannten Schädlichkeiten wichtige Ursachen der Arteriosklerose sind, dass sie ferner einen äußerst verhängnisvollen Einfluss auf den Nachwuchs ausüben und hier wiederum Schwachsinn, Epilepsie, Prostitution und Psychopathie erzeugen, so werden wir kaum noch bezweifeln können, dass die Großstädte nicht nur die Anstaltsbedürftigkeit unserer Kranken steigern, sondern dass sie unmittelbar als verderbliche Brutstätten geistiger Krankheiten betrachtet werden müssen." [26]

Interessanterweise betrachtete Kraepelin die Bedingungen und Folgen des „Daseinskampfs", dem er unter den Bedingungen der „natürlichen Auslese" einen positiven Wert zumaß, in der modernen städtischen Zivilisation ebenfalls als belastende ätiologische Faktoren. Hierbei nahm er den zeittypischen Begriff der „Nervosität" [27] auf:

„Es erheben sich indessen immer wieder Stimmen, die noch andere Begleiterscheinungen unseres modernen Lebens, vor allem die Heftigkeit des Daseinskampfes und die dauernde Anspannung aller Kräfte, die Unrast unseres mit der

Minute geizenden Arbeitsbetriebes, die Fülle von aufregenden Vergnügungen, die ungenügende Dauer und Tiefe des Schlafes und ähnliche Zustände für die Zunahme der allgemeinen Nervosität verantwortlich machen. Es ist gewiss zuzugeben, dass die genannten Schädigungen, besonders bei geringer Widerstandsfähigkeit, nervöse Erschöpfungs- und Erregungszustände erzeugen und damit auch den Boden für ernstere Störungen vorbereiten können." [28]

Vor diesem Deutungshintergrund beurteilte Kraepelin die Konsequenzen der therapeutischen Bemühungen der Psychiatrie allerdings zunehmend ambivalent. In seiner Darstellung der Auswirkungen der psychiatrischen Fürsorge auf die Entwicklung der „Kulturvölker" kamen der Einfluss der Rassenhygiene, insbesondere aber die Annahmen der negativen Eugenik, deutlich zum Ausdruck:

„Während ein großer Teil unserer Kranken ohne die sorgfältigste Fürsorge zugrunde gehen würde, hat die opferwillige Hilfsbereitschaft der Kulturvölker ein großartiges Netz von Einrichtungen geschaffen, durch welche die Unfähigen, Verkommenen, Minderwertigen und geistigen Krüppel erhalten, die Kranken gepflegt und geschützt werden. Dieses Werk des Mitleids hat natürlich zur Folge, dass eine große Zahl von Krankheitsanlagen, statt mit ihren Trägern zu verschwinden, die Möglichkeit finden, sich auf kommende Geschlechter zu vererben. Die Wirksamkeit der natürlichen Auslese wird dadurch erheblich beeinträchtigt." [29]

In seinem programmatischen Aufsatz über die „Ziele und Wege der psychiatrischen Forschung" von 1918 befürwortete Kraepelin jedoch die Unterbringung in psychiatrischen Anstalten als eine der notwendigen Maßnahmen gegen die fortschreitende „Verweichlichung" und „Verzärtelung", die in der „Verelendung des Kulturmenschen" enden müsse, da dieses Vorgehen „alle schwerer geistig Erkrankten wirksam von der Fortpflanzung ausschließt". Darüber hinaus propagierte er die „Gartenstadt- und Bodenreformbewegung", die „körperliche Kräftigung der Massen", die „Stählung des persönlichen Mutes, der Ausdauer und Widerstandfähigkeit", die „Erziehung zur Bedürfnislosigkeit" und die ständige „enge Berührung mit der Natur". Auch die psychiatrische Forschung müsse sich im Sinne einer „Massenpsychiatrie" zu einer „seelischen Volksgesundheitslehre" wandeln, um sowohl dem Einzelnen zu dienen als auch der Verschlechterung des „Volkskörpers" entgegenzuwirken [30]. Dieser Begriff stellt ein anschauliches Beispiel für die Anwendung biologisch-medizinischer Konzepte auf die Gesellschaft dar. In einer hypothetischen Zukunft betrachtete Kraepelin darüber hinaus auch Eingriffe in die private Lebenswelt als denkbar:

„Ein unumschränkter Herrscher, der, geleitet von unserem heutigen Wissen, rücksichtslos in die Lebensgewohnheiten der Menschen einzugreifen vermöchte, würde im Laufe weniger Jahrzehnte bestimmt eine entsprechende Abnahme des Irreseins erreichen können." [31]

Diese Ausweitung des Zuständigkeitsbereichs der Psychiatrie auf die Gesamtheit der Bevölkerung und die damit verbundene Verschiebung ihres therapeutischen Ziels vom Individuum zur Gesellschaft wird nur verständlich, wenn man die konkrete politische Situation in München um 1918 berücksichtigt. Kraepelin hatte sich während des Ersten Weltkriegs für die „Deutsche Vaterlandspartei" und den „Volksausschuss für rasche Niederkämpfung Englands" engagiert und war für einen militärischen Siegfrieden sowie annektionistische Territorialforderungen eingetreten [32]. Wie viele Repräsentanten der Führungseliten des Wilhelminischen Kaiserreichs erlebte Kraepelin die Niederlage Deutschlands, speziell aber die Münchner Räterepublik, als Zusammenbruch seiner gesamten bisherigen soziokulturellen Lebenswelt. Ihr Einfluss auf Kraepelins Denken war offensichtlich so stark, dass er zur Erklärung der historischen Entwicklungen biologisch-medizinische Deutungsmuster heranzog und eine genuin politische Reflexion über die Ursachen der „nationalen Katastrophe" unterließ. Die demokratischen Strukturen der Weimarer Republik lehnte Kraepelin daher überwiegend ab. In seinen ebenfalls 1918 entstandenen „Psychiatrischen Randbemerkungen zur Zeitgeschichte" forderte er stattdessen eine „Herrschaft der Besten":
„... Die Volksherrschaft muss zu einer Herrschaft der Besten werden. Dazu ist es nötig, dass wir mit allen Mitteln hervorragende Persönlichkeiten züchten, die in den schweren Zukunftstagen unsere Geschicke lenken können [...] Bekämpfung aller Einflüsse, die das künftige Geschlecht zu verderben drohen, namentlich der erbliche Entartung und Keimschädigung durch Alkohol und Syphilis, muss dabei vor allem ins Auge gefasst werden. Weiterhin sind notwendig: Möglichste Förderung der Frühehe, Weckung und Stärkung der Kinderfreudigkeit, Schutz des heranwachsenden Geschlechts vor den Gefahren körperlicher, geistiger und sittlicher Verwahrlosung, Kräftigung des Leibes und der Seele, namentlich aber des Willens [...] Ganz besonderes Gewicht ist auf eine Auslese der wertvollsten und leistungsfähigsten Bestandteile unseres Nachwuchses zu legen, deren sorgfältigste Ausbildung zu Führern unseres Volkes auf diese Weise begünstigt werden muss." [33]

Diese Äußerungen Kraepelins zeigen auf, dass der Rezeption rassenhygienischer Vorstellungen nicht nur für sein psychiatrisches Denken, sondern auch für seine politischen Vorstellungen eine erhebliche Bedeutung zukam, vor allem in der Zeit unmittelbar nach dem Ersten Weltkrieg. In diesem Zusammenhang erscheint es allerdings sinnvoll, nochmals auf die Vielschichtigkeit von Kraepelins Anschauungen und Verhalten hinzuweisen. Hierfür bildet die von ihm 1916/17 initiierte Gründung der Deutschen Forschungsanstalt für Psychiatrie in München (DFA) ein anschauliches Beispiel. Zwar betrachtete Kraepelin die Einrichtung dieser ersten außeruniversitären akademischen Forschungseinrichtung auf dem Gebiet der Psychiatrie in Deutschland einerseits als nationale Aufgabe, andererseits förderte er gezielt ihre internationale Ausrichtung auf einer breiten fachwissenschaftlichen Basis zur Rehabilitierung der deutschen Forschung nach 1918. [34]

## Kraepelins persönliche Wege zum „Kampf gegen die Entartung"

Gerade der Umstand, dass Kraepelin in seinem Werk einerseits degenerationstheoretische Vorstellungen rezipierte, andererseits jedoch nicht auf diesen Gesichtspunkt reduziert werden kann, veranlasst zu der Frage, welche biografischen Momente seine diesbezügliche Haltung beeinflussten. Zur Klärung des Problems, welchen Stellenwert rassenhygienische Erwägungen für Kraepelin tatsächlich einnahmen, ist darüber hinaus von Bedeutung, ob hiervon auch sein persönlicher Lebensstil geprägt war.

In diesem Zusammenhang ist zunächst Kraepelins starkes Interesse für die Botanik zu nennen, das entscheidend von seinem älteren Bruder Carl (1848–1915) bestimmt wurde. Im Sommer des Jahres 1873, d. h. im Alter von 16 Jahren, erforschte Kraepelin auf sechs Exkursionen, die er systematisch in alle Himmelsrichtungen um seine Vaterstadt Neustrelitz unternahm, die Flora von Mecklenburg [35]. Auch während seines Medizinstudiums unterstützte Emil seinen Bruder Carl weiterhin bei der Publikation einschlägiger botanischer Werke [36], wodurch er dessen spätere berufliche Karriere als Biologe erheblich förderte. Carl Kraepelin, der 1889 zum Direktor des Naturhistorischen Museums in Hamburg ernannt wurde, begründete durch seine zahlreichen populärwissenschaftlichen Schriften [37] über Botanik und Zoologie die Didaktik der Biologie in Deutschland und war zu seinen Lebzeiten in der Öffentlichkeit weitaus bekannter als der Psychiater Emil Kraepelin.

Außerdem unternahmen die Brüder Kraepelin seit Anfang der 80er-Jahre des 19. Jahrhunderts regelmäßig gemeinsame Auslandsreisen. In der Literatur ist vor allem ihre Reise zur Forschungsstation Buitenzorg nach Java im Jahr 1904 dokumentiert, die Carl Kraepelin für botanische und zoologische Studien, Emil Kraepelin für seine Untersuchungen zur kulturvergleichenden Psychiatrie nutzte [38]. Trotz seiner beruflichen Beanspruchung war Emil Kraepelins Interesse

Kraepelins persönliche Wege zum „Kampf gegen die Entartung" 81

für Botanik ungebrochen. Auf dem Grundstück seines Sommerhauses in Suna am Lago Maggiore (Abb. 6.1), das er 1910 bezog, legte er unter Anleitung seines Bruders Carl einen botanischen Garten an, der u.a. eine Bambusanpflanzung enthielt [39].

Die persönliche Wertschätzung der Evolutionstheorie kam schließlich in einem Gedicht Kraepelins für Charles Darwin zum Ausdruck, das postum 1928

Abb. 6.1: Emil Kraepelin im botanischen Garten seines Hauses in Suna am Lago Maggiore (um 1925).

veröffentlicht wurde. Neben der Überhöhung des Forschers fällt darin vor allem auf, dass Kraepelin von einer kaum überbrückbaren Distanz zwischen der wissenschaftlichen Erkenntnis und der Einsichtsfähigkeit der „Menge" ausging:

„Darwin

Hoch ob den Wassern ragt ein Felsenkamm;
Sein Umriss ähnelt Darwins ernsten Zügen.
Wie ein Koloss aus überird'schem Stamm
Scheint sinnend er dahingestreckt zu liegen.

So ruht er in erhab'ner Einsamkeit
Das Antlitz lichten Fernen zugewendet,
Dorthin, woher uns, unermesslich weit,
Das Weltall seine goldnen Grüße sendet.

Wohl schweift manch Auge zu den dunklen Höh'n,
Doch niemand sieht den ruhenden Titanen;
Die Menge kann sein Bildnis nicht verstehn,
Nur, wer ihn liebt, darf seine Nähe ahnen.

Was an dem Forscher sterblich war, entschwand;
Versunken hinter ihm sind Ruhm und Ehren –
Am Ziel des Daseins hat er sich gewandt,
Um still in die Natur zurückzukehren." [40]

Kraepelins Aufgeschlossenheit für darwinistische und entartungstheoretische Vorstellungen lässt sich jedoch nicht nur anhand seiner Verehrung für Charles Darwin erkennen. Auch bei höchstpersönlichen Angelegenheiten spielten solche Überlegungen eine gewisse Rolle. Im Dezember 1881 rekurrierte Kraepelin z. B. gegenüber seiner Mutter bei der Schilderung der Eigenschaften seiner zukünftigen Verlobten Ina Schwabe (1855–1944) auf den „Schatten" der Erblichkeit. Er ging allerdings davon aus, dass diese „Belastung" durch den sozialen Faktor einer zwischenmenschlichen Beziehung kompensiert werden kann:

„Endlich aber – und das ist allerdings ein Punkt, der wohl Beachtung verdient – schwebt über ihr die Gefahr der erblichen Belastung. Das ist ein Schatten, aber, wie ich zuversichtlich hoffe, kein tiefer. Gerade ich kenne ja diese Gefahren am besten und ich weiß auch, dass eine glückliche Ehe und herzlich sorgende Liebe dieselben vermindern kann. Darauf hin wag' ich es." [41]

Kraepelins früheres kulturelles Umfeld war jedoch keineswegs nur durch seine Neigung zur Botanik oder den zeitgenössischen Darwinismus bestimmt. Abgesehen von den üblichen Bildungsinhalten des humanistischen Gymnasiums gehörte dazu vor allem die Literatur des niederdeutschen Schriftstellers Fritz Reuter (1810–1874). Kraepelins Vater Karl (1817–1882), zunächst Schauspieler und Sänger am Neustrelitzer Hoftheater, erlangte seit den 1870er-Jahren in Nord- und Ostdeutschland als Bühnenrezitator der Werke Reuters eine erhebliche Bekanntheit [42]. Reuters Balladen in niederdeutschem Platt pflegen zwar bewusst einen volkstümlichen, teilweise auch lokalpatriotischen Stil; biografisch relevante Auswirkungen, etwa auf Kraepelins spätere politische Haltung während des Ersten Weltkriegs, sind hier jedoch nicht festzustellen.

Kraepelins persönliche Lebensführung wird häufig anhand seiner rigiden Alkoholabstinenz demonstriert, wobei sich in der Literatur immer wieder dieselben einschlägigen Anekdoten finden [43]. Jedoch lassen die Quellen auch diesbezüglich keine eindeutige biografische Kontinuität erkennen. Möglicherweise standen die privaten und beruflichen Schwierigkeiten sowohl seines Vaters als auch seines Bruders Otto (1845–1893) in Zusammenhang mit einer Alkoholproblematik. Dennoch verhielt sich Kraepelin während seines Studiums und seiner klinischen Ausbildung in Leipzig, Würzburg und München keineswegs alkoholabstinent; er trank nicht nur regelmäßig Bier und Wein, sondern berichtete seiner Familie auch über „lästerliche Feiern" [44]. Bis zum Anfang der 90er-Jahre der 19. Jahrhunderts lehnte Kraepelin eine komplett alkoholabstinente Lebensweise sogar dezidiert ab, wie u. a. aus einem Brief an seinen Zürcher Kollegen August Forel hervorgeht, der zu diesem Zeitpunkt die Abstinenzbewegung bereits massiv propagierte:

„Mich selbst, der ich sehr mäßig trinke und über die hier herrschende Sumpferei entsetzt bin, werden Sie übrigens nicht zum Teatotaler machen. Ich habe schon häufig gefunden, dass nach großen Anstrengungen, namentlich aber bei schwerer gemütlicher Depression, der Alkohol für mich eine überaus wohltuende Wirkung hat, auf die ich um eines Prinzips willen mich nur dann zu verzichten entschließen könnte, wenn ich den Beruf in mir fühlte, in so prononcirter Weise agitatorisch aufzutreten, wie Sie." [45]

Bis etwa zum Beginn der 90er-Jahre des 19. Jahrhunderts befürwortete Kraepelin auch in seinen wissenschaftlichen Arbeiten, mit denen er die nachteiligen Wirkungen des Alkohols auf die psychische Leistungsfähigkeit experimentalpsychologisch nachgewiesen hatte, zwar die Eindämmung des Alkoholkonsums wegen der „Schwierigkeit, Mass zu halten", jedoch nicht die völlige Abstinenz [46]. Erst seit dem Frühjahr 1895 lebte Kraepelin gänzlich alkoholabstinent, nachdem er auf einer Reise nach Griechenland „rizinierten Wein, freilich ohne

Genuss" versucht hatte. Es muss jedoch offen bleiben, welches Gewicht derartige persönliche Erfahrungen tatsächlich für Kraepelins Entscheidung hatte, sich etwa ab Mitte der 90er-Jahre des 19. Jahrhunderts zugunsten der Abstinenzbewegung einzusetzen. Ebenso dürfte jedoch die Ansicht unzutreffend sein, Kraepelin habe sich nur aufgrund seiner wissenschaftlichen Erkenntnisse und rationaler Erwägungen der Abstinenzbewegung angeschlossen [47].

Spätestens ab 1896 unterstützte Kraepelin die Abstinenzbewegung öffentlich, wobei trotz seines Engagements für „Trinkerheilstätten" von vornherein weniger die individualprophylaktischen, sondern überwiegend die „volkshygienischen" Aspekte im Vordergrund standen. Als Beispiel für sein entsprechendes Engagement sei der „Verein abstinenter Ärzte des deutschen Sprachgebiets" genannt. Im Jahre 1896 zählte Kraepelin zu den Gründungsmitgliedern, zwei Jahre später folgte er August Forel als Vorsitzender nach. Hierbei war er sich der ambivalenten Außenwirkung der Alkoholabstinenz auf seine Zeitgenossen völlig bewusst, was ihn jedoch nicht zu einer Änderung seiner Lebensweise veranlasste:

„Ich habe keinen Zweifel, dass meine gesamte wissenschaftliche Tätigkeit meinen Namen nicht soweit bekannt gemacht hat wie die einfache Tatsache, dass ich keine geistigen Getränke zu mir nahm [...] ich darf wohl auch annehmen, dass die sehr auffallende Ausschließung aus den Strahlen der höfischen Gnadensonne, deren ich mich über ein Jahrzehnt dort zu erfreuen hatte, durch meine Stellung zur Alkoholfrage bedingt war." [48]

Während sich demnach Kraepelins Alkoholabstinenz erst relativ spät entwickelte, zeigte seine Begeisterung für das Naturerlebnis und den Sport eine wesentlich höhere biografische Kontinuität. Jedoch sollten seine einschlägigen Aktivitäten keinesfalls vor dem Hintergrund des heute üblichen Freizeitverhaltens interpretiert werden; vor 1900 hatte etwa der Alpinismus, der von einer vergleichsweise kleinen Gruppe mit elitärem Selbstverständnis ausgeübt wurde, eine gänzlich andere soziale Bedeutung als 100 Jahre später im Zeitalter unseres Massentourismus. Obwohl sich Kraepelin in seiner Selbstschilderung „Persönliches" nicht als einen Alpinisten bezeichnete, sondern lediglich davon sprach, er „wandere und steige gern" [49], ist davon auszugehen, dass er nach anfänglicher Abneigung etwa ab dem 30. Lebensjahr zum begeisterten Bergsteiger wurde. Im August 1885 reiste Kraepelin nach Innsbruck und in die österreichischen Alpen, wobei er auf dem Patscherkofel nur knapp einem Bergunfall entging [50]. Nach seiner Übersiedlung von Heidelberg nach München erwarb Kraepelin ein Grundstück im Isartal bei Baierbrunn, zu dem eine steil zur Isar abfallende Felswand gehörte. Im Jahre 1906 verkaufte Kraepelin dieses Areal, worauf die Sektion München des Deutschen Alpenvereins später den ersten

Klettergarten Deutschland errichtete [51]. Auch von seinem Haus in Suna aus unternahm er gemeinsam mit seiner Familie lange Touren in die damals touristisch noch kaum erschlossene Bergregion nördlich des Lago Maggiore, wobei diese Unternehmungen bei der einheimischen Bevölkerung auf völliges Unverständnis und Ablehnung stießen. [52]

Besonders intensiv betrieb Kraepelin vor allem das Radfahren, das er 1896 erlernt hatte. Er veranlasste außerdem seine Ehefrau, sowohl eine Radfahrschule als auch Turnstunden zu besuchen, was für eine Ordinariengattin um 1900 keineswegs als standesüblich anzusehen war. Kraepelin, der von kleiner Statur war und eine gewisse Neigung zur Korpulenz zeigte, achtete darauf, seine Kondition durch Schwimmen und Rudern zu verbessern [53]. Auf den Reisen von München nach Suna über die Alpen legte die Familie Kraepelin lange Abschnitte der Strecke mit dem Fahrrad zurück, so z. B. in den Jahren 1906 und 1907. Auch mit seiner Tochter Hanna (1896–1972) fuhr Kraepelin 1915 teilweise per Fahrrad von München nach Neustrelitz und an die Ostsee, wobei diese Reise zugleich der Durchführung von Familienforschungen diente [54].

Kraepelins Wertschätzung der Botanik, sein Engagement in der Abstinenzbewegung und seine Einstellung zu Natur und Sport belegen, dass vor allem ab der Mitte der 90er-Jahre des 19. Jahrhunderts wichtige Bereiche seines persönlichen Lebensstils durch Verhaltensweisen geprägt waren, welche die Rezeption rassenhygienischer und entartungstheoretischer Konzepte in seinen Werken begünstigten. Jedoch erscheint es nicht möglich, hierfür in allen Punkten eine biografische Kontinuität nachzuweisen.

## Rassenhygienische Elemente in Kraepelins Selbstschilderung „Persönliches"

Um die Bedeutung rassenhygienischer Konzepte für das Werk Kraepelins im Kontext seiner persönlichen Anschauungen aufzuzeigen, muss schließlich noch auf einige Abschnitte aus seiner Selbstschilderung „Persönliches" eingegangen werden. Kraepelin verfasste diesen Text, der ursprünglich nur zur Information für den engsten Kreis der Familie, der Freunde und Kollegen gedacht war, vermutlich zwischen 1920 und 1924. Einerseits handelte es sich hierbei um eine Darstellung der eigenen Person in der Tradition der wissenschaftlichen Selbstbeobachtung und mit den Mitteln, die Kraepelin auch in seinen psychiatrischen Werken benutzte, d. h. die klinisch-psychopathologische Beobachtung und die naturwissenschaftlich orientierte Psychologie. Andererseits erinnert „Persönliches" an eine Familienschrift im Stil der „monita paterna" und stellt insofern

## 86  Lebensstil und ätiologisches Konzept

die Summe von Kraepelins psychohygienischen Überzeugungen dar, über die er Rechenschaft vor sich selbst und seiner nächsten Umgebung ablegt.

Wie bei den bereits erwähnten Abhandlungen aus dem Jahre 1918, „Ziele und Wege der psychiatrischen Forschung" und „Psychiatrische Randbemerkungen zur Zeitgeschichte", ist auch bei „Persönliches" der konkrete Hintergrund der Entstehungszeit zu berücksichtigen. Über die allgemein instabilen politischen und wirtschaftlichen Verhältnisse der frühen Weimarer Republik hinaus hatte Kraepelin spezifische Verluste erlitten, wie etwa die Beschlagnahmung seines Hauses in Suna als „feindliches Eigentum" durch die italienischen Behörden. Die Gesamtheit seiner Erfahrungen seit dem Ende des Ersten Weltkriegs bestärkten Kraepelin im „Kampf gegen die Entartung". Auf den Werdegang seiner diesbezüglichen Überzeugungen blickte er in „Persönliches" folgendermaßen zurück:

„(22) ... Es konnte mir nicht entgehen, dass gerade der Grundsatz, den Starken, Verständigen und Gutwilligen eine weitgehende Fürsorge für die Schwachen, Törichten und Widerstrebenden aufzubürden, in vollem Gegensatze zu dem Verfahren steht, nach dem die Natur selbst bis dahin die Vervollkommnung ihrer Geschöpfe erreicht hat. Wenn ich daher auch in meiner Jugend die Republik für die erstrebenswerteste Staatsform gehalten hatte und späterhin mit grossem Eifer sozialistische Vorstellungskreise in mich aufnahm, kamen mir doch allmählich sehr ernste Bedenken über den Nutzen der reinen Volksherrschaft nach dem Grundsatze des Mehrheitswillens [...] Wenn ich mich auch der Erfahrung nicht verschloss, dass Bildung und Willensrichtung an sich von einander ganz unabhängig sind, so war ich doch zu sehr von der Notwendigkeit immer wiederholter schärfster Auslese überzeugt, als dass ich nicht die rücksichtslose Förderung der Hervorragenden für erstrebenswerter gehalten hätte, als die gleichmäßige Beglückung der Massen ..." [55]

An den praktischen Konsequenzen seiner Haltung ließ Kraepelin ebenfalls keine Zweifel; die „zielbewusste Rassenzüchtung" entsprach seinen Forderungen, die er seit 1918 erhoben hatte. Hinzu kamen zu diesem Zeitpunkt antisemitische Vorurteile, die jedoch in seinen wissenschaftlichen Werken nicht nachzuweisen sind. Kraepelins Ansichten spiegeln die allgemeine Verschärfung des Antisemitismus in Deutschland nach dem Ende des Ersten Weltkriegs wider, wobei mit dem Judentum zugleich der „Internationalismus" und die „Moderne" insgesamt abgelehnt wurden:

„(26) ... Aus allen diesen Überlegungen ging klar die überragende Bedeutung hervor, die ich einer zielbewussten Rassenzüchtung zuerkennen musste. Außer vielen anderen ungünstigen Einflüssen, unter denen nur die Ablösung der natürlichen Zuchtwahl durch wirtschaftliche Erwägungen und die Belastung der Tüchtigen durch die Fürsorge für die Untüchtigen erwähnt werden sollen, schien mir auch die wachsende Gefährdung unserer Eigenart durch das Judentum für die Zukunft unseres Volkes bedenklich zu sein ..." [56]

Jedoch wäre es wiederum irreführend, sich nur auf diese schriftlichen Äußerung Kraepelins zu stützen. Offensichtlich hatte er keinerlei Bedenken, enge wissenschaftliche und persönliche Kontakte zu zahlreichen Kollegen jüdischer Herkunft zu unterhalten, wie etwa zu Gustav Aschaffenburg (1866–1944), Felix Plaut (1877–1940) oder Richard Willstätter (1872–1942). Besonders wichtig für die Finanzierung der DFA waren außerdem die Beziehungen Kraepelins zu den deutsch-amerikanischen Wissenschaftsmäzenen James Loeb (1867–1933) und Alfred Heinsheimer, die ebenfalls aus bedeutenden jüdischen Familien stammten.

Betrachtet man zusammenfassend die Entwicklung von Kraepelins ätiologischen und therapeutischen Konzepten, so zeigt sich zunächst, dass rassenhygienische und degenerationstheoretische Ideen seit Anfang der 90er-Jahre des 19. Jahrhunderts zunehmend an Einfluss gewannen. Auch in seiner persönlichen Lebensweise und seinen privaten Äußerungen sind Parallelen zu diesen Vorstellungen zu erkennen. Seine konkreten Forderungen bezogen sich dabei – soweit bisher bekannt – ausschließlich auf den Maßnahmenkatalog der „positiven Eugenik". Kraepelin schloss sich damit einer Bewegung an, die glaubte, mit ihren volks- und sozialhygienischen Forderungen auf dem Boden der damals neuesten naturwissenschaftlichen Erkenntnisse zu stehen. Aufgrund seiner international anerkannten Stellung kam Kraepelins Engagement jedoch eine besondere Bedeutung zu. Allgemein zeigte es die wachsende Plausibilität und Durchsetzungskraft rassenhygienischer Vorstellungen an. Kraepelins einschlägiges Interesse erreichte unmittelbar nach dem Ersten Weltkrieg seinen Höhepunkt, was durch die politische Situation zu Beginn der Weimarer Republik zu erklären ist. Darüber hinaus hatte Kraepelins Rezeption der Rassenhygiene aber auch langfristige Folgen, da er an der DFA mit Theodor Viernstein [57] und Ernst Rüdin [58] auf den Gebieten der Kriminalbiologie und der psychiatrischen Humangenetik rassenhygienische Ansätze maßgeblich förderte.

Jedoch ist es erforderlich, abschließend noch auf einige andere Gesichtspunkte hinzuweisen. Konkrete Forderungen nach einer Sterilisation psychisch Kranker oder gar nach der „Freigabe der Vernichtung lebensunwerten Lebens", wie bei seinem Freiburger Kollegen Alfred Hoche (1865–1943), wird man bei Kraepelin vergeblich suchen, der übrigens weder Mitglied der von seinem Oberarzt Rüdin mitbegründeten Gesellschaft für Rassenhygiene war noch im „Archiv für Rassen- und Gesellschaftsbiologie" publizierte. Die Verschärfung der Ras-

## 88  Lebensstil und ätiologisches Konzept

senhygiene blieb der Generation von Kraepelins Schülern vorbehalten. Seine ätiologischen Vorstellungen orientierten sich hingegen überwiegend an der tradierten Degenerationstheorie des 19. Jahrhunderts, und auch seine praktischen rassenhygienischen Forderungen gingen kaum darüber hinaus.

Wie bereits erläutert wurde, kann die Breite von Kraepelins Werk ohnehin nicht auf seine Rezeption rassenhygienischer Vorstellungen reduziert werden. Daher scheint es insgesamt gerechtfertigt, zwar von bedeutenden rassenhygienischen Tendenzen bei Kraepelin auszugehen, die sich in seinen Konzepten über psychische Krankheit niederschlugen, zeitweise seine politischen Anschauungen bestimmten und sich in Teilbereichen seines persönlichen Lebensstils manifestierten; jedoch stellte es eine Verkürzung der komplexen historischen Abhängigkeiten und Verläufe dar, Kraepelin nur im Kontext einer postulierten Entwicklungslinie zu interpretieren, die von Morel und Galton über Lombroso und Ploetz zwangsläufig zur Psychiatrie während des Nationalsozialismus führte.

### Literatur und Anmerkungen

1. Proctor, Robert: Racial hygiene. Medicine under the Nazis. Harvard University Press, Cambridge (Mass.) 1988. Schmuhl, Hans-Walter: Rassenhygiene, Nationalsozialismus, Euthanasie. Von der Verhütung zur Vernichtung „lebensunwerten Lebens", 1890–1945 (Kritische Studien zur Geschichtswissenschaft, 75). 2. Auflage. Vandenhoeck & Ruprecht, Göttingen 1992. Weindling, Paul: Health, race and German politics between national unification and nazism, 1870–1945. Cambridge University Press, Cambridge 1989. Weingart, Peter; Kroll, Jürgen; Bayertz, Kurt: Rasse, Blut und Gene. 2. Auflage. Suhrkamp Verlag, Frankfurt/M. 1988
2. Krafft-Ebing, Richard von: Lehrbuch der Psychiatrie auf klinischer Grundlage für practische Ärzte und Studirende. Enke Verlag, Stuttgart 1879
3. Meier, Rolf: August Forel, 1848–1931. Arzt, Naturforscher, Sozialreformer. Universität Bern, Bern 1988
4. Engstrom, Eric J.: Emil Kraepelin. Psychiatry and Public Affairs in Wilhelmine Germany. History of Psychiatry, vol. 2, 1991, p. 111–132. Roelcke, Volker: Biologizing Social Facts. An Early 20th Century Debate on Kraepelin's Concepts of Culture, Neurasthenia, and Degeneration. Culture, Medicine and Psychiatry, 1997, vol. 21, p. 383–403. Shepherd, Michael: Two Faces of Emil Kraepelin. British Journal of Psychiatry, vol. 167, 1995, p. 174–183
5. Buchholz, Kai; Wolbert, Klaus u. a.: Die Lebensreform. Entwürfe zur Neugestaltung von Leben und Kunst um 1900 (Ausstellung, Darmstadt, 21.10.2001–27.2.2002). Häusser Verlag, Darmstadt 2001
6. Platon: Politeia, 424a–b, 458c–460b
7. Kühl, Stephan: Die Internationale der Rassisten. Aufstieg und Niedergang der internationalen Bewegung für Eugenik und Rassenhygiene im 20. Jahrhundert. Campus-Verlag, Frankfurt/M. 1997

8. Puschner, Uwe: Die völkische Bewegung im Wilhelminischen Kaiserreich. Sprache, Rasse, Religion. Wissenschaftliche Buchgesellschaft, Darmstadt 2001
9. Darwin, Charles: On the Origin of Species by Means of Natural Selection, or, The Preservation of Favoured Races in the Struggle for Life. John Murray, London, 1859. Morel, Benedict Augustin: Traité des dégénérescences physiques, morales et intellectuelles de l'espèce humaine. Baillarger, Paris 1857
10. Galton, Francis: Hereditary Genius. An inquiry into its laws and consequences. Macmillan, London 1869. Spencer, Herbert: Illustrations of universal progress. A series of discussions. D. Appleton, New York 1883
11. Engstrom, Eric J.: The Birth of Clinical Psychiatry. Power, Knowledge, and Professionalization in Germany, 1867–1914. Dissertation, University of North Carolina, Chapel Hill 1997
12. Burgmair, Wolfgang; Weber, Matthias M.: „... dass er selbst mit aller Energie gegen diese Hallucinationen ankämpfen muss ..." König Otto von Bayern und die Münchner Psychiatrie um 1900. Sudhoffs Archiv 2002
13. Ploetz, Alfred: Die Tüchtigkeit unsrer Rasse und der Schutz der Schwachen. Ein Versuch über Rassenhygiene und ihr Verhältnis zu den humanen Idealen, besonders zum Socialismus. S. Fischer Verlag, Berlin 1895
14. Doeleke, Werner: Alfred Ploetz (1860–1940). Sozialdarwinist und Gesellschaftsbiologie. Dissertation, Universität Frankfurt, 1975, S. 20
15. Hoff, Paul: Emil Kraepelin und die Psychiatrie als klinische Wissenschaft. Ein Beitrag zum Selbstverständnis psychiatrischer Forschung (Monographien aus dem Gesamtgebiete der Psychiatrie, Band 73). Springer Verlag, Berlin 1994
16. Kraepelin, Emil: Lombrosos Uomo delinquente. Zeitschrift für die gesamte Strafrechtswissenschaft, Bd. 5, 1855, S. 669–680
17. Kraepelin, Emil: Psychiatrie. Ein kurzes Lehrbuch für Studirende und Aerzte. Vierte, vollständig umgearbeitete Auflage. Abel Verlag (Artur Meiner), Leipzig 1893, S. 56
18. Kraepelin, Emil: Psychiatrie. Ein Lehrbuch für Studierende und Ärzte. Achte, vollständig umgearbeitete Auflage. IV. Band. Klinische Psychiatrie. III. Teil. Barth Verlag, Leipzig 1915, S. 1973
19. Kraepelin, Emil: Die Abschaffung des Strafmaßes. Ein Vorschlag zur Reform der heutigen Strafrechtspflege. Enke Verlag, Stuttgart 1880, S. 18
20. Burgmair, Wolfgang; Engstrom, Eric J.; Hoff, Paul; Weber, Matthias M.: Emil Kraepelin – Kriminologische und forensische Schriften. Werke und Briefe (Edition Emil Kraepelin, Bd. II). belleville Verlag, München 2001, S. 104
21. Kraepelin, Emil: Compendium der Psychiatrie. Zum Gebrauche für Studirende und Aerzte. Abel Verlag, Leipzig 1883 [1. Auflage des Lehrbuchs], S. 59. Sämtliche Zitate sind in originaler Orthographie wiedergegeben.
22. Kraepelin 1883, S. 62
23. Kraepelin 1883, S. 63
24. Kraepelin 1893, S. 435
25. Kraepelin, Emil: Psychiatrie. Ein Lehrbuch für Studierende und Ärzte. Achte, vollständig umgearbeitete Auflage. I. Band. Barth Verlag, Leipzig 1909, S. 187
26. Kraepelin 1909, S. 166–167
27. Radkau, Joachim: Das Zeitalter der Nervosität. Deutschland zwischen Bismarck und Hitler. Hanser Verlag, München 1998

28. Kraepelin 1909, S. 167
29. Kraepelin 1909, S. 169
30. Kraepelin, Emil: Ziele und Wege der psychiatrischen Forschung. Zeitschrift für die gesamte Psychiatrie und Neurologie, 42, 1918, S. 169–205
31. Kraepelin, Emil: Hundert Jahre Psychiatrie. Ein Beitrag zur Geschichte menschlicher Gesittung. Zeitschrift für die gesamte Neurologie und Psychiatrie, Bd. 38, 1918, S. 161–275; insbesondere S. 270
32. Burgmair, Wolfgang; Engstrom, Eric J.; Weber, Matthias M. (Hrsg.): Emil Kraepelin – „Persönliches". Selbstzeugnisse (Edition Emil Kraepelin, Bd. I). belleville Verlag, München 2000, S. 85. Hagenlücke, Heinz: Deutsche Vaterlandspartei. Die nationale Rechte am Ende des Kaiserreiches (Beiträge zur Geschichte des Parlamentarismus und der politischen Parteien, Bd. 108). Droste Verlag, Düsseldorf 1997
33. Kraepelin, Emil: Psychiatrische Randbemerkungen zur Zeitgeschichte. Süddeutsche Monatshefte („Kriegshefte"), Jg. 16/2, 1919, S. 171–183; insbesondere S. 182–183
34. Weber, Matthias M.: „Ein Forschungsinstitut für Psychiatrie ..." Die Entwicklung der DFA in München zwischen 1917 und 1945. Sudhoffs Archiv, Jg. 75, 1991, S. 74–89
35. Brief Emil Kraepelin an Carl Kraepelin, 30.VII.1873. Burgmair, Wolfgang; Engstrom, Eric J.; Weber, Matthias M.: Emil Kraepelin – Briefe I. 1868–1886 (Edition Emil Kraepelin, Bd. 3). belleville Verlag, München 2002, S. 39–44
36. Burgmair 2002, S. 94–95
37. Kraepelin, Carl: Exkursionsflora für Nord- und Mitteldeutschland. 1. Auflage. Teubner Verlag, Leipzig 1877
38. Bendick, Christoph: Emil Kraepelins Forschungsreise nach Java 1904. Ein Beitrag zur Geschichte der Ethnopsychiatrie (Kölner medizinhistorische Beiträge, Bd. 49). Köln 1989
39. Burgmair 2000, S. 172
40. Burgmair 2000, S. 135–136. Kraepelin, Emil: Werden – Sein – Vergehen. Gedichte. Lehmanns Verlag, München 1928, S. 22
41. Brief Emil Kraepelin an seine Mutter, 3.10.1881. Burgmair 2002, S. 206
42. Müller, Karl Friedrich: Karl Kraepelin. Zur Erinnerung an seine künstlerische Tätigkeit. Schlotke Verlag, Hamburg 1884. Reuter, Fritz: Sämmtliche Werke. Volks-Ausgabe in 7 Bänden. Hinstorff'sche Hofbuchhandlung, Wismar 1891
43. Kolle, Kurt: Große Nervenärzte. 21 Lebensbilder. Bd. I, 2. Auflage. Thieme Verlag, Stuttgart 1970, S. 175–186
44. Briefe Emil Kraepelin an seine Familie, 8.2.1876, 17.2.1876, 2.8.1877. Burgmair 2002, S. 63, 67, 109
45. Brief Emil Kraepelin an August Forel, 9.12.1891. Forel, August: Briefe – Correspondance 1864–1927. Hrsg. von Hans H. Walser. Mit einem Vorwort von Manfred Bleuler. Huber Verlag, Stuttgart 1968, S. 268
46. Kraepelin, Emil: Ueber die Beeinflussung einfacher psychischer Vorgänge durch einige Arzneimittel. Experimentelle Untersuchungen. Fischer Verlag, Jena 1892, S. 209
47. Schmidt, Thomas: Emil Kraepelin und die Abstinenzbewegung. Dissertation, Ludwig-Maximilians-Universität München 1982, S. 15
48. Kraepelin, Emil: Lebenserinnerungen. Hrsg. von Hanns Hippius, Gerd Peters und Detlev Ploog unter Mitarbeit von Paul Hoff und Alma Kreuter. Springer Verlag, Berlin 1983, S. 80

49. Burgmair 2000, S. 63
50. Brief Georg Lehmann an Emil Kraepelin, 18.10.1885. Burgmair 2002, S. 341. Kraepelin 1893, S. 37
51. Burgmair 2000, S. 228–229
52. Persönliche Mitteilung von Frau Prof. Gunda Kraepelin und Frau Wera Stabel
53. Burgmair 2000, S. 63. Persönliche Mitteilung von Frau Prof. Gunda Kraepelin und Frau Wera Stabel
54. Kraepelin 1983, S. 159, 168, 170, 195
55. Burgmair 2000, S. 37–38
56. Burgmair 2000, S. 59–60
57. Burgmair, Wolfgang; Wachsmann, Nikolaus; Weber, Matthias M.: „Die soziale Prognose wird damit sehr trübe ..." Theodor Viernstein und die Kriminalbiologische Sammelstelle in Bayern. Michael Farin (Hrsg.): Polizeireport München 1799–1999. belleville Verlag, München 1999, S. 250–287
58. Weber, Matthias M.: Ernst Rüdin. Eine kritische Biographie. Springer Verlag, Berlin 1993

# 7 Wissenschaften zwischen Innovation und Entgrenzung: Biomedizinische Forschung an den Kaiser-Wilhelm-Instituten, 1911–1945

VOLKER ROELCKE

## Einleitung

Im Juni 2001 fand in Berlin eine Veranstaltung der Max-Planck-Gesellschaft statt, in deren Verlauf ihr Präsident, Hubert Markl, die folgenden Sätze formulierte:

„Die Biomedizin ist [... dasjenige] Gebiet, wo [...] die moralische Entgrenzung der Wissenschaften durch den nationalsozialistischen Rassenwahn am unmittelbarsten erkennbar wird. [... Heute] liegen [...] Befunde vor, die eine geistige Miturheberschaft und zum Teil sogar aktive Mitwirkung von Direktoren und Mitarbeitern von Kaiser-Wilhelm-Instituten an den Verbrechen des nationalsozialistischen Regimes historisch zweifelsfrei belegen [...]" (Markl 2001, S. 10–11).

Im Rahmen dieser Veranstaltung bat Markl als erster Präsident der Max-Planck Gesellschaft (MPG) um Entschuldigung bei den Opfern für medizinische Verbrechen, die während der Zeit des Nationalsozialismus von Mitarbeitern der Kaiser-Wilhelm-Gesellschaft, der Vorgängerin der MPG, durchgeführt worden waren.

Worin genau bestanden diese Verbrechen? Und wie konnte es kommen, dass hoch angesehene Wissenschaftler, Mitarbeiter in den Instituten der Kaiser-Wilhelm-Gesellschaft und damit in Eliteinstitutionen der deutschen Forschung sich an der Vorbereitung und Durchführung solcher Verbrechen beteiligten?
    Antworten auf diese Fragen sind nicht einfach, und dies aus einer ganzen Reihe von Gründen: Zunächst gab und gibt es ganz praktische Schwierigkeiten für die historische Rekonstruktionsarbeit, wie etwa den Verlust von historischen Dokumenten, oder die lange Zeit sehr eingeschränkte Zugänglichkeit von Archivbeständen. Daneben spielt aber auch ein mentaler Faktor, nämlich eine bestimmte Auffassung von der Geschichte, eine ganz erhebliche Rolle, wenn wir erklären wollen, warum unser Bild von Medizin und Biowissenschaften wäh-

rend des Nationalsozialismus über Jahrzehnte bestimmte Ereignisse und Prozesse kaum oder gar nicht beachtete.

Der kritische Punkt, auf den hier abgehoben wird, ist das Verhältnis von Wissenschaft und Politik. Etwas pointiert gesagt, existieren zwei entgegengesetzte Denkmodelle für dieses Verhältnis:

- Das eine Modell setzt explizit oder implizit voraus, dass Wissenschaft und Politik zwei getrennte Sphären sind, dass richtige Wissenschaft wertfrei sei, und dass wissenschaftliche Praxis und Theoriebildung politikfrei betrieben werden können. Aus einer solchen Prämisse ergeben sich zwei Konsequenzen: Wenn Politisches in einem konkreten Wissenschaftsbereich nachweisbar ist, dann gilt dieser Wissenschaftsbereich als quasi kontaminiert, wissenschaftlich nicht mehr richtig funktionsfähig, gelegentlich sogar als durch Politik „verführt" oder „vergewaltigt". Eine zweite Denkkonsequenz aus dieser Prämisse besteht darin, dass der Nachweis qualitativ „guter Wissenschaft" vermeintlich den Schluss erlaubt, dass in diesem Arbeitsfeld Politik keine Rolle spielt, oder gespielt hat.
- Das andere Denkmodell für das Verhältnis von Wissenschaft und Politik geht davon aus, dass wissenschaftliche Praxis und auch Theoriebildung konstitutiv, also unabdingbar immer eine politische Dimension haben. Wissenschaftler sind demnach Menschen, die in einem konkreten historischen und politischen Kontext leben, die Weltbilder und Wertsetzungen ihrer Zeit teilen, und die zur Durchführung ihrer wissenschaftlichen Tätigkeit auf materielle Ressourcen sowie juristische und politische Tolerierung bzw. Unterstützung angewiesen sind. Die gesellschaftliche Akzeptanz sowie die Ressourcenzuteilung für wissenschaftliche Projekte findet demnach immer in einem politischen Raum statt, die Förderung bestimmter Wissenschaftszweige geht fast immer einher mit der relativen Entwertung oder dem Abzug von Ressourcen aus anderen Bereichen.

Diese zwei Paradigmen oder Denkmöglichkeiten vom Verhältnis zwischen Wissenschaft und Politik haben für unser Bild von den Biowissenschaften zur Zeit des Nationalsozialismus erhebliche Konsequenzen. Im hier vorgegebenen Rahmen kann nur angedeutet werden, dass sich in den Geschichtswissenschaften in den letzten ein bis zwei Jahrzehnten ein Wechsel vom ersten hin zum zweiten Paradigma abzeichnet. Dieser veränderte Blick auf die Geschichte ermöglicht es, nun auch nach der politischen Dimension im Handeln angesehener Wissenschaftler zu fragen, wie etwa im Fall von Adolf Butenandt, Nobelpreisträger und Direktor eines Kaiser-Wilhelm-Instituts. Diese veränderte Perspektive macht es auf der anderen Seite möglich, die in der damaligen Zeit zum Teil sehr hohe wissenschaftliche Plausibilität auch in Tätigkeitsbereichen zu fokussieren, die aus unserer heutigen Sicht sowohl wissenschaftlich als auch politisch nicht akzeptabel erscheinen, insbesondere im Bereich der Genetik und Eugenik.

Diese Sichtweise wird inzwischen von einem Großteil der Medizin- und Wissenschaftshistoriker, die sich gegenwärtig mit den Entwicklungen des 20. Jahrhunderts beschäftigen, geteilt. Dies ist auch der Grund dafür, dass sowohl die Max-Planck-Gesellschaft als auch seit kurzem die Deutsche Forschungsgemeinschaft eigene Arbeitsgruppen initiiert haben, um das Verhältnis von Wissenschaften und Politik im 20. Jahrhundert und insbesondere in der Zeit des Nationalsozialismus in einer koordinierten Anstrengung zum Gegenstand historischer Forschung zu machen. Diese jetzt angelaufenen oder noch geplanten Forschungsprogramme haben ihren Grund aber auch darin, dass unsere Kenntnisse über Medizin und Wissenschaft im Nationalsozialismus noch immer nur sehr bruchstückhaft sind. Zu vielen wichtigen Institutionen oder Wissenschaftlern liegen noch nicht einmal erste Untersuchungen vor, geschweige denn eine differenzierte Interpretation nach längerer Forschung. Auch die vorliegenden Ausführungen zu den Kaiser-Wilhelm-Instituten stellen keineswegs die Ergebnisse abgeschlossener Forschungen dar, sondern repräsentieren eher „work in progress".[4]

Die folgenden Ausführungen sind in drei Teile gegliedert:

1. Im ersten Teil wird die Situation der biomedizinischen Wissenschaften in den ersten drei Jahrzehnten des 20. Jahrhunderts skizziert und auf die Gründung der Kaiser-Wilhelm-Gesellschaft und -Institute eingegangen.
2. Im zweiten Teil werden die Veränderungen im Bereich der biomedizinischen Wissenschaften ab 1933, also in der Zeit des Nationalsozialismus fokussiert, mit besonderer Berücksichtigung von Genetik und Eugenik in den Kaiser-Wilhelm-Instituten.
3. Im dritten Teil wird dann die Deutsche Forschungsanstalt für Psychiatrie in München, ein Institut der Kaiser-Wilhelm-Gesellschaft, im Zentrum der Darstellung stehen.

---

[4] Als konkretes Beispiel: Die detaillierte Studie zu Ernst Rüdin und der Deutschen Forschungsanstalt für Psychiatrie, die von Matthias Weber 1993 vorgelegt wurde, war zum damaligen Zeitpunkt eine wichtige Bilanz mit einer beeindruckenden Menge an neu präsentiertem archivarischem Material. Heute, knapp zehn Jahre später, muss diese Interpretation in vielen und z. T. sehr zentralen Punkten ergänzt und modifiziert werden, z. B. in Bezug auf Rüdins aktive Beteiligung an der Durchführung der nationalsozialistischen „Euthanasie": vgl. Weber 1993; Roelcke et al. 1998; Roelcke 2000.

# Biomedizinische Wissenschaften im ersten Drittel des 20. Jahrhunderts

Nach der Etablierung der Laborwissenschaften mit dem zentralen Programm des experimentellen Zugangs zur Natur in der zweiten Hälfte des 19. Jahrhunderts wurde in den ersten Jahrzehnten nach 1900 eine Vielzahl wissenschaftlicher Entdeckungen gemacht. Physik, Chemie und Biologie erlebten einen bis dahin nicht gekannten Aufschwung sowohl im öffentlichen Ansehen als auch in Bezug auf die Zuweisung von Ressourcen. Die neuen Entdeckungen und daraus abgeleitete technische Erfindungen oder Entwicklungen hatten ebenso wie das enorme Prestige der Naturwissenschaften in vieler Hinsicht Konsequenzen für die Medizin. So entstand mit der Entdeckung einer ganzen Reihe von Krankheitserregern und im Anschluss daran mit der Entwicklung von effektiven Strategien der Intervention (z. B. Antiseren) als ganz neues Arbeitsfeld die Bakteriologie; nach der Entdeckung der Röntgenstrahlen als erster bildgebender Technik entstand die Radiologie; und aus den Entdeckungen von Gregor Mendel, Bateson und anderen entstand das neue und folgenreiche Arbeitsgebiet der Vererbungsforschung oder Genetik, das in der zeitgenössischen Wahrnehmung die Lösung vieler biologischer, aber auch sozialer Fragen versprach.

Verknüpft mit diesen Entwicklungen war ein enormer Fortschrittsoptimismus, der dazu führte, dass die Naturwissenschaften in den Augen der zeitgenössischen Politiker und der Öffentlichkeit zunehmend wichtiger als die traditionellen „Geisteswissenschaften" und zum Hoffnungsträger für wissenschaftlichen, technischen, politischen und ökonomischen Fortschritt wurden, und nicht zuletzt zum Aufstieg des Deutschen Kaiserreiches gegenüber den europäischen Nachbarnationen beitragen sollten.

In diesem Kontext rief Kaiser Wilhelm II. im Oktober 1910 anlässlich der 100-Jahr-Feier der Berliner Universität dazu auf, unter seiner Schirmherrschaft und seinem Namen eine Gesellschaft zur Förderung der Wissenschaften zu gründen. Anfang 1911 wurde die Kaiser-Wilhelm-Gesellschaft (KWG) offiziell aus der Taufe gehoben. Der Theologe Adolf Harnack wurde zum Präsidenten, einflussreiche Industrielle und Finanziers zu Vizepräsidenten, namhafte deutsche Wissenschaftler wie die Nobelpreisträger Emil Behring und Emil Fischer zu Senatoren oder anderen Amtsträgern gewählt (Wendel 1975; Vierhaus und vom Brocke 1990). Zu den zentralen Prinzipien der KWG (und dem Gründungspräsidenten Harnack zugeschrieben) gehörte es, einen außergewöhnlich befähigten Wissenschaftler zum Direktor zu ernennen und „um ihn herum" und nach seinen Bedürfnissen ein Institut aufzubauen (Vierhaus 1996). Im Folgenden seien einige Beispiele für die Umsetzung dieses Prinzips im Bereich der biomedizinischen Wissenschaften genannt (s. a. Tab. 7.1):

**Tab. 7.1: Biomedizinische Kaiser-Wilhelm-Institute (KWI).**

| Jahr | Bezeichnung | Ort |
|---|---|---|
| 1913–1934 | KWI für experimentelle Therapie (ab 1922 integriert in das neu geschaffene KWI für Biochemie) | Berlin |
| 1913–1941 | KWI für Arbeitsphysiologie | Berlin, 1919 verl. nach Münster/Dortmund |
| ab 1916/19 | KWI für Hirnforschung (Neubau 1930) | Berlin |
| ab 1924 | Deutsche Forschungsanstalt für Psychiatrie (gegr. 1917/18 außerhalb der KWG) | München |
| ab 1927 | KWI für Anthropologie, menschliche Erblehre und Eugenik | Berlin |
| ab 1930 | KWI für Medizinische Forschung | Heidelberg |
| ab 1930 | KWI für Zellphysiologie (finanziert durch Rockefeller Foundation) | Berlin |

- August von Wassermann (1866–1925) war Bakteriologe und Serologe. Ab 1890 war er Mitarbeiter von Robert Koch im Berliner Hygiene-Institut, wo er über Choleraimmunität und Diphtherieantitoxine arbeitete. Im Jahre 1906 gelang ihm zusammen mit Albert Neisser und C. Bruck die Beschreibung des nach ihm benannten Komplement-Fixationstests zur Diagnostik der Syphilis. Im Jahre 1913 wurde für ihn das Kaiser-Wilhelm-Institut (KWI) für experimentelle Therapie in Berlin-Dahlem gegründet. Dieses Institut wurde 1921/22 mit dem KWI für Biochemie unter Carl Neuberg zusammengelegt.
- Der Biochemiker Otto Warburg (1883–1970) wurde 1918 zum Direktor des KWI für Biologie und ab 1931 zum Leiter des neu eingerichteten KWI für Zellphysiologie ernannt. Für seine Untersuchungen zur Photosynthese erhielt er 1931 den Nobelpreis. In den folgenden Jahren entdeckte er die aerobe Gärung von Tumorzellen; weiter geht auf ihn der Nachweis der biologischen Aktivität von Vitaminen zurück.
- Oskar (1870–1959) und Cecile Vogt (1875–1962) formulierten um 1900 das Programm, durch Korrelierung von Hirnstruktur, physiologischen Abläufen und Bewusstseinserscheinungen eine empirische Lösung des Leib-Seele-Problems zu finden. Kernstück ihrer empirischen Arbeit war die Untersuchung der Zytoarchitektonik. Ihre Konzeption enthielt an zentraler Stelle klar formulierte eugenische Ziele von einer Höherzüchtung des Menschen. Daraus

entstand ein differenziertes Programm zur Verbindung von Hirnforschung und Genetik, für das die KWG 1916 ein Institut für Hirnforschung einrichtete. Mit der Einweihung eines Neubaus in Berlin-Buch (1930) kam dieses Forschungsprogramm zur vollen Entfaltung.

## Veränderungen nach dem Regierungsantritt der Nationalsozialisten 1933

Durch die bisherigen historischen Arbeiten ist deutlich geworden, dass die Ziele und Praktiken medizinischer Forschung während der Zeit des Nationalsozialismus nur adäquat verstanden werden können, wenn die spezifischen wissenschaftlichen und politischen Herausforderungen, aber auch die spezifischen Ressourcen der historischen Situation berücksichtigt werden.

Diese spezifischen Rahmenbedingungen wissenschaftlicher Arbeit werden in Tabelle 7.2 zusammengefasst.[5]

Zu diesem zeitspezifischen Kontext gehören weiterhin ganz zentral die hohe Bewertung von Gesundheit und Leistungsfähigkeit im Dienst der Nation oder des Volkskörpers – also eine im Hintergrund aller Tätigkeiten im medizinischen Bereich stehende Wertsetzung. Die Sozial- und Gesundheitspolitik von Staat und Partei zielte auf die Förderung derjenigen, die in der Lage waren, zum Wohl des Volkskörpers, der Nation, oder auch des „genetischen pools" beizutragen. Diese Politik zielte komplementär aber auch darauf ab, diejenigen zu identifizieren und auszusondern, welche in der zeitgenössischen Wahrnehmung die ökonomische Effizienz oder die Gesundheit des kollektiven Organismus zu gefährden drohten (Weindling 1989).

Dies war der allgemeine Kontext der Zeit ab 1933. Der Beginn des Zweiten Weltkriegs im Herbst 1939 brachte zusätzliche Herausforderungen und damit modifizierte Rahmenbedingungen. Dazu zählten insbesondere verschärfte wirtschaftliche Anforderungen, etwa durch die Umleitung von Ressourcen in die Wehrmacht und die Rüstungsindustrie, sowie die Notwendigkeit der medizinischen Versorgung von verwundeten Soldaten. Die Ärzte und biomedizinischen Wissenschaftler bewegten sich innerhalb dieses Rahmens, aber eindeutig nicht als passive Marionetten oder Opfer, sondern als handelnde Akteure mit einem deutlichen, im konkreten Einzelfall allerdings unterschiedlichen Entscheidungsspielraum.

---

[5] Vgl. dazu u. a. Kaufmann (2000), Sieg (2001) sowie die relevanten Arbeiten im Sammelband von v. Bruch/Kaderas (2002).

Tab. 7.2: Spezifische Herausforderungen und Ressourcen für die Wissenschaft im Nationalsozialismus.

| Spezifische Herausforderungen | Spezifische Ressourcen |
| --- | --- |
| • „brain drain" (Verlust intellektueller Ressourcen) durch Amtsenthebungen und erzwungene Emigration<br>• teilweise Einschränkung der akademischen Selbstverwaltung<br>• zunehmend reduzierter Austausch mit ausländischen Wissenschaftlern<br>• organisatorische Umstrukturierung<br>  – Zentralisierung mit Führerprinzip<br>  – Ansätze zur Planwirtschaft<br>• ab 1939: massiver konkurrierender Ressourcenbedarf durch Kriegswirtschaft und Kriegsfolgen | • Umverteilung und Bündelung von Ressourcen im Bereich der Erbforschung/Genetik, der Autarkieforschung und der Rüstungsforschung<br>• neue Karrierechancen, insbesondere in den o. g. Arbeitsgebieten, damit Motivationsanreize für junge Wissenschaftler<br>• ungehinderter Zugang zu Patientendaten<br>• erweiterter Zugriff auf Menschen als Versuchspersonen |

Für die hier vorgegebene Thematik ist besonders das große Interesse der staatlichen Instanzen an der Genetik oder Erbforschung relevant.[6] Der Begriff der Genetik war den deutschen Anthropologen, Biologen und Psychiatern der 30er-Jahre des 20. Jahrhunderts selbstverständlich vertraut. Sie bevorzugten allerdings bis in die 50er-Jahre hinein das eingedeutschte Synonym „Erbforschung". Im Folgenden werden beide Begriffe bedeutungsgleich verwendet.

Das Forschungsfeld der Genetik war keineswegs spezifisch für die Zeit des Nationalsozialismus. Es entwickelte sich vielmehr deutlich früher in engem Zusammenhang mit der eugenischen Bewegung seit dem ersten Jahrzehnt des 20. Jahrhunderts, und es war seit den 1920er-Jahren über einen erheblichen Zeitraum, auch über die politische Zäsur von 1933 hinweg, in ein internationales Netzwerk eingebunden (vgl. Kühl 1997, Weindling 1999, Roelcke 2002b). Ende der 20er- und Anfang der 30er-Jahre des 20. Jahrhunderts war die deutsche Genetik international hoch angesehen und wurde beispielsweise finanziell massiv durch die Rockefeller-Stiftung, die damals größte amerikanische Institution der Forschungsförderung, unterstützt. Eine Reihe von Indikatoren für die damalige hohe internationale Wertschätzung der deutschen Erbwissenschaftler ist in Tabelle 7.3 zusammengefasst.

---

[6] Selbstverständlich gab es an den KWI-Instituten auch andere Forschungsaktivitäten und -schwerpunkte; aber auch diese blieben nicht unberührt vom politischen Kontext, von der politisch gesteuerten Verfügbarkeit von Ressourcen und schließlich von den Anforderungen der Kriegsführung; vgl. dazu beispielsweise Ebbinghaus/Roth 2002.

**Tab. 7.3: Indikatoren für die Anerkennung von KWG-Wissenschaftlern in der internationalen „scientific community".**[14]

- großzügige Förderung des Projekts „anthropologische Bestandsaufnahme der deutschen Bevölkerung" durch die Rockefeller Foundation (1929–1934)
- Rüdin und seine Mitarbeiter führend in der internationalen psychiatrischen Genetik (so englische Psychiater 1934)
- internationale Gastwissenschaftler an der Deutschen Forschungsanstalt für Psychiatrie (z. B. Eliot Slater, 1935/36)
- Einladung von Rüdin und v. Verschuer als Plenarsprecher auf dem 7. Internationalen Kongress für Genetik in Edinburgh, 1939 (durch Eugenik-Kritiker Gunnar Dahlberg, Uppsala)
- Nobelpreis für Butenandt 1939
- Nachkriegs-Karrieren bzw. Wertschätzung von Butenandt, Gottschaldt, Nachtsheim, Timoféeff-Ressovsky, v. Verschuer u. a.

Die deutschen Protagonisten in diesem Forschungsfeld, wie Fritz Lenz oder Ernst Rüdin, begrüßten die politische Zäsur 1933 und die Ankunft des „neuen Staates" (wie es in der Sprache der Zeit hieß) aufs Wärmste.[7] Die fast durchweg eugenisch inspirierten Genetiker hofften, dass sie nun endlich die praktische Umsetzung ihrer wissenschaftlichen Anstrengungen erleben würden, und dass sie und die von ihnen repräsentierten Institutionen und Wissenschaftszweige am Umbau der Gesellschaft und des Sozialsystems nach den Gesetzen der Biologie maßgeblich beteiligt sein würden. Natürlich hofften sie auch, ihren eigenen Status in der „scientific community" zu stabilisieren oder noch zu verbessern und Zugang zu neuen Ressourcen zur Erweiterung ihrer Forschungsaktivitäten zu bekommen. Die verschiedenen Machtinstanzen in Staat und Partei erwarteten umgekehrt eine wissenschaftliche Fundierung und Legitimation für ihre Gesundheits- und Rassenpolitik, wie etwa für das bereits kurz nach dem Machtwechsel verabschiedete „Gesetz zur Verhütung erbkranken Nachwuchses", de facto ein Gesetz zur Zwangssterilisation. Ernst Rüdin, der Direktor der Deutschen Forschungsanstalt für Psychiatrie/Kaiser-Wilhelm-Institut war einer der Autoren des offiziellen Kommentars zu diesem neuen Gesetz (Gütt et al. 1934; s.u. im 3. Abschnitt).

Massiv unterstützt durch öffentliche Hoffnungen auf die Anwendungsmöglichkeiten der Biologie hatte die humangenetische Forschung bereits seit

---

[14] Vgl. dazu Weindling 1988, Kröner 1998, Proctor 2000, Roelcke 2002a.
[7] Vgl. etwa Lenz 1933, S. 7–10, Rüdin 1934, dazu Weindling 1989, Roelcke 2002a.

Mitte der 20er-Jahre des 20. Jahrhunderts einen enormen Aufschwung mit Zuweisung erheblicher finanzieller Mittel erfahren. Dieser längerfristige Aufschwung erhielt 1933 noch einmal einen enormen Schub. In der Konsequenz formulierten mehr und mehr Wissenschaftler ihre Forschungsprojekte und -anträge in den Kategorien der Genetik: Das heißt, sie arbeiteten den möglichen Beitrag ihrer Projekte für eine wissenschaftliche Differenzierung zwischen genetisch vererbten und nichtvererbten, klinisch aber nicht unterscheidbaren Krankheitsbildern heraus. Der weit überwiegende Teil etwa der Forschungsprojekte am Kaiser-Wilhelm-Institut (KWI) für Anthropologie, menschliche Erblehre und Eugenik war dieser Frage gewidmet.[8] Gleiches gilt für die Arbeiten an der Genealogisch-Demographischen Abteilung der Deutschen Forschungsanstalt für Psychiatrie.[9] Die Implikation für die Hervorhebung dieser Unterscheidungskriterien bestand darin, dass der Staat sie im Kontext eugenischer Selektionspolitik für eine differenzierte Ressourcenzuweisung im Sinne positiver Eugenik, oder auch zur Begründung von Sanktionen wie Heiratsverboten oder Sterilisationen benutzen konnte. Vor 1939 wurden für diese genetischen Forschungen vorwiegend die Methoden der Genealogie, der Demographie und Statistik, der physischen Anthropologie und des Tierexperiments genutzt. Aber auch schon in diesem Kontext machten die Wissenschaftler breiten Gebrauch von den rechtlichen und finanziellen Bedingungen, die der „neue Staat" geschaffen hatte: So baute beispielsweise die Gruppe psychiatrischer Genetiker um Ernst Rüdin an der Deutschen Forschungsanstalt in München ihre gesamte Forschung auf dem unbegrenzten Zugang zu allen verfügbaren Patientendaten auf. Rüdin und seine Mitarbeiter akkumulierten auch für heutige Verhältnisse enorme Datenmassen, die sie von Patienten und ihren Angehörigen, aber auch von Standesämtern, Gerichten, Schulen, Versicherungen und anderen Institutionen mit Verweis auf die Interessen des Staates erfragten. Diese Daten wurden verwendet, um mit aufwändigen statistischen Methoden die so genannte „empirische Erbprognose" zu errechnen, das ist das Risiko für einen konkreten Menschen, an einer bestimmten Erbkrankheit zu erkranken. Die Daten wurden auch auf einer allgemeineren Ebene benutzt, um Vererbungswege zu erforschen und Krankheitsklassifikationen neu zu formulieren, und zwar in Abhängigkeit von der genetischen Komponente der einzelnen Erkrankungen.[10]

---

[8] Als Beispiel für einen auch nach 1945 anerkannten Genetiker vgl. Nachtsheim 1939.
[9] Vgl. die Jahresberichte der DFA, die jährlich in der Zeitschrift für die gesamte Neurologie und Psychiatrie (ZgNP) publiziert wurden, etwa XV. Bericht, ZgNP 153, 1935, 471-494; XVI. Bericht, ZgNP 156, 1936, 309-328; etc.
[10] Vgl. etwa die immer wieder von Rüdin formulierte Programmatik, z. B. in Rüdin 1939 und 1940, sowie die entsprechenden Äußerungen des Schülers, engen Freundes und ehemaligen DFA-Stipendiaten Kurt Pohlisch in Pohlisch, 1939; zum vertrauten Verhältnis von Rüdin und Pohlisch, vgl. Roelcke 2000, S. 133, sowie Roelcke 2002a.

Nach dem Beginn des Krieges, 1939, änderten sich die Rahmenbedingungen für die biomedizinische Forschung. Diese Veränderungen betrafen u. a. die in der Wahrnehmung der Zeit erhöhte Dringlichkeit der Selektionspolitik (Ressourcen mussten gezielter gespart und in die Kriegsmaschinerie sowie die „Produktion" von leistungsfähigem Nachwuchs investiert werden); sie betrafen aber auch den erleichterten Zugriff auf Menschen im Sinne von „Versuchsobjekten". Die Anzahl inhaftierter Menschen stieg sprunghaft an, und die zuvor existierenden juristischen und ethischen Regularien, die diesen Menschen einen gewissen Schutz geboten hatten, konnten nun erheblich leichter ignoriert werden.

Eine Reihe von sozialen Gruppen, besonders Minoritäten, hatte bereits vor 1939 nur noch eingeschränkte Rechte gehabt. Diese eingeschränkten Rechte wurden biologisch, durch Verweis auf die minderwertige genetische Ausstattung oder auf die Rassezugehörigkeit, begründet. Die behauptete biologische und tatsächliche juristische Minderwertigkeit rechtfertigte für viele Wissenschaftler den Zugriff auf diese Gruppen zum Zwecke medizinischer Forschungen, solange solche Forschungen dem übergeordneten Wohl des „Volkskörpers", oder auch der Wehrmacht dienten (Roelcke 2003).

Die Zwillingsexperimente von Josef Mengele im Konzentrationslager Auschwitz waren eine radikale Realisierung solcher genetischer Forschungsinteressen, die dem übergeordneten Ziel der Verbesserung des genetischen Pools dienten. Mengele nutzte den *de facto* rechtlich unbegrenzten Zugriff auf Zwillingspaare im Konzentrationslager, um klinische und experimentelle Daten, die an lebenden Menschen gewonnen worden waren, direkt und systematisch mit den pathoanatomischen, histologischen und biochemischen Befunden zu korrelieren, nachdem diese Menschen – meistens durch Giftinjektionen – getötet worden waren. Bereits die Untersuchungen an den lebenden Versuchspersonen waren teilweise mit erheblichen Verstößen gegen elementare ethische und medizinische Konventionen und oft mit Brutalitäten verbunden. Hinzugefügt werden muss an dieser Stelle, dass Mengele seine Stellung als Lagerarzt in Auschwitz nicht nur für diese genetischen Forschungen, sondern auch für andere Experimente, etwa im Zusammenhang mit der Fleckfieberforschung, ausnutzte.[11]

Die Finanzierung von Mengeles genetischen Forschungen war vom Direktor des Kaiser-Wilhelm-Instituts für Anthropologie, Otmar von Verschuer, bei der Deutschen Forschungsgemeinschaft (DFG) beantragt und dort genehmigt worden. Der Forschungsantrag selbst und der Abschlussbericht sind heute

---

[11] Vgl. Nyiszli 1946/1992; der aktuelle Stand der historischen Forschung zu Mengele und seinen Beziehungen zu den KWI für Anthropologie und Biochemie ist zusammengefasst in Sachse und Massin 2000.

unauffindbar, sodass nicht mehr eindeutig rekonstruiert werden kann, inwieweit Verschuer und die DFG in vollem Umfang Kenntnis von Mengeles Programmatik und Forschungspraxis hatten. Allerdings sind eine Reihe von kurzen Zwischenberichten zu diesem Forschungsprojekt von Verschuer an die DFG geschickt worden. Diese Zwischenberichte sind noch heute erhalten und dokumentieren, dass beide Seiten zumindest darüber informiert waren, dass Mengeles genetische Forschung im KZ Auschwitz stattfand, und dass wiederholt Gewebe- und Serumproben aus Auschwitz an das KWI für Anthropologie und darüber hinaus auch an das KWI für Biochemie, ebenfalls in Berlin, geschickt wurden. Das bedeutet, dass sowohl Verschuer als auch die DFG sowie die Mitarbeiter des KWI für Biochemie unter Adolf Butenandt die Wahl des Ortes der Forschungen, nämlich Auschwitz, offenbar akzeptiert hatten, vermutlich wegen des Vorteils, dass dort keinerlei Beschränkungen beim Zugriff auf Versuchspersonen bestanden (Sachse und Massin 2000, Proctor 2000).

Verschuer war Direktor am Kaiser-Wilhelm-Institut für Anthropologie, menschliche Erblehre und Eugenik und ein auch um 1940 international renommierter Genetiker. In der Bundesrepublik wurde er später auf einen Lehrstuhl für Humangenetik in Münster berufen. Adolf Butenandt, Nobelpreisträger und Direktor des ebenfalls mit Mengele kooperierenden KWI für Biochemie war nach 1945 Direktor der Nachfolgeinstitution, des Max-Planck-Instituts für Biochemie, und in den 1960er-Jahren Präsident der Max-Planck-Gesellschaft. Dies sei hier erwähnt, um darauf hinzuweisen, dass die Fragestellungen von Mengeles Forschungen nicht dem Gehirn eines Einzelgängers und Fantasten oder einfach einer perversen Persönlichkeit entsprungen sind. Sie repräsentierten vielmehr einen Ausschnitt der üblichen und breit akzeptierten wissenschaftlichen Logik der Zeit.

Ein weiteres Beispiel für diese Art von experimentellem Zugriff auf ungeschützte Personengruppen stellen die Versuche von Gerhard Ruhenstroth-Bauer und Hans Nachtsheim dar. Ruhenstroth-Bauer war am KWI für Biochemie tätig, Nachtsheim leitete eine Abteilung des KWI für Anthropologie. Ziel ihres gemeinsamen Forschungsprojektes war es, eine Methode zur Differenzialdiagnose von erblich bedingter und von erworbener Epilepsie zu entwickeln – eine Frage also, die im Zusammenhang der nationalsozialistischen Selektionspolitik von zentraler Bedeutung war. In Analogie zu Ergebnissen, die am Kaninchen gewonnen worden waren, wurde angenommen, dass ein durch Unterdruck induzierter Sauerstoffmangel im Gehirn bei Menschen mit erblicher Epilepsie rascher Krampfanfälle provozieren würde als bei Menschen mit erworbenem Anfallsleiden. Im Jahre 1943 führten Ruhenstroth-Bauer und Nachtsheim an einer Reihe von epileptischen Kindern aus der Landesanstalt Brandenburg-Görden Unterdruckversuche durch, und zwar in einer Unterdruckkammer der Luftwaffe in Rechlin. Die gesetzlichen Vertreter der Kinder wurden nicht nach ihrer Einwilligung gefragt, obwohl entsprechende Richtlinien des Reichsinnenministeriums seit 1930 vorlagen und noch immer Gültigkeit hatten. Außerdem waren die Kinder durch die seit 1939 laufende „Euthanasie"-Aktion bedroht: In der Anstalt Brandenburg-Görden existierte eine so genannte „Kinderfachabteilung", wo Kinder zunächst klinisch und apparatemedizinisch, dann – nach ihrer Tötung – auch mit den Methoden der Pathologie untersucht wurden (Sachse und Massin 2000).

Aus der gleichen psychiatrischen Anstalt wurden Opfer der systematischen Krankentötungen auch von Wissenschaftlern aus dem KWI für Hirnforschung für ihre Forschungen ausgenutzt. Jürgen Peiffer hat in den letzten Jahren durch akribische Recherchen nachweisen können, dass mehrere Hundert Gehirne, die in den Abteilungen von Julius Hallervorden und Hugo Spatz untersucht und konserviert wurden, von „Euthanasie"-Opfern stammten. Sowohl Hallervorden als auch Spatz nahmen vor Beginn der systematischen Krankentötungen an einer Besprechung in der Tiergartenstraße 4, der zentralen Dienststelle des Tötungsprogramms, teil, bei der über die wissenschaftliche Verwertung der Opfer diskutiert wurde. Im Fall von Hallervorden ist auch bekannt, dass er zumindest einmal, im Oktober 1940, in der Anstalt Brandenburg anwesend war, als dort 56 Kinder getötet wurden. Er entnahm selbst die Gehirne und transportierte 40 davon in sein Berliner Institut. – Eine ähnliche wissenschaftliche Verwertung von Gehirnen der „Euthanasie"-Opfer ist für das Hirnpathologische Institut der Deutschen Forschungsanstalt für Psychiatrie unter der Leitung von Willibald Scholz dokumentiert (Peiffer 2000, Schmuhl 2000).

## Psychiatrische Genetik an der Deutschen Forschungsanstalt für Psychiatrie unter Ernst Rüdin

Die Anwendung der besten wissenschaftlich-genetischen Methodik im Dienste des Staates und vor allem der Rasse war Leitmotiv für Rüdins Lebenswerk.[12] Seit seiner Studentenzeit war er motiviert durch das Ziel der Erbgesundheit biologisch definierter Gruppen, für die paradigmatisch die Rasse steht. Auf Anregung von Kraepelin formulierte Rüdin in der Zeit um 1910 ein ausführliches Programm genetischer Forschung in der Psychiatrie, wonach systematische psychopathologische, somatisch-medizinische, physisch-anthropologische, genealogische und epidemiologische Daten miteinander korreliert werden sollten. Dieses

---

[12] Zu Biografie und Werk Rüdins vgl. Weber 1993, mit den oben (Anm. 1) gemachten Einschränkungen, sowie aktueller Roelcke 2000 und 2002a.

Programm setzte er zunächst für die Krankheitskategorie der Dementia praecox/Schizophrenie in die Praxis um und konnte 1916 hierzu eine Monografie publizieren, die über Jahrzehnte zum Standardwerk der psychiatrischen Genetik wurde.

Dieses multidimensionale Vorgehen war auch die Grundlage der Arbeiten von Rüdins Mitarbeitern und den Gastwissenschaftlern der DFA seit den frühen 1920er-Jahren (Roelcke 2002a). Zu den Stipendiaten an der Abteilung Rüdins zählten u. a. die späteren psychiatrischen Ordinarien und „Euthanasie"-Gutachter Friedrich Panse, Kurt Pohlisch und Carl Schneider, aber auch Franz Kallmann und Eliot Slater, die heute als Begründer der psychiatrischen Genetik in den USA und Großbritannien gelten (Klee 1983, S. 228–229, Weber 1993, Roelcke 2002a). Noch im Jahre 1996 widmete das American Journal of Medical Genetics ein Sonderheft der „Munich School of psychiatric genetics".

Im Jahre 1931 wurde Rüdin zum Direktor der gesamten Deutschen Forschungsanstalt ernannt; 1934/35 übernahm er in Abstimmung mit den zuständigen Stellen im Reichsinnenministerium den Vorsitz der Gesellschaft Deutscher Neurologen und Psychiater, den er bis 1945 beibehielt. Zum Schriftführer und Kassenwart der Gesellschaft wurde Paul Nitsche, Direktor der Anstalt Leipzig-Dösen und später medizinischer Leiter der zentralen „Euthanasie"-Dienststelle in Berlin ernannt. Daneben war er ab 1933 der am häufigsten gefragte psychiatrische Gutachter bei der Notgemeinschaft Deutscher Wissenschaft/Deutsche Forschungsgemeinschaft (DFG). Für den „neuen Staat" war er im „Sachverständigenrat für Bevölkerungs- und Rassenpolitik" am Reichsinnenministerium tätig, in dem er den „Arbeitskreis II" leitete. Mit all diesen Funktionen in Wissenschaft, Berufspolitik und als Experte im Bereich der Politikberatung stand Rüdin im Zentrum vielfältiger Aktivitäten und war wohl der einflussreichste Psychiater während der Zeit des Nationalsozialismus.

So war Rüdin auch bemüht, seine Forschungen eng mit den verschiedenen Machtinstanzen in Staat und Partei abzustimmen sowie das Anstaltswesen und die gesamte psychiatrische Versorgungspolitik nach den Gesetzen der Erbbiologie zu reorganisieren (Rüdin 1934). Dazu kooperierte er eng mit Repräsentanten der Anstaltspsychiatrie, wie Hans Roemer oder Paul Nitsche, sowie mit dem zuständigen Ministerialbeamten im Reichsinnenministerium, Arthur Gütt (Weber 1993, Roelcke 2000, Roelcke et al. 2000). Gegenüber der KWG und auch der DFG verwies er regelmäßig auf seine engen Kontakte zum Staatsapparat und auch direkt zur „Kanzlei des Führers", wenn es darum ging, den Bestand oder die Erweiterung der Ressourcen der DFA zu sichern (Roelcke 2002a). Die Gelder insbesondere der Reichskanzlei waren, wie es in einigen Dokumenten explizit heißt, dazu bestimmt, „die wissenschaftlich möglichst breiten und festen Grundlagen" für die Bevölkerungs- und Rassenpolitik des Staates zu schaffen (zitiert nach Roelcke 2002a).

Rüdin und Nitsche kannten sich seit ihrer gemeinsamen Assistenten-Zeit bei Kraepelin in Heidelberg und München. Sie waren über Jahrzehnte gemeinsam im Bereich der Eugenik- bzw. Rassenhygiene-Bewegung engagiert, so etwa mit einer rassenhygienischen Abteilung bereits bei der Dresdner Hygiene-Ausstellung 1911 oder später im Vorstand des Deutschen Verbands für psychische Hygiene. Mitte der 1930er-Jahre war Nitsche Rüdins engster Korrespondenzpartner, u. a. in Fragen einer eugenisch fundierten Anstaltspolitik (Roelcke et al., 2000). Auch diese enge Kooperation dokumentiert, dass Rüdins wissenschaftliches Engagement durchgängig eugenisch motiviert war und auf die genetische Verbesserung verschiedener sozialer Gruppen innerhalb und außerhalb psychiatrischer Institutionen abzielte (Rüdin 1939, 1940).

Rüdin organisierte ein umfangreiches, ab 1933 noch einmal deutlich erweitertes Forschungsprogramm mit dem Ziel, die genetischen Faktoren für eine Reihe psychiatrischer und neurologischer Störungen, aber auch etwa für delinquentes Verhalten zu etablieren und zur Grundlage entsprechender Gesetzgebung zu machen (Roelcke 2002a). In aktualisierter und durch spezielle psychologische Tests erweiterter Form wurde die innovative und umfassende Methodik aus der DFA auch in den Jahren 1943 bis 1945 von Rüdins Mitarbeiter Julius Deussen[13] bei seinen Forschungen an psychisch kranken Kindern im Kontext der „Euthanasie" in der Psychiatrischen Klinik der Universität Heidelberg verfolgt (Deussen 1943/44, dazu Roelcke et al. 1998, Roelcke 2000). In diesem Forschungsprojekt wurden insgesamt 52 Kinder mit allen verfügbaren diagnostischen Methoden in der Heidelberger Klinik untersucht. Anschließend wurden sie zur Tötung in die Anstalt Eichberg in der Nähe von Wiesbaden gebracht. Die Gehirne der getöteten Kinder wurden dann zurück nach Heidelberg geschickt oder auch von Mitarbeitern der Heidelberg/Münchener Forschungsgruppe, wie etwa Deussen, direkt in der Anstalt abgeholt (Hohendorf et al. 1996, 1999). Ziel war die Erarbeitung wissenschaftlicher Kriterien zur Differenzierung von ererbten und erworbenen Formen des kindlichen „Schwachsinns". Dieses Forschungsprojekt war 1942 von Rüdin gegenüber dem Reichsforschungsrat formuliert und als „kriegswichtig" bezeichnet worden. Es sollte Entscheidungskriterien für eine wissenschaftlich fundierte Selektion im Hinblick auf die „Euthanasie" liefern und damit zur Verhinderung weiterer Erbschäden am Volkskörper beitragen (Roelcke 2000).

Entsprechend unterstützte Rüdin die Forschungen von Carl Schneider und Deussen in Heidelberg, u. a. mit finanziellen Mitteln aus dem Etat der DFA. In seinem Gutachten zum Habilitationsverfahren Deussens formulierte er, es han-

---

[13] Deussen war von März 1939 bis Dezember 1945 wissenschaftlicher Mitarbeiter der Münchener Forschungsanstalt, vgl. Roelcke, 2000 S. 138-141.

dele sich um eine „für unsere Erkenntnis und Praxis der Gesundheitssteuerung [...] viel verheißende Forschungsarbeit über die Ätiologie gewisser Idiotieformen" (zitiert in Roelcke et al. 1998, S. 335).

Auch hier ist die Ausrichtung der genetischen Forschung an den Zielen staatlicher und völkischer Gesundheitspolitik offenkundig. Programm und Praxis der systematischen Krankenvernichtungen („Euthanasie") stellten eine Radikalisierung der am Wohl des Volkskörpers orientierten nationalsozialistischen Selektionspolitik unter den Bedingungen des Krieges dar. Wie sich heute eindeutig zeigen lässt, war Rüdin als Direktor der Deutschen Forschungsanstalt für Psychiatrie, einem Kaiser-Wilhelm-Institut, an der wissenschaftlichen Rechtfertigung und Durchführung dieser radikalisierten Selektionspolitik maßgeblich beteiligt (Roelcke 2000).

## Zum Abschluss

Die vorherrschende Mentalität, d. h. die Wirklichkeitswahrnehmung, Denkweise und Wertehierarchie der biomedizinischen Forscher zur Zeit des Nationalsozialismus kann nach dem vorliegenden Forschungsstand wie folgt zusammengefasst werden: Die Erarbeitung und Überprüfung von neuem medizinischem Wissen sollte dazu dienen, zur Gesundheit und Leistungsfähigkeit des Staates und des Volkskörpers beizutragen. Der Wissenszuwachs gerade auf den Feldern der Genetik/Eugenik, aber auch der Hygiene/Mikrobiologie sowie der Leistungsphysiologie war in der Konsequenz ein anderen Wertsetzungen übergeordnetes Ziel.

Mindestens die drei hier etwas genauer ins Blickfeld genommenen Kaiser-Wilhelm-Institute (KWI für Anthropologie, KWI für Hirnforschung, KWI für Psychiatrie) verfolgten eine wissenschaftliche Programmatik, die unter den spezifischen Bedingungen des Nationalsozialismus und des Krieges die wissenschaftliche Fundierung einer biologischen Selektion zum erklärten Ziel hatte. Insbesondere im Fall von Ernst Rüdin, Julius Hallervorden und Hugo Spatz kann darüber hinaus detailliert belegt werden, dass diese Wissenschaftler ein genuines Interesse an Forschungsvorhaben hatten, die einerseits von der Krankenvernichtung profitierten und andererseits die wissenschaftlichen Voraussetzungen für die Durchführung von Selektion und „Euthanasie" schaffen sollten.

Das allgemeine Anliegen dieser Forschungen, nämlich die Differenzierung zwischen erblichen und erworbenen Krankheitszuständen, sowie die in diesen Forschungen durchgeführten spezifischen Untersuchungen entsprachen durchaus der inneren Logik der wissenschaftlich-experimentellen Medizin sowie zum großen Teil dem Standard der zeitgenössischen Diskussion und Forschung.

Auch der Vorrang des wissenschaftlichen Erkenntnisgewinns vor anderen Wertsetzungen, etwa der Subjektivität des Patienten, war bereits seit der zweiten Hälfte des 19. Jahrhunderts im Programm der experimentellen Medizin enthalten (Lepicard 1997). Ein solcher Vorrang des Erkenntnisgewinns vor der individuellen Menschenwürde wurde allerdings unter anderen politischen Rahmenbedingungen meistens durch ethische und juristische Regularien im Zaum gehalten. In den hier geschilderten Fällen waren es die großen Erwartungen und Hoffnungen von Medizinern, Genetikern, Politikern und Öffentlichkeit an den Nutzen einer nach den Gesetzen der Biologie reorganisierten Gesellschaft sowie das Fehlen ethischer Beschränkungen und strafrechtlicher Konsequenzen unter den Bedingungen nationalsozialistischer Herrschaft, welche eine Forschung ohne jegliche Rücksicht, oder – in den Worten von Hubert Markl – eine „Entgrenzung der Wissenschaften" möglich machten.

**Literatur**

vom Bruch, R.; Kaderas, B. (Hrsg.): Wissenschaften und Wissenschaftspolitik. Bestandsaufnahmen zu Formationen, Brüchen und Kontinuitäten im Deutschland des 20. Jahrhunderts. Franz Steiner, Stuttgart 2002

Deussen, J.: Psychologische Grundfragen und Methode der erbwissenschaftlichen Forschung, in: Archiv für Rassen- und Gesellschaftsbiologie 37:162–171 (1943/44) (= Festschrift für Ernst Rüdin)

Ebbinghaus, A.; Roth, K.-H.: Von der Rockefeller-Foundation zur Kaiser-Wilhelm-/Max-Planck-Gesellschaft: Adolf Butenandt als Biochemiker und Wissenschaftspolitiker des 20. Jahrhunderts, Zeitschrift für Geschichtswissenschaft 50:389–418 (2002)

Gütt, A.; Rüdin, E.; Ruttke, F.: Zur Verhütung erbkranken Nachwuchses. Gesetz und Erläuterungen. J. F. Lehmann's, München 1934

Hohendorf, G.; Roelcke, V.; Rotzoll, M.: Innovation und Vernichtung. Psychiatrische Forschung und „Euthanasie" an der Heidelberger Psychiatrischen Klinik 1939–1945. Nervenarzt 67:935–946 (1996)

Hohendorf, G.; Weibel-Shah, St.; Roelcke, V.; Rotzoll, M.: Die „Kinderfachabteilung" der Landesheilanstalt Eichberg 1941–1945 und ihre Beziehung zur Forschungsabteilung der Psychiatrischen Universitätsklinik Heidelberg unter Carl Schneider. In: Christina Vanja et al. (Hrsg.): Wissen und irren. Psychiatriegeschichte aus zwei Jahrhunderten – Eberbach und Eichberg (= Historische Schriftenreihe des Landeswohlfahrtsverbandes Hessen, Quellen und Studien 6), Kassel 1999, S. 221–243

Kaufmann, D.: Einleitung. In: Kaufmann, D. (Hrsg.): Geschichte der Kaiser-Wilhelm-Gesellschaft im Nationalsozialismus. Bestandsaufnahme und Perspektiven der Forschung. Wallstein, Göttingen 2000, S. 9–17

Klee, E.: „Euthanasie" im NS-Staat. Die „Vernichtung lebensunwerten Lebens". S. Fischer, Frankfurt/M. 1983

Kröner, H.-P.: Von der Rassenhygiene zur Humangenetik. Das Kaiser-Wilhelm-Institut für Anthropologie, menschliche Erblehre und Eugenik nach dem Kriege. G. Fischer, Stuttgart 1998

Kühl, S.: Die Internationale der Rassisten. Campus, Frankfurt/M. 1997

Lenz, F.: Die Rasse als Wertprinzip. Zur Erneuerung der Ethik. J. F. Lehmann's, München 1933
Lepicard, E.: Ethisches Verhalten und „ethische" Normen vor 1947. In: Tröhler, U.; Reiter-Theil, S. (Hrsg.): Ethik und Medizin 1947–1997 – Was leistet die Kodifizierung von Ethik. Wallstein, Göttingen 1997, S. 61–74
Markl, H.: Die ehrlichste Art der Entschuldigung ist die Offenlegung der Schuld. Max-Planck-Gesellschaft zur Förderung der Wissenschaften, Referat für Presse und Öffentlichkeitsarbeit (Hrsg.): Biowissenschaften und Menschenversuche an Kaiser-Wilhelm-Instituten – Die Verbindung nach Auschwitz. Symposium in Berlin – Ansprachen der Eröffnungsveranstaltung, München 2001, 7–14; auch zugänglich unter <www.mpg.de/reden/2001/biosymposium/markl.htm>
Nachtsheim, H.: Die Genetik einiger Erbleiden des Nervensystems des Kaninchens. In: Roggenbau, Ch. H. (Hrsg.): Gegenwartsprobleme der psychiatrisch-neurologischen Forschung. Enke, Stuttgart 1939, S. 115–131
Nyiszli, M.: Im Jenseits der Menschlichkeit. Ein Gerichtsmediziner in Auschwitz. Berlin 1992 (Originalausgabe 1946 in Ungarisch, engl. Übersetzung 1960)
Peiffer, J.: Neuropathologische Forschung an „Euthanasie"-Opfern in zwei Kaiser-Wilhelm-Instituten. In: Kaufmann, D. (Hrsg.): Die Kaiser-Wilhelm-Gesellschaft im Nationalsozialismus. Bestandsaufnahme und Perspektiven der Forschung. Wallstein, Göttingen 2000, S. 151–173
Pohlisch, K.: Das Rheinische Provinzial-Irreninstitut für psychiatrisch-neurologische Erbforschung in Bonn. Der Erbarzt 4:49–52 (1936)
Pohlisch, K.: Die erbbiologische Bestandsaufnahme der Bevölkerung und Sippenpsychiatrie. In: Roggenbau, Ch. H. (Hrsg.): Gegenwartsprobleme der psychiatrisch-neurologischen Forschung, Enke, Stuttgart 1939, S. 162–168
Proctor, R.: Adolf Butenandt (1903–1995). Nobelpreisträger, Nationalsozialist und MPG-Präsident. Ein erster Blick in den Nachlass. Ergebnisse 2. Forschungsprogramm „Geschichte der Kaiser-Wilhelm-Gesellschaft im Nationalsozialismus", Berlin 2000
Roelcke, V.: Psychiatrische Wissenschaft im Kontext nationalsozialistischer Politik und „Euthanasie". Zur Rolle von Ernst Rüdin und der Deutschen Forschungsanstalt für Psychiatrie/Kaiser-Wilhelm-Institut. In: Kaufmann, D. (Hrsg.): Die Kaiser-Wilhelm-Gesellschaft im Nationalsozialismus. Bestandsaufnahme und Perspektiven der Forschung. Wallstein, Göttingen 2000, S. 112–150
Roelcke, V.: Humanexperimente während der Zeit des Nationalsozialismus. Medizinische Wissenschaft und Ethik im historischen Kontext. In: Forsbach, R.; Schott, H. (Hrsg.): Medizin im Nationalsozialismus. LIT-Verlag, Münster 2003 (im Druck)
Roelcke, V.: Programm und Praxis der psychiatrischen Genetik an der Deutschen Forschungsanstalt für Psychiatrie unter Ernst Rüdin: Zum Verhältnis von Wissenschaft, Politik und Rasse-Begriff vor und nach 1933. Medizinhistorisches Journal 37:1–35 (2002a)
Roelcke, V.: Zeitgeist und Erbgesundheitsgesetzgebung im Europa der 1930er Jahre. Eugenik, Genetik und Politik im historischen Kontext. Nervenarzt 73:1019–1030 (2002b).
Roelcke, V.; Hohendorf, G.; Rotzoll, M.: Erbpsychologische Forschung im Kontext der „Euthanasie". Neue Dokumente und Aspekte zu Carl Schneider, Julius Deussen und Ernst Rüdin. Fortschritte der Neurologie und Psychiatrie 66:331–336 (1998)
Roelcke, V.; Hohendorf, G.; Rotzoll, M.: Psychiatrische Genetik und „Erbgesundheitspolitik" im Nationalsozialismus. Zur Zusammenarbeit zwischen Ernst Rüdin, Carl

Schneider und Paul Nitsche. In: Nissen, G.; Badura, F. (Hrsg.), Schriftenreihe der Deutschen Gesellschaft für Geschichte der Nervenheilkunde, Bd. 6, Würzburg 2000, S. 59–73

Rüdin, E.: Erblichkeit, Rassenhygiene und Bevölkerungspolitik. Psychiatrie und Rassenhygiene. Münchener Medizinische Wochenschrift 81:1049–1052 (1934)

Rüdin, E.: Bedeutung der Forschung und Mitarbeit von Neurologen und Psychiatern im nationalsozialistischen Staat. Zeitschrift für die gesamte Neurologie und Psychiatrie 165:7–17 (1939)

Rüdin, E.: Eröffnungsansprache auf der V. Hauptversammlung der Gesellschaft Deutscher Neurologen und Psychiater in Wiesbaden, 26. bis 28. März 1939. Allgemeine Zeitschrift für Psychiatrie 114:164–167 (1940)

Sachse, C.; Massin, B.: Biowissenschaftliche Forschung an Kaiser-Wilhelm-Instituten und die Verbrechen des NS-Regimes. Ergebnisse 3. Forschungsprogramm „Geschichte der Kaiser-Wilhelm-Gesellschaft im Nationalsozialismus", Berlin 2000

Schmuhl, H.-W.: Hirnforschung und Krankenmord. Das Kaiser-Wilhelm-Institut für Hirnforschung, 1937–1945. Ergebnisse 1. Forschungsprogramm „Geschichte der Kaiser-Wilhelm-Gesellschaft im Nationalsozialismus", Berlin 2000

Sieg, U.: Strukturwandel der Wissenschaft im Nationalsozialismus. Berichte zur Wissenschaftsgeschichte 24:255–270 (2001)

Vierhaus, R.: Bemerkungen zum sogenannten Harnack-Prinzip. Mythos und Realität. In: vom Brocke, B.; Laitko, H. (Hrsg.): Die Kaiser-Wilhelm-/Max-Planck-Gesellschaft und ihre Institute: Studien zu ihrer Geschichte. Walter de Gruyter, Berlin/New York 1996, S. 129–138

Vierhaus, R.; vom Brocke, B. (Hrsg.): Forschung im Spannungsfeld von Politik und Gesellschaft: Geschichte und Struktur der Kaiser-Wilhelm-/Max-Planck-Gesellschaft. Deutsche-Verlags-Anstalt, Stuttgart 1990

Weber, M.: Ernst Rüdin. Eine kritische Biographie. Springer, Berlin etc. 1993

Weindling, P.: The Rockefeller Foundation and German Biomedical Sciences, 1920–1940: from Educational Philanthropy to International Science Policy. In: N. Rupke (ed.): Science, Politics, and the Public Good. Basingstoke/London 1988, pp. 119–140

Weindling, P.: Health, Race, and German Politics between national unification and Nazism, 1870–1945. Cambridge University Press, Cambridge 1989

Weindling, P.: International Eugenics: Swedish Sterilization in Context. Scand. J. History 24:179–197 (1999)

Wendel, G.: Die Kaiser-Wilhelm-Gesellschaft 1911–1914. Zur Anatomie einer imperialistischen Forschungsgesellschaft. Akademie-Verlag, Berlin 1975

# 8 Psychiatrische Genetik – Fortschritt und Verantwortung*

VOLKER AROLT und JÜRGEN DECKERT

## Vorbemerkung

Die wesentlichen Fortschritte in der Therapie psychiatrischer Erkrankungen werden aus einer rasanten Entwicklung der Grundlagenforschung und einem damit einhergehenden, immer besseren Verständnis der Ätiologie und Pathogenese psychiatrischer Erkrankungen resultieren. Hierbei wird die psychiatrische Genetik, insbesondere die molekulare Genetik, eine wesentliche Rolle spielen. In welcher Weise jedoch die für die Zukunft zu erwartenden Kenntnisse für unsere Patienten nutzbar gemacht werden oder ob sie sich den Interessen unserer Patienten sogar entgegenstellen können, hängt bei weitem nicht allein von uns Ärzten ab. Die Erlanger Soziologin Charlotte Beck-Gernsheim weist darauf hin, dass die Ergebnisse der Sozialforschung ziemlich eindeutig zeigen, dass der Umgang mit technischen Entdeckungen, wenn sie zur gesellschaftlichen Anwendung kommen, eine Art Eigengesetzlichkeit entfalten (Beck-Gernsheim 1995). Es ist daher mit hoher Wahrscheinlichkeit anzunehmen, dass die Auswirkungen des Fortschritts in der Aufklärung der Genetik psychischer Erkrankungen von der Interaktion politischer Bestrebungen, kommerzieller Interessen, medizinischer Möglichkeiten und juristischer Grundsätze bestimmt werden, wobei die in diesem Prozess sich entwickelnden konkreten gesellschaftlichen Realitäten heute noch gar nicht vorhersehbar sind. Norbert Elias sagt dazu: „Unter keinen Umständen darf man die Entwicklung [...] so darstellen, als ob das alles aus dem Wollen und Planen der Menschen hervorgeht. Aus den Absichten von vielen Menschen, die sich zum Teil durchkreuzen, entsteht etwas, das von dem, was sie wollen, völlig verschieden sein kann." Man könnte auch formulieren: Was wir als Ärzte heute für ethisch vertretbar halten, muss nicht unbedingt das sein, was in Zukunft allgemeine gesellschaftliche Akzeptanz erreichen wird. In diesem Zusammenhang wäre es auch einigermaßen naiv, den Einfluss immenser materieller Interessen zu unterschätzen.

---

\* Basierend auf einem Vortrag anlässlich des Bochumer Psychiatrischen Symposiums, Zentrum für Psychiatrie und Psychotherapie, Ruhr-Universität Bochum am 26.5.2000.

# Eine alarmierende Gesetzesvorlage

Wir tun gut daran, uns in unserem Forschungsinteresse nicht von chronisch-dysthymer Bedenklichkeit, sondern von fachlicher Begeisterung leiten zu lassen. Gerade deshalb und gerade weil wir *Psychiater* sind, sind wir vor einigen Monaten zutiefst erschrocken, als bekannt wurde, dass für das britische Unterhaus eine Gesetzesvorlage vorbereitet wird, die Versicherungsgesellschaften gestatten soll, in die Risikoabschätzung der zu Versichernden die Möglichkeit der präsymptomatischen genetischen Testung mit aufzunehmen. Auf welcher Grundlage entstehen solche Überlegungen, und wohin führen sie?

Sobald Gene bekannt und nachweisbar sind, die für eine Erkrankung prädisponieren, kann im individuellen Fall das Vorhandensein eines Gens festgestellt werden, *bevor* die Erkrankung Symptome erzeugt, wenn sie überhaupt auftritt. Eine solche präsymptomatische Testung wird heute in Deutschland bei der monogen und autosomal dominant vererbbaren Chorea Huntington in gesetzlich festgelegter und von der deutschen Gesellschaft für Humangenetik recht präzise vorgegebener Weise durchgeführt. Prinzipien hierbei sind Freiwilligkeit der Testung, Wahrung des Arztgeheimnisses und Einbindung in eine auch psychotherapeutisch gestaltete Beratung. Diese Verfahrensweise orientiert sich also an der ärztlichen Maxime, das Wohlergehen des *Individuums* in den Mittelpunkt aller Handlungen zu stellen.

Nun werden wir in Zukunft Prädispositionsgene für eine ganze Reihe von Erkrankungen, einschließlich psychiatrischer Erkrankungen, entdecken. Die Situation wird jedoch sowohl auf molekulargenetischer Ebene, wie auf der Ebene der Gen-Umwelt-Interaktion ungleich komplizierter sein als im Falle der Chorea Huntington. Die für psychiatrische Erkrankungen, z. B für Schizophrenie, bipolare affektive Störungen und Zwangserkrankungen prädisponierenden Gene sind höchstwahrscheinlich Teile eines multigenen Systems mit äußerst komplexen biologischen Interaktionen. Die Anzahl der Prädispositionsgene wird individuell variieren, und den einzelnen Genen wird vermutlich überdies eine unterschiedliche Penetranz zukommen. Gerade bei psychischen Störungen sind die ebenfalls aller Wahrscheinlichkeit nach hochkomplizierten und bisher allenfalls ansatzweise verstandenen Interaktionen zwischen biologischer Prädisposition und individueller Sozialisation für die Krankheitsentstehung äußerst bedeutsam. Zum gegenwärtigen Stand der Forschung siehe die Übersichten von Berrettini 2000, Deckert und Arolt 2000, Maier et al. 1999, Owen 2000, Gershon 2000, Pulver 2000, Pauls und Alsobrook 1999, Stein 2000.

## Der Psychiater im Spannungsfeld von Wirtschaftsinteressen

Es ist wichtig festzuhalten: Wenn wir bei einer bestimmten Person eine Genträgerschaft für ein einzelnes Schizophrenie-Prädispositionsgen nachweisen können, sagt uns das ohne weitere Informationen über ein mögliches Kranksein eines einzelnen Menschen sehr wenig. Aber: Es ließe sich anhand einer ausreichend großen, repräsentativen Stichprobe das statistische Risiko im Sinne einer Erkrankungswahrscheinlichkeit für Schizophrenie für einen entsprechenden, individuellen Genträger errechnen.

Genau an diesem Punkt, also am statistisch abgesicherten, deduktiven Schluss vom Sachverhalt in der Stichprobe auf das Erkrankungsrisiko beim Individuum beginnen die Interessen der Versicherungsgesellschaften. Schätzt man die Stimmungslage und den bisher recht unbefangen anmutenden Umgang mit genetischen Informationen in Großbritannien richtig ein, dann wird die Londoner Gesetzesvorlage die Zustimmung des Unterhauses bekommen. Wenn Versicherungsunternehmen entsprechend ihrer Logik der Risikoeinschätzungen die Tatsache einer genetischen Prädisposition zur Feinabstimmung der von ihnen vorgenommenen Berechnungen von Erkrankungswahrscheinlichkeiten benutzen, dann dient dieses Vorgehen dem Gewinninteresse des Unternehmens und sicher nicht primär der Gesundheit des Individuums. Hiermit wird sehr viel schneller als von den Autoren selbst erwartet eine gesellschaftliche Entwicklung Realität, die sich potenziell gegen das individuelle Schicksal betroffener Menschen richtet.

Die sich hier abzeichnende Tendenz ist nicht nur ein vielleicht etwas laxer Umgang mit wissenschaftlichen Befunden; hier geht es um viel mehr, nämlich um unsere gesellschaftlich bestimmten, ethischen Normen. Die sich in Großbritannien anbahnende Entwicklung ist aus der Sicht der Autoren unserer ärztlichen Grundeinstellung diametral entgegengesetzt. In den westlichen Industrienationen gilt es als grundlegende Aufgabe des Arztes, gesundheitlichen Schaden vom Individuum abzuwenden. Hierbei steht der *einzelne Mensch,* die Person mit ihren individuellen Möglichkeiten im Mittelpunkt und nicht ein System, eine Stichprobe oder ein *Individuum* als Teil einer Stichprobe. Diese Sichtweise steht im Kontext mit den sich im Anschluss an die Aufklärung entwickelnden bürgerlich-demokratischen politischen Systemen. Und gerade hierin unterscheidet sich der demokratische Standpunkt vom totalitären. Totalitäre Auffassungen sind u. a. durch Ent-Individualisierung zugunsten übergeordneter Strukturen wie Volkskörper, Kollektiv, Arbeiterklasse gekennzeichnet. Dementsprechend wird der Dienst an solchen Strukturen *primäre* ärztliche Pflicht und nimmt breitesten Raum ein.

Der Gebrauch individueller genetischer Informationen im Dienst des Profitinteresses von Unternehmen, aber auch, sehr viel allgemeiner gesprochen, für irgendwelche gesellschaftlichen Zwecke, die nicht unmittelbar dem jeweils betroffenen Individuum nutzen, überschreitet die Grenze des heute demokratisch bestimmten, ethisch Vertretbaren. Hier handelt es sich um eine Form des Missverständnisses ja, aus der Sicht der Autoren, des Missbrauchs genetischer Informationen, die sichtbar totalitäre Züge trägt. Diese Vorgänge sind besonders gefährlich, weil sie ein hohes Organisationsniveau aufweisen und von erheblichen materiellen Interessen getragen sind. Hier werden plötzlich Realitäten geschaffen, die selbst vor zwei Jahren noch in dieser Form nicht gesellschaftlich realisierbar erschienen.

Die Autoren hätten diese Darstellung viel lieber mit den positiven Entwicklungsmöglichkeiten der psychiatrischen Genetik begonnen, waren jedoch von dem Londoner gesetzgeberischen Vorstoß gerade als Psychiater aus verschiedenen Gründen sehr bewegt. Unsere Patienten und ihre Angehörigen gehen oft mit der Last der chronischen psychischen Erkrankung durchs Leben. Viele der Erkrankungen, mit denen wir es zu tun haben, sind nicht nur eine erhebliche Bürde, die die berufliche Leistungsfähigkeit und die Beziehungsfähigkeit und damit die Lebensqualität erheblich beeinträchtigen, sondern sie wirken auch stigmatisierend und damit im gesellschaftlichen Kontext isolierend. So erlauben wir uns die Frage: Sollen wir es als Psychiater hinnehmen, wenn die von uns behandelten Kranken bzw. insbesondere ihre Nachkommen und Angehörigen zusätzlich zu ihren schon vorhandenen Problemen noch dadurch beeinträchtigt werden, dass sie (bei noch dazu vermutlich höheren Versicherungsprämien) als potenziell schädliche, weil sich fortpflanzende Genträger gelten? So gestaltet sich nun mal die Laienmeinung, ganz im Gegensatz zu Überlegungen von Experten, von denen in jüngster Zeit sogar überlegt wird, ob krankheitsprädisponierende Gene nicht im evolutionären Maßstab sogar vorteilhaft sein könnten (vgl. z. B. Brosius und Kreitman 2000).

## Was wäre, wenn ...?

Es wird jedoch noch ein weiteres Problem im Umgang mit individuumsbezogenen genetischen Informationen entstehen. Neben der Möglichkeit des gesellschaftlich organisierten Fehlgebrauchs genetischer Information besteht die Gefahr der subjektiven Überschätzung der Auswirkungen von Genträgerschaft. Dieser Gefahr sind Wissenschaftler, insbesondere Humangenetiker, wesentlich weniger ausgesetzt als die Allgemeinbevölkerung. Es wird nämlich in der landläufigen Diskussion, insbesondere jedoch in der Laienpresse, meist übersehen, dass das Vorhandensein bestimmter Gene lediglich eine Prädisposition bedeutet. Hingegen bedeutet es *nicht* die Tatsache der Erkrankung selbst und in vielen Fällen nicht einmal eine ernst zu nehmende Wahrscheinlichkeit, dass eine Erkrankung ausbricht. Die individuelle Überinterpretation einer in der Zukunft mit großer Wahrscheinlichkeit nachweisbaren Genträgerschaft ist insofern problematisch, als dass sie einfachen, wesentlich zu einfachen Erklärungsmöglichkeiten psychiatrischer Erkrankungen den Weg bahnt. Die Patienten, ihre Angehörigen, möglicherweise aber auch manche Ärzte könnten in Zukunft dazu neigen, das Vorhandensein bestimmter Symptome oder gar Störungseinheiten als genetisch bedingt zu präjudizieren. Die hiermit verbundene fatalistische Konnotation kann sich therapeutisch ausgesprochen kontraproduktiv bzw. geradezu destruktiv auswirken.

**Ein Beispiel**

Den im Vorangehenden genannten Gesichtspunkt möchte ich (Volker Arolt) an einem Beispiel aus einer psychodynamischen Psychotherapie illustrieren. Ein damals 29-jähriger, sehr differenzierter Angestellter war aufgrund einer komplexen Angststörung, die mit einem die Persönlichkeit erheblich beeinflussenden Autonomie-Abhängigkeitsproblem verbunden war, in meiner Behandlung. Im Laufe der Therapie wurde mir zu einem bestimmten Zeitpunkt immer wieder bedeutet, die weitere Bearbeitung bestimmter Empfindungen und Verhaltensweisen sei doch eigentlich unsinnig. Seine Mutter sei in diesem Punkt so wie er der Meinung, das Ganze sei genetisch bedingt, und er müsse sich eben damit abfinden. Ich habe mich davon nicht beirren lassen, da mir die Nutzung des Erklärungsmodells im Dienste der Konfliktabwehr sehr deutlich spürbar wurde. Und in der Tat zeigte sich bei genauerem Hinsehen, dass bei dem Patienten eine unbewusste pathologische Identifikation mit ursprünglich von ihm als feindselig und entsprechend bedrohlich empfundenen Verhaltensweisen seiner Mutter vorlag. Die Aufdeckung dieser Zusammenhänge führte bei dem Patienten zu einer nachhaltigen seelischen Erschütterung und bedeutete den wesentlichen Wendepunkt der Therapie in Richtung auf Individuation und Ablösung. Ich habe mich manchmal gefragt, wie die Therapie wohl in 30 Jahren gelaufen wäre. Wie hätte ich reagiert, wenn mein Patient mir sein Testergebnis mitgeteilt hätte, dass er sechs Prädispositionsgene für eine Angsterkrankung aufweise, wovon vier mit denen seiner Mutter identisch seien, bei denen von zweien bekannt ist, dass sie für das Verhaltensmerkmal „Bindungssuche" prädisponieren?

Wir haben versucht, grundlegende Problemfelder zu beschreiben, die sich im Umgang mit Ergebnissen der psychiatrischen Genetik ergeben werden. Dabei musste jedoch auf die Darstellung weiterer, sehr wichtiger und ungelöster Fragen, wie z. B. die der Pränataldiagnostik und ihrer individuellen und gesellschaftlichen Konsequenzen aus Platzgründen verzichtet werden.

## Fragen und Perspektiven für die Zukunft

Sollten wir uns als Psychiater angesichts der Gefahren des gesellschaftlichen und individuellen Fehlgebrauchs genetischer Information nun zu professionellen Bedenkenträgern entwickeln und genetische Forschung in der Psychiatrie ablehnen? Gäbe die in der Zeit des Nationalsozialismus ausgeführte Zwangssterilisierung und Tötung psychisch Kranker die durch totalitär bestimmten Missbrauch damals noch ganz vorläufigen genetischen Wissens mitbedingt wurde, nicht gerade uns deutschen Psychiatern ausreichend Anlass zum Rückzug aus diesem Forschungsbereich?

Ein solches Verhalten wäre aus meiner Sicht ein schweres Versäumnis, bei dem das Kind mit dem Bade ausgeschüttet würde, da vor lauter Risikoabschätzung der Nutzen neuer Technologien nicht mehr adäquat berücksichtigt würde. Wir sollten uns vor Augen halten, dass der janusköpfige Charakter wissenschaftlicher Entwicklungen weniger mit der Forschung selbst zu tun hat als vielmehr in seiner jeweiligen Ausprägung eine Folge des gesellschaftlichen Kontextes darstellt, in dem die Entwicklung stattfindet. Die therapeutischen Möglichkeiten, die sich aus dem Fortschritt der psychiatrischen Genetik ergeben, können derart bedeutsam sein und die Lage der von psychischen Störungen betroffenen Menschen so dramatisch verbessern, dass hierauf aus ärztlicher Sicht nicht verzichtet werden darf. Allerdings sollten wir gegenüber versteckten totalitären Strukturen äußerst wachsam sein.

Lassen Sie uns im Folgenden einige derartige Zukunftsperspektiven der psychiatrischen Genetik charakterisieren:

1. Ein nahe liegender klinischer Nutzen in der Therapie psychischer Erkrankungen könnte darin liegen, dass Assoziationen zwischen bestimmten genetischen Varianten einerseits und dem Ansprechen bzw. Nichtansprechen auf die derzeit vorhandenen chemischen Klassen von Psychopharmaka andererseits entdeckt werden. Derartige Befunde können zu einem noch vergleichsweise frühen Entwicklungszeitpunkt der psychiatrischen Genetik erwartet werden, in einer Situation, in der wir zwar genetische Varianten erkennen können, jedoch noch wenig über die Interaktion der Gene untereinander bzw. über die

Rolle der von ihnen erzeugten Proteine in der Pathogenese einer Erkrankung Bescheid wissen. Dennoch wären solche Beobachtungen von größtem klinischem Nutzen, wenn hierdurch Patienten unter Umständen langwierige und aufwändige Behandlungen mit derzeit gängigen Psychopharmaka, wie z. B. Lithium, trizyklischen Antidepressiva oder auch bestimmten Neuroleptika erspart blieben, deren Nutzen *für den individuellen Patienten* zu Behandlungsbeginn derzeit noch nicht präzise absehbar ist. Noch sind wir bei vielen Substanzgruppen im individuellen Fall auf Probebehandlungen angewiesen und können nicht vorhersagen, welche Patienten auf den Behandlungsversuch ansprechen und welche nicht. Es wäre ein großer Fortschritt, wenn diese Art „probatorischen" Therapierens, bei dem wir uns heute auf unser klinisches Fingerspitzengefühl verlassen müssen, durch eine bessere Prädiktion des therapeutischen Ansprechens eingeengt würde.
2. Für manche Erkrankungen, insbesondere wahrscheinlich für Schizophrenien und bipolare affektive Störungen, würde sich aufgrund genetischer Merkmale eine wesentlich bessere diagnostische Einteilung in Subgruppen erreichen lassen. Eine solche Subklassifizierung von Störungen, bei denen genetische Merkmale neben anderen eine Rolle spielen, wäre nicht nur wissenschaftlich von größtem Interesse, sondern könnte auch zu einer verbesserten Prädiktion der Wirksamkeit bestimmter Therapieverfahren beitragen.
3. Eine frühzeitige, bereits im Kindesalter wahrnehmbare Vulnerabilität für psychiatrische Erkrankungen kann unter günstigen Umständen dazu führen, dass Sozialisationsumstände, die die Manifestation einer biologischen Vulnerabilität in eine psychische Erkrankung hinein vorantreiben, therapeutisch modifiziert werden können. Im günstigen Fall sollte es möglich sein, z. B. ein pathogenes Familienklima therapeutisch so zu beeinflussen, dass ein für Schizophrenie genetisch prädisponiertes Kind gar nicht erst erkrankt bzw. nicht das Vollbild einer schizophrenen Psychose entwickelt. Weitere Maßnahmen, wie z. B. die Vermeidung bestimmter traumatisch wirkender Lebensereignisse könnten hierzu beitragen. Der Aspekt der Prävention kann auch dahingehend Gestalt gewinnen, dass es möglich werden kann, dass die Genträger selbst lernen, sich noch vor Auftreten einer Erkrankungsepisode vor Situationen zu schützen, auf die sie vulnerabel reagieren.
4. Zunehmend zeichnet sich in der Forschung die Möglichkeit ab, dass genetische Prädispositionen auch für bestimmte Persönlichkeitseigenschaften bestehen. Eines der größten Probleme der Persönlichkeitspsychologie ist die valide Definition bestimmter menschlicher Eigenschaften bzw. ihrer Pathologien. Hieraus ergibt sich die heute noch offenkundige Konkurrenz sehr verschiedener und sich in mancher Beziehung überschneidender Persönlichkeitsmodelle in Psychologie und Psychiatrie. Es wäre theoretisch und praktisch von erheblicher Bedeutung, wenn der genetische Anteil an der Entwick-

lung bestimmter grundlegender Eigenschaften deutlich erkennbar würde. Die Psychotherapie der Zukunft könnte dann Rücksicht auf genetisch prädisponierte Anlagen von Menschen nehmen. Gezielt könnten bestimmte, anlagebedingte Fähigkeiten in der Psychotherapie gefördert werden oder aber auch ungünstige Konstellationen bei biologisch konflikthaft angelegten Verhaltensprädispositionen in ihrer Pathogenität entschärft werden.

5. Die größte Hoffnung in der Entwicklung der psychiatrischen Genetik besteht jedoch ohne Zweifel darin, dass wir in der Lage sein werden, zu erkennen, welche Rolle die von den Genen produzierten Proteine in der Pathogenese einer Erkrankung spielen. Auf der Grundlage dieses Wissens sind zwei therapeutische Anwendungsmöglichkeiten denkbar. Neben der Möglichkeit der Gentherapie, also der Einschleusung von DNA in die Zellen (z. B. mithilfe von viralen Vektoren), ist derzeit die Möglichkeit noch näher liegend, den pathogenen Einfluss bestimmter Proteine durch Entwicklung spezifischer Pharmaka zu minimieren. Eine derartige Therapiestrategie könnte, frühzeitig angewandt, dazu führen, dass bestimmte schwer wiegende und äußerst destruktiv wirksame Erkrankungen, bei denen eine genetische Prädisposition eine sehr große Rolle spielt, wie z. B. Schizophrenien, bipolare affektive Störungen und Zwangserkrankungen, sich bei entsprechend prädisponierten Individuen gar nicht erst manifestieren.

Immer deutlicher wird erkennbar, dass in Anbetracht eines extrem hohen internationalen Forschungseinsatzes die Entdeckung der für psychiatrische Erkrankungen prädisponierten Gene lediglich eine Frage der Zeit ist. Es ist wahrscheinlich, dass sich hieraus eine Reihe von zum Teil völlig neuartigen, für unsere Patienten außerordentlich Gewinn bringenden therapeutischen Optionen ergeben können. Ärzte und Wissenschaftler sollten alles tun, um die Behandlung schwer wiegender und chronisch verlaufender psychiatrischer Erkrankungen zu verbessern. Mit größter Wachsamkeit sollten wir jedoch auf totalitäre Tendenzen achten, die gut versteckt sein können, nicht zuletzt, da sie nahezu regelhaft mit dem Argument des „Sachzwangs" bemäntelt werden. Wenn wir als Ärzte jedoch den individuellen Nutzen unserer Patienten im Auge behalten, dann kann die Entwicklung der psychiatrischen Genetik in Zukunft zu Therapiemöglichkeiten führen, die unsere heutigen psychiatrischen Behandlungsformen vielleicht eines Tages als erste Gehversuche erscheinen lassen.

**Literatur**

Beck-Gernsheim E: Im Zeitalter des medizintechnischen Fortschritts – Neue Handlungsmöglichkeiten, neue Entscheidungskonflikte, neue Fragen. In: Beck-Gernsheim, E. (Hrsg.): Welche Gesundheit wollen wir? Suhrkamp, Frankfurt/M. 1995

Berrettini, W. H.: Susceptibility loci for bipolar disorder: overlap with inherited vulnerability to schizophrenia. Biol. Psychiatry 47:245–251 (2000)

Brosius, J.; Kreitman, M.: Eugenics – evolutionary nonsense? Nature Genetics 25:253 (2000)

Deckert, J.; Arolt, V.: Genetische Forschung in der Psychiatrie: Fortschritt und ethische Verantwortung. In: Raem, A. M.; Braun, R.W.; Fenger, H.; Michaelis, W.; Nikol, S.; Winter, S.: Gen-Medizin. Eine Bestandsaufnahme. Springer, Berlin, Heidelberg, New York 2000

Owen, M. J.: Molecular genetic studies of schizophrenia. Brain Res. Rev. 31:179–186 (2000)

Gershon, E. S.: Bipolar illness and schizophrenia as oligogenic diseases: implications for the future. Biol. Psychiatry 47:240–244 (2000)

Maier, W.; Lichtermann, D.; Rietschel, M.; Held, T.; Falkai, P.; Wagner, M.; Schwab, S.: Genetik schizophrener Störungen – Neuere Konzepte und Befunde. Nervenarzt 70:955–969 (1999)

Pulver, A. E.: Search for schizophrenia susceptibility genes. Biol. Psychiatry 47:221–230 (2000)

Pauls, D. L.; Alsobrook, J.P. 2nd: The inheritance of obsessive-compulsive disorder. Child Adolesc. Psychiatr. Clin. N. Am. 8:481–496 (1999)

Stein, D. J.: Neurobiology of the obsessive-compulsive spectrum disorders. Biol. Psychiatry 47:296–304 (2000)

# 9 Sterbehilfe bei psychisch Kranken? Das neue Gesetz in den Niederlanden

EBERHARD LUNGERSHAUSEN

## Vorbemerkung

Der Titel dieses Kapitels ist etwas irreführend, er verlangt deshalb nach der Vorbemerkung, dass hier nicht die Rede sein soll von den entsetzlichen Tötungen psychisch Kranker während der Zeit der nationalsozialistischen Herrschaft – obwohl auch hierauf später noch einmal zurückgegriffen werden muss – sondern es geht jetzt und hier um den erneut aufgetauchten Gedanken an die Euthanasie, nun auch bei psychisch Kranken, die, vor allem seit ein entsprechendes Gesetz in den Niederlanden Ende 2000 in Kraft getreten ist, zunehmend in den Mittelpunkt des ärztlichen, wie auch des öffentlichen Interesses getreten sind. Wenn nun offenbar auch Pläne auftauchen, gleichartige Gesetze in anderen europäischen Ländern (Schweiz, skandinavische Staaten) zu beschließen, und nachdem in Belgien Pressemeldungen zufolge ein weitgehend ähnliches Gesetz beschlossen wurde, wird es Zeit, dass auch deutsche Psychiater sich diesem Thema intensiv zuwenden. Deshalb soll hier versucht werden, einige Überlegungen hierzu mitzuteilen.

## Anmerkungen zum Suizid

Man wird jedoch nicht über Euthanasie sprechen können, ohne auch den Suizid mit in die Überlegungen einzubeziehen, denn beide, die Euthanasie – jedenfalls dann, wenn sie auf Verlangen des Leidenden erfolgt – und der Suizid zielen auf die Beendigung menschlichen Lebens, wenn auch im einen Fall durch fremdes und im anderen Fall durch eigenes Handeln.

Aber hinter dieser zunächst eher äußeren Gemeinsamkeit verbindet sie auch noch ein anderer, geistiger Hintergrund, auf den ganz kurz eingegangen werden soll. Suizid und Euthanasie sind beide ein anthropologisches Grundproblem. Nur der Mensch im Wissen um seine Endlichkeit und in dem Wissen darum, dass er dieses Ende durch eigene Tat herbeizuführen vermag, dass er also sich selbst enden kann, ist zu solchen Handlungen oder zu solchem Verlangen fähig. Insofern ist das Problem des Suizids so alt wie die Menschheit selbst. So vermag es auch nicht zu erstaunen, dass die geistige Auseinandersetzung mit dem Problem des Suizids und der Euthanasie eine uralte ist, die sich so weit zurückverfolgen lässt, wie geschichtliche Überlieferung überhaupt reicht. Es ist die Geschichte einer nicht endenden Diskussion, die Philosophen, Theologen und der nachdenkliche Mensch überhaupt mit anderen oder mit sich selbst geführt haben.

Die Tatsache, dass der Gedanke an den Suizid zu allen Zeiten Menschen sowohl fasziniert als auch geängstigt hat, führte zu einer Zwiespältigkeit, die auch das philosophische Denken beherrscht. Diese Diskussion, im Übrigen eine endlose, wird hier nicht nachgezeichnet werden, es ist an anderer Stelle geschehen (Lungershausen und Vliegen 1998, Lungershausen 1977). Versucht man stattdessen eine ganz kurze Zusammenfassung, so könnte man vielleicht die verschiedenen, durch die Jahrtausende hinweg von Philosophen vorgetragenen Argumente und Gegenargumente im Hinblick auf den Suizid im Grunde auf zwei Positionen zurückführen:

- Die eine Position toleriert den Suizid dann, wenn er unter der Übermacht einer gegebenen Situation, sei es Not, Alter, Krankheit oder anderes, nach reiflicher Überlegung und Abwägung und bei nüchternem, klarem Bewusstsein geschieht. Und es ist diese Position, die für unser Thema besondere Bedeutung hat, wir werden deshalb später darauf noch einmal eingehen.
- Die andere Position lehnt den Suizid unter allen Umständen ab, ausgenommen die Preisgabe des eigenen Lebens für das Leben anderer, also den Opfertod.

Die Theologen der beiden größten christlichen Konfessionen stehen, das sei hier nur noch angefügt, entsprechend der christlichen Überlieferung einig in der unbedingten Ablehnung des Suizids. Sie möchten allerdings nicht richten über die subjektive Schuld des Einzelnen unter Hinweis auf die moderne Suizidforschung, die gezeigt habe, dass in vielen Fällen von Suizid eine psychische Störung vorliegen würde. Ausgenommen aus diesen Erwägungen wird auch hier wieder der Opfertod. In diesem Zusammenhang sollte hinzugefügt werden, dass auch die anderen großen nicht christlichen Religionen gegenüber suizidalem Handeln eine ähnliche Position einnehmen.

Ein Blick scheint noch erforderlich auf die Haltung der Rechtslehre und Rechtsprechung in diesem Gebiet, in der sich bestimmte ethische Grundpositionen verdeutlichen. Auch hier gibt es, ähnlich wie bei Philosophen und Theologen, eine intensive Diskussion, innerhalb derer vor allem auf das Grundgesetz der Bundesrepublik Deutschland Bezug genommen wird, dabei sind es in der Rechtslehre die Artikel 1 und 2 des Grundgesetzes der Bundesrepublik Deutschland (Würde des Menschen, Recht auf freie Entfaltung der Persönlichkeit). Hierauf stützt sich die Ablehnung von Suizid und Euthanasie seitens der Rechtsprechung bis heute.

Eine wichtige Rolle spielt in diesem Kontext auch der Begriff des so genannten „Sittengesetzes", in welchem man eine bestimmte sittliche Norm als Grundlegung einer allgemein gültigen Norm im Hinblick auf sittliches Handeln und Verhalten im Sinne eines naturrechtlich vorgegebenen, also aus der dem Menschen eigenen Vernunft ableitbaren und erkennbaren Gesetzes, sehen könnte.

Der Bundesgerichtshof hat das „Sittengesetz" zu erläutern und von anderen Verhaltensregeln abzugrenzen versucht, in dem er erklärte:

„Gebote der bloßen Sitte, der Konvention, leiten ihre schwache Verbindlichkeit nur aus der Anerkennung derjenigen her, die sie freiwillig anerkennen und befolgen; sie gelten nicht mehr, wenn sie nicht mehr anerkannt und befolgt werden; sie ändern ihren Inhalt, wenn sich die Vorstellung über das, was die Sitte ist, ändert.

Normen des Sittengesetzes gelten aus sich selbst heraus, ihre starke Verbindlichkeit beruht auf der vorgegebenen und hinzunehmenden Ordnung der Werte und der das menschliche Leben bestimmenden Sollenssätze; sie gelten unabhängig davon, ob diejenigen, an die sie sich mit dem Anspruch auf Befolgung wenden, sie wirklich befolgen und anerkennen oder nicht; ihr Inhalt kann nicht deswegen sich ändern, weil die Anschauung über das, was gilt, wechselt." (BGHSt, 6, S. 52)

Auf eines sollte man aber dabei verweisen. Sofern es um den Suizid oder die Euthanasie auf eigenes Verlangen geht, wird immer von Menschen ausgegangen, die ihre auf Beendigung des eigenem Lebens zielenden Handlungen bei völliger geistiger Gesundheit aus freiem Entschluss begehen, unbeeinflusst von Dritten und unbeeinflusst von äußerem Zwang. Diese Situation also, die Philosophen, Theologen, Rechtslehrer, Richter und Öffentlichkeit immer wieder beschäftigt hat, gründet sich letzten Endes auf ein hypothetisches Konstrukt, das sich im psychiatrischen Sprachgebrauch vielleicht mit dem Begriff des „Bilanz-Suizids" halbwegs decken würde. Tatsächlich dürften aber unter der Vielzahl von suizidalen Menschen – wenn überhaupt – nur sehr wenige sein, die diese Voraussetzung erfüllen. Dies wird im Streit der Meinung nicht selten vergessen und stattdessen angenommen, dass hier von allen Menschen mit Todeswunsch die Rede sei, tatsächlich aber geht es nur um Einzelne.

An dieser Stelle sollen jedoch die eher theoretischen Erwägungen, die ohnehin nur angedeutet werden konnten, nicht weiter fortgeführt werden, und für das Thema dieses Kapitels kann man sich auf die Feststellung beschränken, dass in unserer christlich-abendländischen Kultur und der sich darauf gründenden Rechtsprechung unseres Landes aktive Euthanasie und im Übrigen auch die „Tötung auf Verlangen" (§ 216 StGB) Straftatbestände und dementsprechend auch mit Strafe bewehrt sind.

## Anmerkungen zur Euthanasie

Wenden wir uns nun der Euthanasie, und zwar der aktiven Euthanasie, zu.

Die passive Sterbehilfe (passive Euthanasie) können wir hier beiseite stellen, sie besteht ja darin, dass bestimmte, zumeist intensivmedizinische Maßnahmen bei sicher moribunden Kranken nicht mehr angewandt werden, weil sie zweifelsfrei sinnlos sind, oder aber, dass schwere Schmerzzustände bei Sterbenden entsprechend medikamentös bekämpft werden, auch auf die Gefahr einer Lebensverkürzung hin. Dies ist nicht Gegenstand der Diskussion. Hierüber herrscht Einigkeit.

Wesentlich brisanter ist die Frage nach der aktiven Sterbehilfe, die darin besteht, dass jemand, gewöhnlich von seinem Arzt, auf seinen eigenen Wunsch hin oder aber, falls er diesen Wunsch nicht mehr zu formulieren vermag, durch Antrag von dritten Personen getötet wird. Zu denken wäre dabei an Patientenverfügungen oder Ärzte und Angehörige.

An dieser Stelle sollten wir zunächst einmal den Blick auf das niederländische Gesetz in der amtlichen deutschen Übersetzung und auf die erste Seite dieses Gesetzes (Kasten 9.1) richten.

Insbesondere sei auf den Artikel 2 des Gesetzes verwiesen. Er benennt die Gesichtspunkte, die der Arzt bei seiner Entscheidung zur Euthanasie zu beachten hat und ist in Kasten 9.2 wiedergegeben.

Fragt man nun nach Zahlen, so ist das Resultat recht dürftig. Bekanntermaßen ist die aktive Euthanasie und die „ärztliche Beihilfe zum Suizid" (also die Übergabe von zur Selbsttötung geeigneten Medikamenten, die der Suizidale dann selbst verwendet – wobei der Verfasser zwischen beiden keinen entscheidenden Unterschied zu erkennen vermag) in den Niederlanden schon einige Jahre vor Verabschiedung des Gesetzes im November 2000 relativ liberal gehandhabt worden. Die genannten Zahlen waren unsicher und widersprüchlich. Die jetzt amtlich vom Außenministerium der Niederlande mitgeteilten Zahlen beziehen sich auf die Jahre 1990 und 1995. Neuere Zahlen, etwa für 2000, sind wohl zu erwarten, aber bisher nicht publiziert (Stand: Januar 2002). Die folgenden Tabellen 9.1 und 9.2 sind Auszüge aus der Studie zur Auswertung des Meldeverfahrens bei Sterbehilfe (1996) und dem Jahresbericht 2000 der regionalen Kontrollkommissionen für Sterbehilfe.

> **Kasten 9.1**
> **Gesetz über die Kontrolle der Lebensbeendigung auf Verlangen und der Hilfe bei der Selbsttötung** (Quelle: www.dutchembassy.de)
>
> Wir, Beatrix, von Gottes Gnaden Königin der Niederlande, Prinzessin von Oranien-Nassau usw. –
>
> allen, die dies lesen oder hören, Unseren Gruß! – lassen wissen: dass Wir, in der Erwägung, dass es wünschenswert ist, in das Strafgesetzbuch einen Strafausschließungsgrund für den Arzt aufzunehmen, der unter Berücksichtigung der gesetzlich zu verankernden Sorgfaltskriterien Lebensbeendigung auf Verlangen vornimmt oder Hilfe bei der Selbsttötung leistet, und dazu gesetzliche Vorschriften für ein Melde- und Kontrollverfahren zu erlassen, nach Anhörung des Staatsrats und im Einvernehmen mit den Generalstaaten folgendes Gesetz gutheißen und billigen:
>
> **KAPITEL I. BEGRIFFSBESTIMMUNGEN**
>
> **Artikel 1**
>
> im Sinne dieses Gesetzes sind:
> a) Unsere Minister: der Minister der Justiz und der Minister für Gesundheit, Gemeinwohl und Sport;
> b) Hilfe bei der Selbsttötung: die vorsätzliche Unterstützung eines anderen bei der Selbsttötung oder die Verschaffung der dazu erforderlichen Mittel im Sinne des Artikels 294 Absatz 2 Satz 2 Strafgesetzbuch;
> c) der Arzt: der Arzt, der gemäß der Meldung Lebensbeendigung auf Verlangen vorgenommen oder Hilfe bei der Selbsttötung geleistet hat;
> d) der beratende Arzt: der Arzt, der in Bezug auf das Vorhaben eines Arztes, Lebensbeendigung auf Verlangen vorzunehmen oder Hilfe bei der Selbsttötung zu leisten, zu Rate gezogen wurde;
> e) die Behandelnden: Behandelnde im Sinne des Artikels 446 Absatz 1 von Buch 7 des Bürgerlichen Gesetzbuchs;
> f) die Kommission: eine regionale Kontrollkommission im Sinne des Artikels 3;
> g) Regionalinspektor: ein Regionalinspektor der Staatlichen Aufsichtsbehörde für das Gesundheitswesen.
>
> **KAPITEL II. SORGFALTSKRITERIEN**
>
> **Artikel 2**
>
> 1. Die in Artikel 293 Absatz 2 Strafgesetzbuch genannten Sorgfaltskriterien beinhalten, dass der Arzt
> a) zu der Überzeugung gelangt ist, dass der Patient seine Bitte freiwillig und nach reiflicher Überlegung gestellt hat,
> b) zu der Überzeugung gelangt ist, dass der Zustand des Patienten aussichtslos und sein Leiden unerträglich ist,
> c) den Patienten über dessen Situation und über dessen Aussichten aufgeklärt hat,
> d) gemeinsam mit dem Patienten zu der Überzeugung gelangt ist, das es für dessen Situation keine andere annehmbare Lösung gibt,
> e) mindestens einen anderen, unabhängigen Arzt zu Rate gezogen hat, der den Patienten untersucht und schriftlich zu den unter den [...]

## 124 Sterbehilfe bei psychisch Kranken?

**Kasten 9.2**
Die Sorgfaltskriterien (Quelle: www.dutchembassy.de)
1. Welche Sorgfaltskriterien müssen erfüllt werden?
2. Wird in den Niederlanden jeder Bitte um Sterbehilfe entsprochen?
3. Warum besteht Bedarf an Sterbehilfe, wenn es eine gute terminale und palliative Betreuung gibt?

**1  Welche Sorgfaltskriterien müssen erfüllt werden?**
Wendet sich ein Patient mit der Bitte um Sterbehilfe an einen Arzt, muss dieser die folgenden Sorgfaltskriterien beachten.
Der Arzt muss:
- sich davon überzeugt haben, dass der Patient seine Bitte freiwillig und nach reiflicher Überlegung gestellt hat;
- sich davon überzeugt haben, dass der Zustand der Patienten aussichtslos und sein Leiden unerträglich ist;
- den Patienten über seine Situation und über die ärztliche Prognose informiert haben;
- gemeinsam mit dem Patienten zu der Überzeugung gelangt sein, dass es für seine Situation keine andere annehmbare Lösung gibt;
- mindestens einen anderen, unabhängigen Arzt zu Rate gezogen haben, der den Patienten untersucht und schriftlich zur Einhaltung der vier erstgenannten Sorgfaltskriterien Stellung genommen hat;
- bei der Lebensbeendigung oder bei der Hilfe bei der Selbsttötung mit medizinischer Sorgfalt gehandelt haben.

Seit dem 1. November 1998 prüfen regionale Kontrollkommissionen das Handeln von Ärzten anhand dieser Kriterien. Sie sind in Artikel 2 des Gesetzes über die Kontrolle der Lebensbeendigung auf Verlangen und der Hilfe bei der Selbsttötung festgeschrieben worden (siehe Anhang I).
Ein weiteres wichtiges Grundprinzip, das nach der Rechtsprechung beachtet werden muss, ist das Vertrauensverhältnis zwischen Arzt und Patient. Sterbehilfe darf nur der behandelnde Arzt leisten. Er muss den Patienten gut genug kennen, um beurteilen zu können, ob die Bitte um Sterbehilfe nach reiflicher Überlegung und freiwillig geäußert wird und ob der Zustand des Patienten aussichtslos und sein Leiden unerträglich sind.

**2  Wird in den Niederlanden jeder Bitte um Sterbehilfe entsprochen?**
Nein, zwei Drittel der Bitten werden abgelehnt. Häufig hat eine Behandlung noch einen Sinn und manchmal tritt die Sterbephase ein, bevor über die Bitte entschieden worden ist. Ärzte sind nicht verpflichtet, einer Bitte um Sterbehilfe zu entsprechen. Die Praxis hat übrigens gezeigt, dass viele Patienten beruhigt sind, wenn sie wissen, dass ihr Arzt bereit ist, ihnen eventuell Sterbehilfe zu leisten, und letztlich sterben, ohne diese Hilfe in Anspruch genommen zu haben.

**3  Warum besteht Bedarf an Sterbehilfe, wenn es eine gute terminale und palliative Betreuung gibt?**
Das niederländische Gesundheitssystem garantiert jedermann terminale und palliative, also schmerzlindernde, Betreuung, für die übrigens voller Versicherungsschutz besteht. Doch auch die beste Schmerzbehandlung kann nicht verhindern, dass einige Patienten in der terminalen Lebensphase ihr Leiden als unerträglich empfinden und ihren Arzt eindringlich bitten, ihr Leben zu beenden. Für diese Patienten kann Sterbehilfe der würdige Abschluss einer guten palliativen Betreuung sein.

Tab. 9.1: Sterbefälle in den Niederlanden (Gesamtbevölkerung: 16 Mio.; * Schätzung; # noch keine Angaben verfügbar) (Quelle: www.minbuza.nl/english/Content.asp).

| Jahr | 1990 | 1995 | 2000 |
|---|---|---|---|
| Gesamtzahl der Sterbefälle | 128.824 | 135.675 | # |
| • Sterbehilfe | 1,8 % | 2,4 % | # |
| • Hilfe bei der Selbsttötung* | 0,3 % | 0,3 % | # |
| • Lebensbeendigung ohne ausdrückliches Verlangen* | 0,8 % | 0,7 % | # |

Tab. 9.2: Meldeverhalten von Ärzten bei Sterbehilfe oder Hilfe bei der Selbsttötung (* Schätzung; # noch keine Angaben verfügbar) (Quelle: www.minbuza.nl/english/Content.asp)

| Jahr | 1990 | 1995 | 2000 |
|---|---|---|---|
| Gesamtzahl der Ersuchen* | 8900 | 9700 | # |
| **Zahl der Fälle von:** | | | |
| • Sterbehilfe* | 2300 | 3600 | # |
| • Hilfe bei der Selbsttötung* | 242 | 238 | # |
| • Lebensbeendigung ohne ausdrückliches Verlangen* | 976 | 913 | # |
| • Zahl der Meldungen | 486 | 1466 | 2123 |
| **Anteil der Meldungen an der Gesamtzahl der Fälle** | 18 % | 41 % | # |

Man wird abwarten müssen, wie sich die Zahlen jetzt nach der gesetzlichen Regelung weiterentwickeln werden. Bei Betrachtung der Zahlen fällt auf, dass immerhin die Euthanasie bei 976 (1990) und 913 (1995) Personen durchgeführt wurde, ohne dass ein ausdrückliches Verlangen vorlag. Man darf hier wohl davon ausgehen, dass ein solches Verlangen schon vorher geäußert wurde, etwa durch Testamente, Patientenverfügungen oder mündliche Mitteilungen an Ärzte oder Angehörige. Im Übrigen wird für diese Personengruppe noch eine besondere Regierungsanweisung in Vervollständigung des Gesetzes ergehen.

Aber es geht ja hier nicht nur um Zahlen, sondern vielmehr um das Faktum der Tötung überhaupt und um die Frage, ob die Medizin hier tun darf, was sie nach dem neuen Gesetz und vielleicht nach ähnlichen Gesetzen in anderen Ländern nunmehr tun kann.

## Meinungsbildung zur Euthanasie in Deutschland

In Deutschland besteht aus gutem Grunde eine besondere Sensibilität gegenüber diesem Thema. Wir haben die unseligen Erfahrungen aus der Zeit der nationalsozialistischen Herrschaft, wo unter Berufung auf das Buch von Hoche und Binding aus dem Jahre 1920 – „Die Freigabe der Vernichtung lebensunwerten Lebens" – wahrscheinlich 300.000 psychisch Kranke und Behinderte als so genannte „Ballast-Existenzen" getötet wurden. Wir sind, so ist jedenfalls zu hoffen, weiter sensibilisiert durch die Tatsache, dass mit Beginn der neuerlichen Euthanasie-Diskussion in Österreich und auch in Deutschland mehrere Fälle bekannt geworden sind, in denen auf Altenpflegestationen demente Patienten vom Pflegepersonal getötet und dabei als Motive Barmherzigkeit und Mitleid angegeben worden sind. Hierbei handelte es sich um alte Menschen, die sicherlich nicht den Wunsch zur Lebensbeendigung formuliert hatten und vielleicht auch nicht mehr in der Lage waren, einen entsprechenden Wunsch auszusprechen. Die Entscheidung erfolgte durch andere. In den auf diese Vorfälle folgenden Gerichtsverfahren stellte sich dann heraus, dass in einigen Fällen auch andere Gründe, wie etwa Arbeitsüberlastung oder dauernde Störung durch besonders pflegeintensive oder unruhige Patienten, in die Entscheidungsgründe zur Tötung mit eingeflossen waren.

Nun geht es in diesem Kapitel ja nicht nur um Euthanasie allgemein, sondern um Euthanasie bei psychisch Kranken. Hier sind es wohl in erster Linie zwei Gruppen von Patienten:
1. die gerontopsychiatrischen Patienten und
2. die depressiv Kranken und Leidenden, depressiv dabei im weiten Wortsinn.

Sprechen wir zunächst über die Alterskranken: Zunächst ein Gesichtspunkt, der sich aus Überlegungen ergibt, die einem Beitrag von Margaret P. Battin in der Zeitschrift „Ethics" aus dem Jahre 1987 entnommen wurden. Darin wird der Verlauf der Sterblichkeitskurve bei alten Menschen unter einer entsprechenden medizinischen Versorgung beschrieben, eine andere Linie bezeichnet den zu erwartenden Verlauf, wenn nach dem Alter von 65 Jahren, abgesehen von Schmerzbekämpfung, keine medizinische Behandlung mehr erfolgt, und eine dritte Linie schließlich zeigt den zu erwartenden Verlauf, wenn direkte Tötung praktiziert würde, also der Senizid, daneben Freigabe der Euthanasie und ein gesellschaftlich obligatorischer Suizid. Führt man die letzen beiden Linien zusammen, so ergibt sich ein, statistisch gesehen, deutlich früheres Lebensende etwa zwischen 70 und 75 Jahren. Interessanterweise, und zunehmend, beginnen nun auch ökonomische Aspekte in die Diskussion einzufließen. So wird in diesem Zusammenhang auch auf die Kosten der gesundheitlichen Versorgung alter

Menschen hingewiesen, die eingespart würden und dementsprechend jüngeren Menschen zugute kommen könnten. Die Autorin fordert ein derartiges Vorgehen zwar nicht, hält es aber immerhin aus den vorgenannten Gründen (Einsparungen zugunsten Jüngerer) für ethisch zu rechtfertigen. Eine Meinung, mit der sie im Übrigen nicht allein steht, so zum Beispiel Singer (1993). Immerhin scheint eine Idee, die inzwischen aufgetaucht und, wie man nur hoffen kann, wieder verworfen worden ist, nämlich „Suizidpillen" an lebensmüde alte Menschen auszugeben, sehr deutlich in diese ökonomische Richtung zu zeigen und ist ein interessantes Beispiel dafür, in welche Richtung manche Diskussion um die Euthanasie-Problematik inzwischen geht.

Ähnlich auch das öffentliche Wehklagen darüber, dass alte Menschen in besonders hohem Maße die Leistungen der Krankenkassen in Anspruch nehmen, wobei niemand zur Kenntnis zu nehmen scheint, dass es ja gerade diese Personengruppe ist, die am längsten und damit am meisten in ihre Versicherungen einbezahlt hat.

In Anbetracht des steigenden Anteils alter Menschen an der Gesamtpopulation könnte man sich beinahe einen Zeitpunkt vorstellen, zu dem alte Menschen sich zum Suizid gedrängt fühlen, und zwar nicht nur in Einzelfällen, sondern in ihrer Mehrheit, um die jüngeren Generationen von sich zu entlasten. Man könnte sich eine Zeit vorstellen, indem ein hochbetagter Mensch sich vielleicht gegenüber seiner Umgebung wegen der Tatsache verteidigen muss, dass er noch lebt und Hilfe braucht. Aus einem Text von Mary Rose Barrington (1974): „Was wäre, wenn eine Zeit kommt, wenn jemand, der nicht mehr in der Lage ist, sich selbst zu versorgen, mit seiner Entscheidung noch möglichst lange weiterzuleben, als törichter Egoist angesehen würde?"

Lauter (1988) fragt zu Recht, ob es nur ein Zufall ist, wenn der öffentliche Ruf nach moralischer Enttabuisierung und gesetzlicher Regelung der Euthanasie gerade zu einem Zeitpunkt erhoben wird, zu dem die veränderte Altersstruktur unserer Gesellschaft, die Kostenentwicklung in der Medizin, der Pflegenotstand und wachsende Pflegekosten einen massiven ökonomischen Druck erzeugen. Durch die öffentliche Diskussion wird dieser Druck an die Schwerkranken weitergegeben. Unter Umständen könnte mancher sensible und hochbetagte Schwerkranke sich dadurch gedrängt fühlen, seinen Überlebenswillen als selbstsüchtig und unverantwortlich zu betrachten. Letztlich würde diese Argumentation dann zu einer Propagierung des Alterssuizids aus ökonomischen Gründen führen. Nach einer Pressemeldung machen sich mehr als 60 Prozent alter Menschen darüber Sorgen, ob nach Renten- und Gesundheitsreform wohl noch ihre Sterbegeldversicherungen an die Hinterbliebenen ausgezahlt werden, damit sie diesen wenigstens nach ihrem eigenen Tod nicht etwa noch zur Last fallen. Man sieht hier, dass alte Menschen schon selbst beginnen, in solche Richtung zu denken.

Noch ein anderes Argument gegen die Euthanasie sollte in diesem Zusammenhang erwähnt werden. Der englische Philosoph David Lamb (1942) hat das Argument der „schiefen Bahn" eingeführt, das auf die schwer wiegenden Folgen ethischer Entscheidungen auf diesem Gebiet für das moralische Wertgefühl und die soziale Beziehung als Ganzes innerhalb einer Gesellschaft hinweist. Das Argument besagt, dass die Entscheidung für eine Tötungshandlung unter Bedingungen, denen noch eine vergleichsweise niedrige moralische Hemmschwelle entgegensteht, eine spätere Entscheidung für eine Tötungshandlung trotz relativ höherer moralischer Hemmschwelle nach Art eines Bahnungsvorgangs erleichtert. Die Tendenz zum Töten breitet sich dann in der jeweiligen Gesellschaft aus wie eine Epidemie. Die Gründe für das Töten scheinen im jeweiligen Fall des „ethischen Abwägens" („ethical reasoning") immer überzeugender, die Gründe dagegen immer schwächer.

Mit anderen Worten: Wird mit der aktiven Euthanasie einmal begonnen, werden die Gründe für ihre Durchführung im Laufe der Zeit immer weniger substanziell und bedeutsam sein.

Auch dieses ohne Zweifel zutreffende Argument sollte bedacht werden, und zwar sehr genau.

Und dort, wo, wie in den Beispielen aus Österreich und Deutschland, Mitleid und Barmherzigkeit als Gründe für die Tötungen alter Menschen genannt worden sind, muss man sich fragen, ob dem wirklich so ist. Es mag sein, dass der Tötende sich in dieser Meinung befunden hat, tatsächlich aber vielleicht andere Motive, eingestanden oder uneingestanden, zumindest auch eine Rolle gespielt haben könnte. Heinrich (1999) hat beispielsweise die Frage aufgeworfen, ob nicht auch die in Aggressivität umgeschlagene Selbstverteidigung eines Menschen eine Rolle gespielt haben könnte, der in den getöteten Patienten das mögliche eigene Schicksal des hoffnungslosen Siechtums vorgezeichnet sah und dies nicht zu ertragen vermochte. Die Patientenschicksale „könnten die Täter als eigene zukünftige Widerfahrnisse geängstigt und im Sinne einer allodestruktiven Teilhabe zu ihren Tötungen motiviert haben". Neben dem Mitleid wird auch immer das Recht auf Selbstbestimmung, gerade beim alten und kranken Menschen, genannt. Es ist aber mit Lauter und Meyer (1988) zu fragen, ob und unter welchen Umständen das Todesverlangen eines Menschen überhaupt auf einer autonomen Bewertung des eigenen Lebens und auf einer freien Bestimmung des eigenen Willens beruht. Der Wert, den die meisten Menschen bestimmten Bereichen ihres Daseins beimessen, wird ja auch nicht zuletzt von Wertsetzungen anderer Personen und von dem Urteil des Zeitgeistes bestimmt. Dies gelte, so Lauter und Meyer (1988), sogar für den Wert des eigenen Lebens. Es ist zweifelhaft, ob das vermeintlich selbstbestimmte Tötungsverlangen mancher Schwerkranker eine frei verantwortliche Willensentscheidung darstellt. Ganz sicher ist natürlich die Freiheit der Entscheidung bei psychischen Erkrankungen eingeschränkt oder ganz aufgehoben.

Wir vermögen nicht den utilitaristischen Auffassungen etwa von Singer (1993) oder Kuhse (1994) zuzustimmen, nach der Glück oder Leiden die letzten entscheidenden Kategorien für Lebendürfen oder Sterbenmüssen sind. Vielmehr glauben wir, unserer bisher gelebten abendländischen Ethik folgend, dass es ein entscheidender Unterschied in der Zielsetzung ist, ob der Arzt dem Schicksal eines Menschen den vorgezeichneten Lauf zum Tode lassen muss und ihm in diesem seinem Sterben beisteht, oder ob er tötet. Mit Heinrich (1999) glauben wir, dass dies eine Kapitulation unserer herkömmlichen Ethik zugunsten von Normen wäre, an denen unschwer die Zeichen einer „brave new world" zu erkennen sind.

Zur Zeit der nationalsozialistischen Herrschaft sind Kranke mit intellektueller Minderbegabung und mit Psychosen getötet worden. Sollte die Entwicklung der Euthanasie jetzt ihren Lauf nehmen, so sind die Schwerstkranken und die Hochbetagten bedroht. Ebenso aber sind die anderen psychisch Kranken bedroht. Das Gesetz, von dem hier die Rede ist, schließt auch psychische Leiden und Erkrankungen mit in das Kriterium „unerträgliches Leiden" ein, allerdings unter besonderen Auflagen, z. B. zwei unabhängige ärztliche Gutachter, von denen mindestens einer Psychiater sein muss, statt nur einem unabhängigen Gutachter, wie im Regelfall. Aber wir alle wissen, wie groß hier die Möglichkeit des Irrtums und der Täuschung ist, wollte man in die Prüfung eines solchen Wunsches eintreten. Es gibt nur Weniges, über das sich der Mensch und insbesondere der psychisch kranke oder leidende Mensch so leicht täuscht, wie über sich selbst und die eigenen Situation. Die berühmte „Bilanz", von der dann gern geredet wird, ist zumeist falsch oder nicht stichhaltig, geprägt von depressiver Stimmungslage und depressiver Hoffnungslosigkeit. Die Erfahrung mit den vielen Patienten, die sich den Tod wünschen, zeigt, dass sich das weitere Leben nach entsprechender Therapie sowie psycho- und soziotherapeutischen Hilfen dann wieder ganz anders darstellte.

Wo stimmt eigentlich noch das vom Gesetz genannte „Sorgfaltskriterium", wonach der Arzt sich überzeugt haben muss, dass der Patient „seine Bitte freiwillig und nach reiflicher Überlegung gestellt hat"? Scheidet denn ein Mensch „freiwillig" aus seinem Leben, oder sind es nicht vielmehr die Zwänge der Situation, vielleicht auch Zwänge, die von dritten Personen ausgehen (Verlust der Wohnung, Streit mit oder Verlust von Angehörigen, Verschuldung – um nur einige ganz willkürliche Beispiele zu nennen).

Wird nach dem Tode verlangt, so wird doch nicht das Leben selbst verneint, sondern die Umstände, unter denen es gelebt werden soll.

Und, zurückdenkend an Lamb und sein Argument der „schiefen Bahn", wird das niederländische Gesetz das Letzte in seiner Art sein? Sicher nicht, wie das Beispiel Belgien zeigt. Andere und dann vielleicht, nachdem der Bann einmal gebrochen ist, noch weiter gehende Gesetze werden folgen.

## Zusammenfassung

Die Diskussion um Suizid und Euthanasie in Philosophie und Rechtslehre hat sich bis in unsere Zeit hinein fortgesetzt und wird sich ohne Zweifel weiter fortsetzen. Entsprechend der zwiespältigen Haltung des Menschen gegenüber seinem eigenen Tod konnte diese Diskussion nicht zu Antworten führen, die jedermann für sich als verbindlich anzusehen vermag. Gründe und Gegengründe scheinen einander aufzuheben, vielleicht deshalb, weil in diesem Bereich letzte Antworten gar nicht gegeben werden können. Sicherlich wird jeder von uns seine Haltung gegenüber dem eigenen Tod selbst zu bestimmen haben.

Richtig scheint uns aber das eine: Ein menschliches Grundrecht auf Suizid und Euthanasie lässt sich weder aus unseren bisher gelebten ethischen Wertvorstellungen und sittlichen Normen noch aus Gesetzen ableiten. Einem solchen Recht steht die unbedingte Achtung vor dem Wert des menschlichen Lebens entgegen. Die Tatsache, dass Suizid und Euthanasie Möglichkeiten menschlichen Handelns sind, kann diese Möglichkeiten nicht zum Recht und gewiss nicht zum Anspruch umformen, auch wenn Gesetze dies glauben machen.

Betrachtet man diesen Problemkreis aber aus einem anderen Blickwinkel, dann wäre die Frage zu stellen, ob die Hilfe gegenüber dem nach Euthanasie oder nach Hilfe zum Suizid verlangenden Menschen, dem schwer- und unheilbar Kranken und dem hochbetagten, depressiven Menschen und dem depressiven Kranken überhaupt nicht nur eine ethische Verpflichtung, sondern darüber hinaus eine menschliche Grundpflicht ist.

Ich selbst, der Verfasser, und hier benutze ich ganz bewusst das Wort ich, weil selbstverständlich persönliche Überzeugungen an dieser Stelle einfließen, ich vermag nicht zu glauben, dass etwa der Suizid oder die Euthanasie der große, schmetternde Sieg des Menschen über die Situation ist. Unsere Erfahrung mit vielen suizidalen Menschen lehrt uns, dass es eigentlich niemals das Leben selbst ist, das verneint wird, sondern verneint werden die Umstände, unter denen es gelebt werden soll. Hier geht es mitnichten um den Sieg des Menschen über eine gegebene Situation, sondern vielmehr um den Sieg einer solchen Situation über den Menschen.

Ich glaube auch nicht, dass Leiden und Sterben ein sinnloses Geschehen am Ende des Lebens ist und frage mich vielmehr, ob wir es unter dem Einfluss eines vorwiegend hedonistisch ausgerichteten Zeitgeistes nicht mehr vermögen, Leiden und Sterben in einen Sinnzusammenhang zu stellen, der dieses für uns und für andere erträglich macht. Hier liegen für jeden von uns, denn wir alle werden dieses Schicksal einmal erleben, letzte existenzielle Aufgaben. Bedenken Sie, dass nur der Mensch stirbt, dass nur er um seinen Tod weiß, während das Tier lediglich verendet. Im Falle des Todeswunsches nicht etwa Hilfe zum Tod zu bieten, sondern stattdessen nach bestem Können und Vermögen zum

Leben zu helfen, ist tiefste ärztliche und menschliche Pflicht, an die wir nicht nur durch das geltende Recht in unserem Lande gebunden sind, sondern durch unsere ethische Verpflichtung gegenüber allen unseren Mitmenschen, insbesondere den Schwachen, Hilflosen, Hoffnungslosen und Verzweifelten. Jemanden in seinem Leiden und, wenn es denn soweit ist, in seinem Sterben beizustehen und zu helfen, sehe ich als eine ebensolche Pflicht an.

Ich bin mir dabei der Tatsache bewusst, dass dies in Einzelfällen ungerecht sein mag und manchem Menschen Schweres zugemutet wird. Dennoch glauben ich nicht von einer solchen Haltung abweichen zu können.

Daran soll und daran darf sich nichts ändern.

**Literatur**

Barrington, M. R.: The right to suicide. In: Bender, D. L. (ed.): Problems of Death. Greenhaven, Anoka 1974
Battin, M. P.: Age rationing and the just distribution of health care: Is there a duty to die. Ethics 97:317 (1987)
Binding, K.; Hoche, A.: Die Freigabe der Vernichtung lebensunwerten Lebens. Meiner, Leipzig 1920
Heinrich, K.: Über die Rechtsprechung zur Tötung Schwerstkranker. In: Barocka, A.; Lungershausen, E. (Hrsg.): Brennpunkte der Psychiatrie. Königshausen & Neumann, Würzburg 1999
Kuhse, H.: Willing to listen – wanting to die. Penguin Books, Melbourne 1994
Lamb, D.: Down the Slippery Slope – Arguing in Applied Ethics. Croom Helm Ltd., Beckenham/Kent 1942
Lauter, H.: Ärztliche Überlegungen zur aktuellen Euthanasiediskussion. In: Csef, H. (Hrsg.): Sinnverlust und Sinnfindung in Gesundheit und Krankheit. Könighausen & Neumann, Würzburg 1998
Lauter, H.; Meyer, J. E.: Die neue Euthanasie-Diskussion aus psychiatrischer Sicht. Fortschr. Neurol. Psychiat. 60:407 (1988)
Lungershausen, E.: Freiheit oder Selbstmord – Suicid als Ideologie. Conf. Psychiat. 20:198 (1977)
Lungershausen, E.; Vliegen, J.: Der Selbstmord als ein Problem der Philosophie und Theologie. In: Wahl, G.; Schmitt, W. (Hrsg.): Suicid. Kommunikative Medien und Medizin, Reichenbach 1998
Singer, P.: Practical ethics. 2nd edition. Cambridge University Press, Cambrige 1993 (deutsch: Praktische Ethik, 2. Aufl. Reclam, Stuttgart 1994)

# 10 Patientenverfügungen auch für psychiatrische Patienten?

Hans-Martin Sass

## Der Fall der Frau Cura

Die Sorge, Cura, watet durch einen Fluss und entdeckt am Flussufer tonhaltigen Lehm; sie formt ein Gebilde daraus. Als das Gebilde fertig ist und sie überlegt, was das denn sei, was sie geschaffen hat, kommt Jupiter vorbei. Sie bittet ihn, dem Gebilde seinen Geist zu geben, was dieser auch gern tut. Danach will sie dem Gebilde ihren Namen geben; aber das verbietet ihr Jupiter und besteht darauf, das es seinen Namen bekomme. Die Erde, Tellus, mischt sich ein und verlangt, dass das Gebilde ihren Namen erhalte, weil es aus ihrem Stoff gemacht sei. Man ruft Saturn zum Schiedsrichter an und der entscheidet: „Du, Jupiter, sollst, weil Du den Geist gegeben hast, beim Tode den Geist zurückerhalten; Du Tellus, weil Du den Leib gegeben hast, sollst den Leib wieder empfangen; die Sorge, Cura, jedoch, weil sie zuerst auf dies Gebilde kam, soll es besitzen, solange es lebt. Da nun aber der Streit über den Namen geht, soll es Homo heißen, weil es aus Humus gemacht ist."

Diese Fallstudie der Frau Cura wurde von Gaius Julius Hyginus, einem freigelassenen Sklaven und Bibliothekar des römischen Kaisers Augustus berichtet. Sie unterscheidet sich gewaltig von anderen Erzählungen, die uns berichten wollen, woher wir kommen, wohin wir gehen und wer wir sind – von den Geschichten der Macher Prometheus, Herakles und Faust, von den Geschichten der Zeitgenossen Einstein, Rockefeller, Bill Gates und den Großen der medizinischen Forschung und Klinik. Sie repräsentiert nicht die Vorderseite unseres Verständnisses abendländischer Kulturgeschichte, sondern eher die Rückseite oder besser noch den Kern unserer Menschheitsgeschichte.

Der Mythos von der Cura, der Sorge, thematisiert auf seine Weise die drei Schwerpunkte des diesjährigen Bochumer Psychiatrischen Symposiums, die sich in folgenden Fragen widerspiegeln:

- Ist die Fähigkeit des Sorgens und Vorsorgens, des Sorgens um das Risiko oder das Unbekannte und des sich vorausschauend in die Zukunft Entwerfens ein genetisches Erbe, das diesem Teil der Menschheit sozialdarwinistisch Überleben und besseres Leben sichert?

- Ist Sorge um das genetische Erbe und das mögliche Wissen um dieses Erbe Grund für eine Ethik des Rechts auf Nichtwissen oder für eine Ethik der Pflicht oder des Rechts zum Wissen?
- Gibt es pathologische Formen der Sorge, die einen ungesunden Todeswunsch beinhalten?
- Sind pathologische Sorgeformen oder Grenzfälle genetisch oder durch die Umwelt oder durch beides geformt?
- Ist Sorge um das menschenwürdige eigene Lebensende und Sorgende pathologisch oder gesund?
- Was ist der Unterschied von gesund und krank aus in dieser Grauzone des Sorgens?
- Ist absolute Sorglosigkeit gesund oder „normal", oder wäre sie gar eine pathologische Form von Lebensuntüchtigkeit?

Dieses Kapitel konzentriert sich auf die Frage des vorsorgenden Entwurfs von Risikovermeidung mittels Patientenverfügung, und innerhalb dieses sehr breiten und aktuellen Themas wird nach den Möglichkeiten, den Risiken und den Rechten der prospektiven Festlegung durch psychiatrische Patienten und der Berücksichtigung von Wunsch und Selbstentwurf psychiatrischer Patienten gefragt. Die Fragestellung bewegt sich also durchaus im Rahmen der Spannung, die Payk einmal als die Dialektik von „Freiheit und Zwang" beschrieben hat.

## Vorsorgen für dunkle Stunden und eine unbekannte Zukunft

Nach einer Umfrage der Deutschen Hospiz Stiftung würden über 80 Prozent der Bundesbürger eine Patientenverfügung abfassen wollen, weil sie sich sorgen, dass in einer für sie noch dunklen und unbekannten Zukunft für sie falsche Entscheidungen getroffen werden (Sass und Kielstein 2001, S. 7). Aber nur sehr wenige von uns haben tatsächlich eine verfasst oder eine Person des Vertrauens als Betreuer bevollmächtigt oder benannt. Man weicht der Auseinandersetzung mit schwierigen und unangenehmen Problemen aus oder verschiebt sie. Das Problem jedoch verschwindet nicht. Im Verzicht auf eigene Vorsorge wird es der Fürsorge durch andere überlassen. Die Sorge bestand aber gerade darin, dass eine noch so wohlmeinende oder professionelle Fürsorge im Einzelfall das Falsche tun würde.

Wir haben in den letzten Jahren ein narratives Modell der Initiierung des Patientengesprächs mit nichtpsychiatrischen Patienten über Patienten- und Behandlungsverfügungen entwickelt. Wir konfrontieren Patienten oder potenzielle Patienten möglichst in einer nichtakuten Situation, beispielsweise bei der Vorsorgeuntersuchung, mit wenigen ausgewählten Geschichten von Krankheit, Senilität und klinischen Behandlungskonflikten und stellen zu diesen Situationen jeweils drei Leitfragen (Sass und Kielstein, 2001, S. 118). Wir geben dem Gesprächspartner auch die Möglichkeit, die Geschichte so umzuschreiben, dass sie ihrem oder seinem Wunsch- und Wertprofil entspricht. Wir ermuntern zu Auseinandersetzung und Antworten auf Fragen wie:

- Wenn Sie einmal in einer vergleichbaren Situation nicht mehr entscheidungsfähig sind, wer soll stellvertretend für Sie entscheiden: der Arzt, Ihre Kinder, Ihr Partner?
- Wer sonst?
- Wen möchten Sie nicht mit dieser Verantwortung belasten?
- Wenn jemand in „gesunden Tagen" erklärt, dass er bestimmte Behandlungen in bestimmten Situationen ablehnt oder wünscht, soll man sich dann auch in „schlechten Tagen" daran halten?
- Würden Sie wünschen, dass Ärzte Sie über Ihren Zustand vollständig aufklären, auch dann wenn eine Heilung nicht mehr möglich ist?

Kurze Geschichten ermuntern zu Antworten auf Intensivmedizin am Lebensende, Palliativbehandlung, Sondenernährung, künstliche Beatmung, Schlaganfall, Behandlungsverzicht mit Todesfolge.

Nach Paul Ricoeur ist die Interpretation einer Narration der Entwurf einer Welt, in der ich leben möchte (Ricoeur 1988). Zwischen dem Erzählen einer Geschichte und dem zeitlichen Charakter der eigenen temporalen Existenz gibt es eine Korrelation, die wir versuchen, für die Selbstinterpretation und den Selbstentwurf in der Vorbereitung einer Patientenverfügung auszunutzen. Der Umgang mit Geschichten von Kranksein, Schwachsein, Leiden und Sterben spricht Probleme an, für welche in einer lebensbejahenden und leidverdrängenden Kultur oft die Sprache fehlt: „Wir können nicht die Geschichte unserer Krankheit erzählen, wenn unsere Kultur entleert ist von hilfreichen Inhalten; dies ist die Tragödie einer exklusiv technologischen Kultur. [...] Unsere Möglichkeit, eine Geschichte über unsere Krankheit zu erzählen, hängt ab von den Wertvorstellungen, über die wir sprechen können und die uns einen Sinn unserer Gebrechlichkeit vermitteln, dem wir zustimmen können" (Mordacci und Sobel 1998, S. 36). Bei verworrenen, verzerrten, durcheinander laufenden oder nichtkontinuierlichen Erfahrungen und Selbsterfahrungen sind auch fremde und eigene Geschichten und die Möglichkeiten, über sie zu sprechen und sich mit ihnen zu verweben, entsprechend deformiert; das macht die besondere Problematik, aber auch die mögliche diagnostische oder therapeutische Leistung der Benutzung von Narrationen in der psychiatrischen Medizin aus.

Wir bieten nicht nur Geschichten an, sondern auch eine Sprache dazu und das Angebot, darüber zu sprechen. Mit dem narrativen Ansatz gelingt es, situativ und narrativ das Tabu von Leiden, schwerer Krankheit und Sterben zu lockern und situationsbezogene Antworten oder Stellungnahmen von Patienten zu erhalten. Diese Stellungnahmen können als solche zur Ermittlung des mutmaßlichen Patientenwillens oder zur Vorbereitung einer formalen Patienten- oder Behandlungsverfügung unter ärztlicher Beratung dienen. Das narrative Modell der Vorbereitung auf eine Patientenverfügung ist international diskutiert und auch in andere Bereiche der Patientenaufklärung und -führung übertragen worden (Meininger 2000, Sehgal et al. 1996). Wir haben es beispielsweise in der Kommunikation mit präsymptomatischen Trägern genetischer Erkrankungen benutzt (Kielstein und Sass 2001, 2002). Es stellt einen methodischen Ansatz dar, der eine bessere Nähe zum Patienten und eine engere Arzt-Patient-Interaktion in Kommunikation und Kooperation anstrebt.

Für die Gesprächsführung bei Patienten mit intellektuellen Defiziten empfiehlt Meininger: „Ein neuer Ansatz individualisierter Behandlung und Hilfe sollte daher auf einem narrativen und hermeneutischen Modell von Interpretationen basieren, im Gegensatz zu einem empirischen Modell von Diagnose und Behandlung. Letzteres repräsentiert einen interventionistischen Charakter beruflicher Praxis; demgegenüber verlangt der Prozess des (Wieder-)Aufbauens und Interpretierens von Geschichten eine professionelle Verantwortung, bei der 'Nähe' und 'Engagement' zentrale Bedeutung haben im Unterschied zu 'Intervention' und 'Distanz'" (Meininger 2000, S. 3). Wenn man von dem Versuch der Einführung einer neuen Terminologie absieht, stellt sich hier ein Ansatz dar, der ebenfalls mithilfe narrativer Methoden die Kommunikation mit dem Patienten verbessern will. Für Patienten in der Psychiatrie und Gerontopsychiatrie sind zusätzliche Modifikationen in der narrativen Methode und bei der Validierung des Patientenwillens erforderlich, von denen ich „drei Szenarien" auswähle:

1. das der gerontopsychiatrischen Patienten,
2. das der zeitweise entscheidungsunfähigen Patienten und
3. das der regelmäßig entscheidungs- und belastungsunfähigen Patienten.

### Der gerontopsychiatrische Patient

Das Betreuungsrechtsänderungsgesetz hat den Spielraum für individuelle Entscheidungen von gerontopsychiatrischen Senioren und die Notwendigkeit der Berücksichtigung ihres Wert- und Wunschprofils und ihrer kommunikativen Vorlieben und Abneigungen erheblich verbessert (May 2000, Sass 1991). Das entspricht auch einem ethischen und medizinethischen Anliegen. Wegen der Probleme bei Selbstentwurf und Selbstverantwortung gerontopsychiatrischer

Patienten ist es wünschenswert, dass lange vor komplizierteren Stadien von Demenz oder Verwirrung potenzielle Patienten ihre Wünsche und Werte für eine solche Zukunft festlegen oder Bevollmächtige oder Betreuer bestellen oder benennen. Für diesen Fall haben wir das halbe Dutzend von Krankengeschichten entworfen, das eingangs erwähnt wurde und das in Beratung mit einem Arzt des Vertrauens entweder direkt oder indirekt als Hinweis auf einen späteren mutmaßlichen Willen gelten kann (Sass und Kielstein 2001, S. 116–124). Bei Patienten, die während der Zeit ihrer Entscheidungsfähigkeit diese Wünsche nicht ändern oder die plötzlich, durch ein Koma beispielsweise, die Fähigkeit zu Entscheidung oder Urteil verlieren, ist unbedingt davon auszugehen, dass sich ihr Wert- und Wunschprofil nicht geändert hat (Sass und Kielstein 2001, S. 96–98).

Anders ist es bei Patienten, die langsam in einem evolutionären Degenerationsprozess ihr Persönlichkeitsprofil ändern. Für diesen Fall bietet es sich an, sich bei Entscheidungen über Leben und Tod an den früher gerade in der Absicht der künftigen handlungsbestimmenden Beachtung zu diesen Entscheidungskonflikten festgelegten Verfügungen zu orientieren. Bei alltäglichen Wünschen bezüglich Unterbringung, Behandlung, und gesundheitsrelevanten Risiken sollte allerdings auf das nunmehr möglicherweise verschobene Bild von sich selbst und geänderte Wünsche und Vorstellungen eingegangen werden (Savulescu und Dickenson 1998). Diese möglicherweise nicht gerade der Gesundheit, wohl aber der individuell gewünschten Verbesserung der Lebensqualität dienenden Wünsche der „neuen Person" sollten respektiert werden, wo immer es geht, auch gegenüber der „alten Person" dort, wo diese sich nicht ausdrücklich und sehr konkret festgelegt hat (Dworkin 1986, Drickamer und Lachs 1992, Vollmann 2001). Prospektiv für diese Situation entworfene Patientenverfügungen verlieren also nicht ihre handlungsleitende Funktion, können aber im Interesse der aktuell geäußerten Wünsche zur Lebensqualität situativ angepasst werden. Sollte allerdings eine frühere Erklärung betreffend des Verbots lebensverlängernder oder -rettender Maßnahmen eindeutig, klar und auf die Demenzsituation anwendbar sein, würde Dworkin einen solchen Wunsch unbedingt befolgen und beispielsweise eine Antibiotikabehandlung bei der Behandlung einer Lungenentzündung eines Demenzkranken unterlassen (Dworkin 1986).

Ob Alzheimer-Patienten über ihre Krankheit aufgeklärt werden sollen oder dürfen, ist immer noch umstritten (Drickamer und Lachs 1992, Vollmann 2000). Aus ethischen Gründen sollte in jedem Fall, wo immer es geht, auf eine Aufklärung nicht verzichtet werden. Aufklärung sollte wegen der Progressivität gerontopsychiatrischer Erkrankungen möglichst frühzeitig erfolgen: „Though psychological and medical concerns exist, patients should be informed about their diagnosis and prognosis in an early stage of the disease when they are still competent to make autonomous decisions. Because of their long and often rich life experience older patients are particularly qualified to make authentic decisions for the future on the basis of their individual preferences and values" (Vollmann 2001, S. 166).

Nicht alle psychiatrischen Erkrankungen (Payk 1988, Vollmann 2001) erlauben eine Aufklärung des Patienten. Je weniger eine Aufklärung möglich ist, umso weniger kann eine valide Zustimmung des Patienten erreicht werden, und umso seltener hat das „Verhandeln" (Dietz und Poersken 1998) mit dem Patienten Sinn oder Erfolg. Auch in diesen Situationen bietet sich immer noch die narrative Methode und die narrativ untermauerte Kommunikation mit dem Patienten an, um indirekt Werte und Wünsche zu ermitteln, welche dann behandlungsleitend sein können (Lynn et al. 1999, Meininger 2000).

Zur Ausgestaltung des Behandlungsrahmens bei bestehender Verfügung oder zur patientenorientierten Behandlung und Pflege bei Abwesenheit von vorsorglichen Verfügungen bieten sich „vier" ebenfalls narrativ und wertanamnestisch vorgehende Instrumente an:

- das Erzählen von Geschichten oder Berichten über Situationen,
- das Wertetagebuch,
- die individuellen Berichte einer kleinen Gruppe von den Patienten behandelnden und pflegenden Mitarbeitern und
- das Gespräch mit dem Patienten über nichtakute Situationen.

Da ist zunächst die von uns benutzte Methode einer patientenorientierten Konfrontation mit Geschichten anderer, diesmal vorzugsweise durch „Erzählen von Geschichten oder Berichten von Situationen", zu denen verbale und nonverbale Reaktionen zur Wertanamnese erwünscht werden. Es bietet sich selten an, wie im Normalfall Geschichten in schriftlicher Form zunächst zur selbstständigen Bewertung und Selbstbewertung zu übergeben. Vielmehr sollten für den Patienten individuell ausgewählte Geschichten vorgelesen oder, besser noch, erzählt werden.

Eine andere narrative Methode, die von Grundstein-Amato entwickelte und erprobte Form des Anlegens eines täglich fortzuschreibenden „Wertetagebuches" eines Pflegers aus Gesprächen mit dem Patienten über „alte Zeiten" hält Äußerungen zu Selbsterfahrung und grundlegenden Werten wie Überleben, Würde, Komfort, Freiheit, moralischen Werten wie Verantwortung, Mut, Umsicht, Ehre, sozialen Werten, wie Teilen und Loyalität, sowie zu spirituellen Werten wie Glaube, Dankbarkeit, Hoffnung fest und versucht nach einiger Zeit Prioritäten in einem Wertejournal festzulegen, dessen Validität dann periodisch in der Kommunikation mit dem Patienten optimiert oder überprüft wird (Grundstein-Amato 1992). Das Verfahren ist personalintensiv, aber erfolgreich; Verfasser des Tagebuches ist nach diesem Modell keine mit der unmittelbaren Pflege des Patienten betraute Person.

Wir haben ein Modell erprobt, in dem eine kleine „persönliche Pflegegruppe" („personal care team") von drei oder vier Personen, bestehend aus Pflegern, Ärzten, gegebenenfalls auch Familienangehörigen oder Freunden, je für sich aus der Kommunikation Notizen aufschreiben, die danach verglichen und integriert werden in einen Behandlungsplan, der insbesondere Prioritäten bei zu erwartenden Entscheidungskonflikten vorschlägt. Leavitt hält bei allen Maßnahmen, für die eine Information und Zustimmung des Patienten nicht erreichbar ist, die Verantwortung durch ein Team für breiter abgesichert als durch die Entscheidung eines einzelnen (Leavitt 2002, S. 25).

Schließlich könnte auch versucht werden, über früher vom Patienten kommentierte Geschichten ohne Bezug auf diese Kommentierung oder auch über neue Geschichten mit dem Patienten zu kommunizieren, um soweit möglich für aktuelle oder künftige Komplikationen handlungsleitende Prinzipien und Werte festhalten zu können. Die nichtakute prospektive Kommunikation wird auch nichtsprachliche Äußerungen des Patienten aufgreifen und sollte „indirekt, falls erforderlich auch nichtverbal", aber gezielt solche Ängste, Werte und Wünsche zu ermitteln suchen, die bei zu erwartenden Komplikationen entscheidungsleitend sein könnten.

## Der zeitweise entscheidungsfähige Patient

Viele Patienten sind nicht immer, sondern ihrer Krankheit entsprechend nur teilweise nicht oder nicht zureichend belastungs-, problem- und entscheidungskompetent (May 2000, Sass und Kielstein 2001). Das trifft für einige Suchtkranke, aber beispielsweise auch für Epileptiker und andere psychisch Kranke zu. Diese Patienten kennen in der Regel ihr Krankheitsbild sehr gut und haben Erfahrung mit akuten Phasen ihres Krankseins gemacht. Hier bietet sich an, in den „wachen Phasen" intensiv und detailliert prospektiv Festlegungen zu treffen (Dietz und Poersken 1998, Voelzke 1998, Marschner 2000). Die ausführlichen Behandlungsvereinbarungen der Betheler Anstalten zur Behandlung der Epilepsie gleichen Verträgen zwischen Experten und Klienten und werden von beiden Seiten unterschrieben (Sass und Kielstein 2001, S. 134). Für diese Patienten ist es kein Problem, dass sie ähnlich wie nichtpsychiatrische Patienten Patienten- oder Behandlungsverfügungen zu anderen als ihren speziellen Erkrankungen entwerfen, überprüfen und festlegen. Die Problematik der Validierung und Geltung von Vorwegverfügungen könnte bei diesen krankheitserfahrenen Patienten eher niedriger sein als im Durchschnitt der Bevölkerung. Auch Einwilligungen zur Forschung (Posever und Chelmow 2001) durch diese Patienten sind durchaus valide.

### Der belastungs-, problem- und entscheidungsfähige Patient

Es gibt in der Psychiatrie Patienten, die aus emotionalen Gründen nicht belastungsfähig oder aus intellektuellen Gründen nicht problemfähig und daher nur bedingt oder gar nicht entscheidungsfähig sind; Angstpatienten (Payk 1994) und Patienten mit intellektuellen Defiziten (Brock 1993, Meininger 2000) gehören dazu. Aber sie haben je ein eigenes, sehr individuelles Wert-, Wunsch- und Angstprofil, teilweise durch Vorbehandlung zusätzlich verschoben, instabil oder komplex; sie haben vor allem ein Recht, wie jeder andere auch individuell entsprechend ihrem Wert- und Wunschprofil behandelt zu werden. Die Wertanamnese kann jedoch in diesem Fall nicht bevorzugt auf Selbstanamnese, Selbstentwurf und Selbstbestimmung beruhen, sondern bedarf einer differenzierteren psychiatrischen und medizinischen Hermeneutik. Der Kreis der Themen und Fragen, die behandelt werden sollten, wird im individuellen Fall geringer sein müssen als wünschbar. Insofern sind, wie jeder Psychiater weiß, auch hier Art und Umfang der Diagnostik abhängig vom individuellen Krankheitsprofil; wenn diese oder andere Narrationen von Geschichten oder Situationen therapeutisch oder in der Patientenführung genutzt werden, gilt Ähnliches. Modifizierte Methoden der Wertetagebuchmethode oder des narrativen Konfrontierens mit Situationen oder mehr oder umfangreicheren Geschichten wären also krankheitsspezifisch zu entwerfen und danach individualisiert zu modifizieren. Der Betreuungsgruppe fällt eine besondere Aufgabe zu, wenn Kommunikation wesentlich nur „nichtverbal" möglich ist (Meininger 2000, Voelzke 1998). Insgesamt dürfte diese Personengruppe die größte klinische und klinisch-ethische Herausforderung für eine individualisierte Behandlung und Betreuung darstellen; der Nichtpsychiater kann sich hierzu nicht detailliert äußern. Ein Verzicht auf eine prospektive Wert- und Wunschanamnese jedoch würde für akute Entscheidungskonflikte keine anderen handlungsleitenden Prinzipien bereitstellen als die regelhaft und objektiv von Lehrbuch, Qualitätsnorm oder Stationsnorm vorgegebene.

## Fünf Standards eines milden Paternalismus

In allen drei Szenarien müssen wir mit dem Standard eines milden professionellen Paternalismus arbeiten, der für den Regelfall eines aufklärungs- und entscheidungsfähigen Patienten nicht als Goldstandard gelten sollte (Sass et al. 1998, Lynn et al. 1999, Savulescu und Dickenson 1998). Dies sind die „fünf Szenarien eines milden ärztlichen Paternalismus", die für Patienten in der Psychiatrie zu diskutieren wären:

1. Orientierung am fachärztlichen Standard („provider-based standard"),
2. Orientierung an einem kulturell-religiösen Standard („community-based standard"),
3. Orientierung in Kommunikation mit einem Betreuer („cooperation with proxy"),
4. Orientierung in Kommunikation mit einem Team oder Komitee („cooperation with care group"),
5. Orientierung an Wunsch und Selbstentwurf des Patienten („dispositional preference").

**Orientierung am fachärztlichen Standard („provider-based standard"):** Der Oxforder Philosoph Richard Hare hat den Vorschlag gemacht, dem Prinzip des Paternalismus, verbunden mit einem professionellen Regelrigorismus, eine dominierende Rolle in der psychiatrischen Ethik zu geben und auf das Informed-Consent-Prinzip, auf partnerschaftliche Entscheidungen zu verzichten (Hare 1981). Nach Hare würde die Expertise der Berufsgruppe Gesetzmäßigkeiten richtiger Intervention festlegen und nicht in jedem Fall utilitaristisch argumentieren müssen. Das ist eine sehr harte Position, die dem Berufsverband eine nicht kontrollierbare Dominanz zuspricht. Andererseits hat gerade die öffentliche Kultur in Wertwandelprozessen gezeigt, wie sehr das allgemeine und das individuelle Verhältnis zum „Behinderten" und zum „Idioten" sich wandelt (Szasz 1970). Die Beschreibung des politischen Dissidententums als psychiatrische Abnormalität durch eine Fachgesellschaft wie auch die generelle Diffamierung psychiatrischer Krankheit als einer Erfindung von Psychiatern wären gute Argumente für einen objektivistischen Standard. Der Verfasser würde im Gegensatz zu Hare den Paternalismus nicht als ein generelles Modell für Güterabwägungen in der Psychiatrie akzeptieren, eher als eine nicht vermeidbare Rückfallposition („default position") bezeichnen, die nicht schon vorweg in der Szenarienanalyse Priorität hat, sondern die erst immer in einem konkreten Fall aktuell wird, wenn die Benutzung anderer Szenarien der Interaktion versagt. Das sind dann die Fälle bestimmter eng umgrenzter und in der biomedizinischen technischen Diagnose völlig unbestrittener extremer Krankheitsbilder und in konkreten Einzelfällen solche der schwersten Fremdgefährdung und der Selbstgefährdung. Auch transkulturell müsste das Hare'sche Modell modifiziert werden, eventuell durch die Beteiligung von Personen aus dem gleichen Kulturkreis an Interventionsentscheidungen.

**Orientierung am Standard der kulturell-religiösen Gemeinschaft des Patienten („community-based standard"):** Die kulturellen und religiösen Unterschiede in der Diagnostik und auch in der Therapie psychischer Erkrankungen haben deshalb zu einer gegensätzlichen Ersatzlösung bei der Orientierung am mutmaßlichen Willen des Patienten, inklusive des psychiatrischen Patienten, geführt, dem „community-based standard" (Sass et al. 1998).

**Orientierung am/mit einem Betreuer („cooperation with proxy"):** Auch in der Psychiatrie ist es hilfreich und meist auch entsprechend geregelt, dass ernannte oder bestellte Betreuer bei Fragen zu Behandlung und Pflege herangezogen werden (May, 2000). Auf die sich hier im Detail ergebenden Möglichkeiten und Probleme, auch die bei der Wahrnehmung der Betreuung durch Familienangehörige, soll hier nicht eingegangen werden. Die Frage der bloßen Beratung oder der Entscheidung durch ein Team im Verhältnis zur arztethischen Pflicht soll hier undiskutiert bleiben. Generell bietet es sich aus ethischen und anderen Gründen nicht an, die individuelle Entscheidung durch die eines Teams zu ersetzen, wohl aber ein solches Team einzuschalten.

**Orientierung an/mit einem Team oder Komitee („cooperation with care group"):** Interessanter, weil nicht regelmäßig genutzt und auch von den gesetzlichen Regelungen her nicht gerade favorisiert, ist die Ermittlung und Formulierung des mutmaßlichen Patientenwunsches durch ein jeweils für den Patienten zu verabredendes Patiententeam, eine Ethikgruppe, oft auch „care-group" genannt. Diese Gruppe setzt sich vorwiegend aus Personen zusammen, die unmittelbar im täglichen Umgang die Eigenheiten des Patienten, dessen Vorlieben, Ängste und Schwächen kennen. Die Nähe zum Patienten kann zu emotionalen oder Interessenkonflikten führen. Das Patiententeam kann mit einem stationsinternen oder hausinternen Ethikkomitee zusammenarbeiten oder durch dieses ersetzt werden; jeweils ergeben sich andere Vor- und Nachteile, auf die hier auch nicht eingegangen werden kann. Die Gilead-Klinik der Betheler Anstalten hat eine „Kerngruppe", zu der pflegende, medizinisch und administrativ Verantwortliche aus verschiedenen Stationen gehören, die jeweils in ihrem eigenen Bereich sich für eine patientenorientierte Behandlung verantwortlich wissen, gegebenenfalls auch an solchen Patiententeams mitwirken (Czajka-Obst et al. 1998). Auch das wäre eine informelle Form der Vermittlung zwischen verschiedenen Ebenen bei der Ermittlung und Durchsetzung des Patientenwunsches (Reiter-Theil 2001, Dietz und Poerksen 1998).

**Orientierung am Selbstentwurf des Patienten („dispositional preference"):** Wo ein rechtlich gültiger Patientenwille nicht gebildet werden kann, sollte dennoch immer eine Orientierung am Patientenwunsch als seinem Selbstentwurf möglich und ethisch verpflichtend sein. Savulescu und Dickenson haben für Situationen einer früher niedergelegten Verfügung bei einem späteren psychiatrischen Patienten einen „dispositional preference standard" vorgeschlagen, der auch für mögliche Selbstgefährdung zulässt, dass „geisteskranke Patienten nicht nur Behandlungen zustimmen sollen, sondern solche auch vorweg ablehnen können, selbst lebensrettende medizinische oder psychiatrische Intervention, wenn sie solche als Risiko für sich ansehen" (Savulescu und Dickenson 1998, S. 226). Die Orientierung und weitestgehende Akzeptanz an Risikobegriffen des Patienten begründet Savulescu wie folgt: „Die Forderung, die gegenwärtigen Wünsche einer Person zu respektieren ist in einer liberalen Gesellschaft groß. Entsprechend dem Standard der Selbstentwurfsanalyse („dispositional analysis") ist es für Kliniker nicht notwendig zu zeigen, dass ein Geisteskranker zum Zeitpunkt der Festlegung seiner Wünsche in einer Patientenverfügung entscheidungskompetent, informiert und zu freier Entscheidung fähig war, sondern nur, dass ein Geisteskranker aktuell einen Selbstentwurf hat, der dem in der Patientenverfügung ähnelt, und dass er frei, kompetent und informiert war zu der Zeit, als er diese Präferenzen formulierte. Wir setzen diese Analyse des Selbstentwurfs gegen das Modell der stellvertretenden Entscheidung" (Savulescu und Dickenson 1998, S. 224).

Ein weniger radikal-liberalistisches Modell stellte Brenner vor, wenn er von Stress Vulnerabilitäts-Bewältigung spricht, also davon, dass der Patient als verletzliche, vulnerable Person unter Belastungen die routinemäßige Bewältigungsarbeit nicht mehr leisten kann, etwa bei einer affektiven Psychose. Der Patient muss in dieser Phase nicht zu einem „passiven Opfer" paternalistischer Medizin werden; er schlüpft vielmehr „in die Rolle eines aktiven Mitgestalters seines Schicksals, seiner Krankheit. Gemäß der traditionellen Sicht der Diathesis oder Prädisposition war er dem Krankheitsgeschehen ausgeliefert, weil es letztlich von biologischen oder vielleicht psychologischen Faktoren der Persönlichkeit determiniert war. In diesem neuen Verständnis hat er beim drohenden Übergang von der Überlastung der vulnerablen Persönlichkeit zur manifesten Erkrankung einen aktiven Part zu spielen. Er handelt während dieser Prozesse, die sich oft über etliche Tage, wenn nicht gar Wochen hinziehen. Er nimmt selbst Einfluss. Von der Art seines Handelns hängt es ab, was mit ihm geschieht" (Brenner 1990).

## Die Dialektik von Sorge, Vorsorge und Fürsorge

Jede „Vertrauenspartnerschaft" zwischen Arzt und Patient ist naturbedingt „asymmetrisch"; das gilt erst recht in der Psychiatrie. Deshalb kann die klassische Frage nach der Abwägung zwischen dem *primum nil nocere* und dem *bonum facere* in der Orientierung am Willen oder Wohl des Patienten nicht *ad acta* gelegt werden: *salus aegroti suprema lex*. In der prospektiv vom Patienten durch Verfügungen vorgestalteten psychiatrischen Situation wird also der Inhalt von „autonomy" zum Gegenstand von „beneficence", das heißt der verantwortlichen professionellen Entscheidung des Psychiaters oder Arztes entsprechend der zur Verfügung gestellten Informationen zu Patientenwunsch und Patientenwille (Dworking 1986, S. 14). Narrative Methoden und vorsorgliche Ermittlungen und Fortschreibungen von Wert- und Wunschanamnesen machen es möglich, dass psychiatrische Patienten nicht wieder in die Fesseln gelegt werden, von denen Pinel sie zu befreien versuchte, diesmal in die Fesseln objektivistischer Normen, in den Verzicht auf ethisch sensible Forschung oder die Fesseln von Chlorpromazin und anderen Neuroleptika.

Gerade in der Demenzforschung sind weitere Studien zur Ermittlung, Validierung und Respektierung des Selbstentwurfs des Patienten erforderlich. Dresser (1995) hat vorgeschlagen, für Demenzstudien rechtzeitig genug in Patientenverfügungen hierfür die Einwilligung potenzieller Patienten zu erreichen; Posever und Chelmow (2001) haben für Schizophreniker ein spezielles Modell der ethisch abgesicherten und begleiteten Forschung vorgeschlagen. Eine nicht aufhebbare Dialektik zwischen Vorsorge und Fürsorge ist integraler Bestandteil vieler Laien-Experten-Interaktionen; in Medizin und Psychiatrie ist diese Spannung nur im Einzelfall, selten grundsätzlich auflösbar. Ein „least-restrictive" und ein „most-therapeutic" Ansatz stehen nach Olsen in einer nicht auflösbaren Spannung miteinander. Der „minimal-einschränkende" Standard erlaubt Interventionen nur, wenn sie sich gegen gefährdendes Handeln des Patienten wendet und verbietet sie, wenn der Arzt etwas anderes will als der Patient. Der „stark-therapeutische" Standard verspricht eine breitere Skala von Behandlungen für solche, die sie benötigen, aber es besteht die Gefahr, dass Selbstentwurf und Selbstbestimmung des Patienten verloren gehen (Olsen 1998, S. 245). Auch psychiatrische Patienten haben – schwerste und vom Patienten auch als solche wahrgenommene Krankheitsbilder pathologischer Sorge und Angst – ein Recht auf Fehler, auf Sorge, auf Sorgen und Vorsorgen.

Keiner der zur Diskussion gestellten Standards – die nicht hinterfragte Selbstbestimmung, das kollegiale professionelle Urteil, die Entscheidung nach in einer bestimmten kulturellen oder religiösen Gruppe gemeinschaftlich anerkannten Kriterien – kann als Goldstandard bei der Behandlung psychiatrischer Patienten oder bei der Akzeptanz oder Ablehnung von Behandlungs- oder Patientenverfügungen gelten. Im besten Fall können sie jeweils als „Rückfallpositionen" genutzt werden, wenn sich im individuellen Fall keine zwischen diesen Standards anzusiedelnde partnerschaftliche Einzellösung in Beachtung des Selbstentwurfs des Patienten finden und bestätigen lässt. Die Respektierung des Patientenwillens in der Psychiatrie erfolgt also nur innerhalb eines paternalistischen Standards von Fürsorge, allerdings hoffentlich eines „soft paternalism", der so viel wie möglich den Patienten, dessen Wünsche und Ängste partnerschaftlich in Entscheidungen einbezieht. Aber insofern ist die psychiatrische Behandlung keine grundsätzlich andere als jede Interaktion zwischen Arzt und Patient, zwischen Behandlungs- und Beratungspflicht und dem Recht auf Selbstentwurf und Selbstbestimmung, zwischen Vorsorgen und Fürsorgen. Die Aussage des großen Arztes und Lehrers Galen – „*non homo universalis curatur, set unus quique nostrum*" – gilt insbesondere in der Psychiatrie: Jede Patientin, jeder Patient ist anders, einer von uns, und deshalb sind Klassifikationsschemata und generelle Behandlungsmodelle nur Instrumente, die vor ihrer Anwendung oder Modifikation in jedem Einzelfall auf Sinn und Zweck geprüft werden sollten.

Diese Grenzen jedes diagnostischen und therapeutischen Szenariums und seiner Akteure erinnern an die eingangs erwähnte Fallstudie von der Frau Sorge. Am Ende des zweiten Teils der Faustgeschichte von Goethe begegnet Faust, der Macher, vier grau gekleideten Frauen mit Namen Mangel, Schuld, Sorge und Not. Er will von ihnen nichts wissen und versucht sie zu verscheuchen, weil sie ihn stören in seinem großartigen Plan der Trockenlegung und Kultivierung des Sumpfes, der Anlegung von Ziergärten und Ackerland und kultivierter Landschaft. „Hast Du die Sorge nie gekannt", fragt ihn die Sorge. Faust antwortet: „Ich bin nur durch die Welt gerannt; ein jed' Gelüst ergriff ich bei den Haaren, was nicht genügte, ließ ich fahren, was mir entwischte, ließ ich ziehn [...] Dem Tüchtigen ist diese Welt nicht stumm." Der alte und erblindete Faust, immer noch der alte unbeirrbare Macher in prometheischem Wahn, sieht nicht, dass der Lärm im Hintergrund nicht vom Ausheben der Entwässerungsgräben im Sumpfgebiet kommt, sondern von den Schaufeln, die ohne sein Wissen und ohne seine Kontrolle bereits sein Grab ausheben. Der Mensch „homo", das Kind der Sorge wird wieder zu Erde; Sorgen, Vorsorgen und Fürsorgen sind vorbei. Menschen sind sterblich; aber Cura stirbt nicht.

### Literatur

Brenner, H. D.: Neue Verständnis- und Forschungsansätze in der klinischen Psychiatrie. Swiss Med. 12, Nr. 3, 7–14 (1990)

Brock, D.: A proposal for the use of advance directives in the treatment of incompetent mentally ill persons. Bioethics 7:247–256 (1993)

Czajka-Obst, H. et al.: Klinische Ethik in den Krankenanstalten Gilead gGMBH, Bielefeld: Krankenanstalten Gilead 1998

Dietz, A.; Poerksen, N.: Verhandeln als Leitlinie psychiatrischen Handelns. In: Dietz, A.; Poerksen, N.; Voelzke, W. (Hrsg.): Behandlungsvereinbarungen. Psychiatrie Verlag, Bonn 1998, S. 9–15

Dresser, R.: Dworkin on dementia. Elegant theory, questionable policy. Hastings Center Report 25(6):32–38 (1995)

Dresser, R.: Advance Directives in dementia research. IRB. 23(1):1–6 (2001)

Drickamer, M. A.; Lachs, M. S.: Should patients with Alzheimer's disease be told their diagnosis? New Engl. J. Med. 326(14):947–951 (1992)

Dworkin, R.: Autonomy and the demented self. Milbank Quarterly 64 (suppl 2):4–16 (1986)
Grundstein-Amato, Rivka: Value Inquiry: A Method of Eliciting Advance Health Care Directives. Humane Medicine 8:31–39 (1992)
Hare, R.: The philosophical basis of psychiatric ethics. In: Bloch, S.; Chodoff, P. (eds.): Psychiatric Ethics. Oxford University Press, New York 1981, pp. 31–43
Kielstein, R.; Sass, H. M.: Using stories to assess values and establish medical directives. Kennedy Institute of Ethics Journal 3:303–325 (1993)
Kielstein, R.; Sass, H. M.: Genetics: Ethical Issues in Kidney Disease. In: Levinsky, N. G. (ed.): Ethics and the Kidney. Oxford University Press 2001, pp. 167–182
Kielstein, R.; Sass, H. M.: Genetics in Kidney Disease: How much do we want to know? Am. J. Kidn. Dis. 39:637–652 (2002)
Leavitt, F.: The need for due process in psychiatric ethics. Eubios. J. Asian Intern Bioethics 12:25 (2002)
Lynn, J.; Teno, J.; Dresser, R.; Brock, D.; Lindemann, H.; Lindemann, N.; Kielstein, R.; Fukuchi, Y.; Lu, D.; Itakura, H.: Dementia and advance-care planning. Perspectives from three countries on ethics and epidemiology. J. Clinic. Ethics 10:273–285 (1999)
Marschner, R.: Verbindlichkeit und notwendiger Inhalt von Vorsorgevollmachten und Patientenverfügungen in der Psychiatrie. Recht und Psychiatrie 18(4):161–163 (2000)
May, A.: Autonomie und Fremdbestimmung bei medizinischen Entscheidungen für Nichteinwilligungsfähige. Lit Verlag, Münster 2000
Meininger, H. P.: Life Stories: narratives and professional practice Ethics and Intellectual Disability 5(2):1–3 (2000)
Mordacci, R.; Sobel, R.: Health, a comprehensive concept. Hastings Center Report 28(1):34–37 (1998)
Nuffield Council on Bioethics: Mental Disorders and Genetics: the Ethical Context. Nuffield Council on Bioethics, London 1998
Olsen, D. P.: Toward an ethical standard of coerced mental health treatment: least restrictive or most therapeutic? J. Clinic. Ethics 9:235–246 (1998)
Payk, T. R.: Checkliste Psychiatrie. Thieme, Stuttgart 1988
Payk, T. R.: Gesunde und krankhafte Angst. In: Payk, T. R. (Hrsg.): Angsterkrankungen. Schattauer, Stuttgart 1994, S. 1–6
Posever, T.A.; Chelmow, T.: Informed Consent for research in schizophrenia. IRB. Ethics and Human Research 23(1):10–15 (2001)
Reiter-Theil, S.: Ethics Consultation in Germany. HEC. Health Care Ethics Committee Forum 13:265–280 (2001)
Ricoeur, Paul: Zeit und Erzählung, Bd. 1. Fink, München 1988
Sabat, S. R.: Voices of Alzheimer's disease sufferers: a call for treatment based on personhood. J. Clinic. Ethics 9:35–48 (1998)
Sass, H. M.: Differentialethik und Psychiatrie. In: Poeldinger, W.; Wagner, W. (Hrsg.): Ethik in der Psychiatrie. Springer, Berlin 1991, S. 95–118
Sass, H. M.; Kielstein, R.: Patientenverfügung und Betreuungsvollmacht. Lit Verlag, Münster 2001
Sass, H. M.; Veatch, R. M.; Kimura, R. (eds.): Advance Directives and Surrogate Decision Making in Health Care.: Johns Hopkins University Press, Baltimore 1998
Savulescu, J.: The trouble with do-gooders. The example of suicide. J. Med. Ethics 23:108–115 (1997)

Savulescu, J.; Dickenson, D.: The time frame of preferences, dispositions, and the validity of Advance Directives for the mentally ill. Philosophy, Psychiatry & Psychology 5(3)225–246 (1998)

Sehgal, A. R.; Weisheit, C.; Miura, Y.; Butzlaff, M.; Kielstein, R.; Taguchi, Y.: Advance Directives and Withdrawal of Dialysis in the United States, Germany, and Japan, JAMA 276:1652–1656 (1996)

Szasz, T.: The manufacture of madness. Harper & Row, New York 1970

Voelzke, W.: Sinn und Zweck, Chancen der Behandlungsvereinbarung. In: Dietz, A.; Poerksen, N.; Voelzke, W. (Hrsg.): Behandlungsvereinbarungen. Psychiatrie Verlag, Bonn 1998, S. 16–28.

Vollmann, J.: Aufklärung und Einwilligung in der Psychiatrie. Steinkopff, Darmstadt 2000

Vollmann, J.: Advance directives in patients with Alzheimer's disease. Medicine, Health Care and Philosophy 4:161–167 (2001)

Walker, Margaret Urban: Keeping Moral Space Open. Hastings Center Report 23(2):33–40 (1993)

# Autorenverzeichnis

Prof. Dr. med. Volker Arolt
Klinik und Poliklinik für Psychiatrie und Psychotherapie
der Westfälischen Wilhelms-Universität Münster
Albert-Schweitzer-Straße 11
D-48129 Münster

Priv.-Doz. Dr. med. Martin Brüne
Zentrum für Psychiatrie und Psychotherapie
der Ruhr-Universität
Alexandrinenstraße 1
D-44791 Bochum

Priv.-Doz. Dr. Jürgen Deckert
Klinik und Poliklinik für Psychiatrie und Psychotherapie
der Westfälischen Wilhelms-Universität Münster
Albert-Schweitzer-Straße 11
D-48129 Münster

Priv.-Doz. Dr. med. Leo Hermle
Klinik für Psychiatrie und Psychotherapie
Christophsbad
Faurndauer Straße 9
D-73035 Göppingen

Univ.-Prof. Dr. med. Dr. phil. Paul Hoff
Psychiatrische Universitätsklinik
Militärstraße 8
CH-8021 Zürich

Prof. Dr. med. Eberhard Lungershausen
Zum Aussichtsturm 9
D-91080 Marloffstein

Prof. Dr. med. Dr. phil. Theo R. Payk
Zentrum für Psychiatrie und Psychotherapie
der Ruhr-Universität
Alexandrinenstr. 1
D-44791 Bochum


Prof. Dr. med. Volker Roelcke
Institut für Geschichte der Medizin
Justus-Liebig-Universität
Ludwigstraße 23
D-35390 Gießen


Prof. Dr. phil. Hans-Martin Sass
Institut für Philosophie
der Ruhruniversität
Universitätsstraße 150
D-44780 Bochum


Priv.-Doz. Dr. med. Matthias M. Weber
Max-Planck-Institut für Psychiatrie
(Deutsche Forschungsanstalt für Psychiatrie)
Historisches Archiv der Klinik
Kraepelinstraße 2
D-80804 München


Prof. Dr. phil. Franz M. Wuketits
Institut für Wissenschaftstheorie
der Universität
Dr. Karl-Lueger-Ring 1
A-1010 Wien

# Sachregister

## A
Abstammungstheorie, Darwin 40
Abstinenzbewegung 84, 85
affektive Störungen 116
„Aktion 14 F 13" 14
Aktion Brandt, Altersheiminsassen 14
Aktion T 4, Meldepflichtprogramm 12
Alkohol 77, 79
Alkoholabstinenz 84
Altenpflegestationen 126
Alzheimer-Patienten 136
Anagenese 67
–, Höherzüchtung 64
Angstpatienten 139
Anlage, Degenerationsparadigma 27
Anmutungsqualitäten 21
Anstalt Eichberg 105
Anstaltspsychiatrie 104
Anthropologie, KWI 102
Antisemitismus, Kraepelin 86
Antizipation, Degenerationslehre 35
Archiv für Rassen- und Gesellschaftsbiologie 87
Atavismus-Theorie 74
Ätiologische Vorstellung, Kraepelin 88
Aufklärung 136
–, psychiatrische Erkrankungen 137
Auschwitz 101 f.
Auslese 64
–, aktive 54
–, Domestikation 61
–, gezielte 52
–, Kampf ums Dasein 9
–, natürliche 41, 43, 77, 78
Auslese der Wertvollsten 79
Auslese durch den Menschen 49
Auslesekriterien, Lorenz 55

## B
Ballast-Existenzen 126
Beagle 40
Behandlungskonflikte, klinische 134
Behandlungsverfügung 135
Betreuer, Person des Vertrauens 133
Betreuung durch Familienangehörige 141
Betreuungsrechtsänderungsgesetz 135
Bevölkerung 79
Bevölkerungspolitik, nationalsozialistische 71
Binding, K. 10
Biografisch-individuelle Definition 22 f.
biografisches Paradigma 23
Biomedizin, Menschenwürde 107
Bolk, Fetalisation 63
Bonhoeffer 9
Brandenburg-Görden 102
Butenandt, Adolf 102

## C
community-based standard 140
Compendium der Psychiatrie 75
cooperation with care group 141
cooperation with proxy 141
Crow 61

## D
Darwin 9
–, Domestikation 50
–, Gene 42
–, Kraepelins Gedicht 82
–, Theorien 37
Darwinismus
–, Kraepelin 75, 83
–, Psychiatrie 33
Darwins Theorie, Sozialdarwinismus 39
Daseinskampf 42
–, Kraepelin 77
Datenerfassung, diagnostischen Entitäten 21
Degeneration
–, anthropologisch-religiöse Konzeption 26
–, Definition 25
–, erbliche 76
–, Morels Konzeption 26
Degenerationsbegriff
– des 19. Jahrhunderts 9
Degenerationsbegriff
– im 20. Jahrhundert 31 ff.
–, Auflösung 35
Degenerationslehre 9 ff., 26, 31
–, Domestikationshypothese 58
–, Einfluss auf deutsche Psychiatrie 29 ff.
–, Einfluss der Evolutionstheorie 29
–, gegenwärtige Psychopathologie 34 f.
Degenerationsparadigma 25 ff.
Degenerationsprozess 136
Degenerationspsychosen 34
Degenerationstheorie
–, ätiologische Vorstellungen 88
–, Kraepelins Denken 74
–, Rassenhygiene 73
–, spekulative 35
–, Vorläufer 25
Dementia praecox 71
Demenzforschung 143
Deszendenztheorie, Politik 38
Deussen, Julius 105
Deutsche Forschungsanstalt für Psychiatrie 80
Deutsche Forschungsanstalt, Rüdin 104
Deutsche Hospiz Stiftung 133
Diagnosesysteme 20
Diagnostik, operationale 21
Diskriminierung, rassistische 45
dispositional preference 141
Domestikation 49 ff., 57, 58, 59
–, biologische Literatur 50 ff.
–, Darwins Abhandlung 50
–, Degenerationsparadigma 32 f.
–, Kritikversuch 49 ff.
–, negative Folgen 63
–, Selbstdomestikation 50

# Sachregister

Domestikationshypothese
–, Fischer 54
–, psychiatrische Literatur 58 ff.
Dresdner Hygiene-Ausstellung 105
DSM-IV, Diagnostik 20

## E

Einheitspsychose, Degenerationsparadigma 27
Endlösung, Massenmord 14
Entartung 9, 79
–, Degenerationsparadigma 26, 30
–, Degenerationslehre 29
–, Kampf gegen 86
–, Kraepelins Kampf 80
–, Kraepelins Konzept 76
–, progressive 32
Entartung durch die Blutmischung 77
Entartungsbegriff, Deutschland 29 f.
Entartungslehre 9
–, Rassenhygiene 73
Entartungstheorie 75
–, Erblichkeit 76
–, Kraepelin 74
–, Kraepelins Nosologie 72
–, Psychiatriegeschichte 71
Entscheidungsfähigkeit 136
–, zeitweise 138
Erbbiologie 9, 12
–, psychiatrische Versorgungspolitik 104
Erbforschung, Degenerationsparadigma 32
Erbgesundheit, Rüdin 103
Erbgut, menschliches 67
Erbkrankheit 100
Erblehre, KWI 100
Erbleiden 11
Erblichkeit 77, 82
–, ätiologische Bedeutung 75
–, Entartungstheorie 76
Erblichkeitslehre, Domestikation 53
Erbprognose, empirische 100
Erkenntnisgewinn, Menschenwürde 107
Erkrankung, Genetik 114
–, Wahrscheinlichkeit 114
Erkrankungen, seelische, Definitionen 18 f.
Erkrankungsrisiko, Versicherungsgesellschaften 112
Ernährung, Domestikation 59
Ersatzlösung 140
Ethik, abendländische 129
–, Domestikation 50
Ethikgruppe 141
Eugenik 9, 106
–, KWI 100
–, moderne 66
–, negative 72, 78
–, positive 87
–, Psychiatriegeschichte 71
–, Rassenhygiene 73
–, Verschuer 102
–, wissenschaftliche Unhaltbarkeit 64
Euthanasie 9 ff., 10, 104, 105, 106
– in Deutschland 126 ff.
–, aktive 122 ff.
–, Brandenburg-Görden 103
–, Enttabuisierung und 127
–, freiwillige 15
–, Kinder 12
–, Niederlande 14, 119
–, Recht auf 35
–, Suizid 119
–, wilde 13
Euthanasie-Dienststelle 104
Euthanasie-Erlass 12
Evolution 50, 58, 67
–, Haupttriebkraft 43
–, zukünftige 56
Evolutionsbiologie 42
Evolutionslehre, Degenerationslehre 29
Evolutionstheorie 37 ff.
– s. a. Sozialdarwinismus 37 ff.
–, Kraepelins 81
–, Rassenhygiene 73

## F

Fetalisation 57
–, Hypothese der 63
Fischer, Domestikation 53
Forel, Rassenhygiene 71
Forschungen an psychisch kranken Kindern 105
Forschungen, Wohl des Volkskörpers 101
Forschungsgelder, Nationalsozialismus 100
Forschungsinteresse, Leitlinien 111
Fortpflanzungsauslese 38
Fremdgefährdung 140

## G

Galton 9
Gebrechlichkeit 134
Gedicht 82
Gehirne, Kinder 105
Gehirnentwicklung, Domestikation 56
Gehirngröße 57
–, Domestikation 52
Gehlen, Arnold 49
Gen-Umwelt-Interaktion 111
Gene 113
–, Darwin 42
–, Erkrankung 111
Genetik 113
–, Domestikation 50
–, Forschungsprojekte 100
–, Problemfelder 115
–, psychiatrische 103 ff., 110 ff.
–, Rassenhygiene 73
–, Zukunftsperspektiven 115
genetische Information
–, Fehlgebrauch 113
–, individuumsbezogene 113
genetische Merkmale 116
Genom
–, aktive Gene 66
–, Beeinflussung 65
Gentechnologie 66
Gentestung, Versicherungen 111
Germanenkult 39
gerontopsychiatrische Patienten 135
Gesamtpopulation 127
Gesellschaftsmodell 46
– des freien Spiels der Individuen 42
Gesetz über die Kontrolle der Lebensbeendigung auf Verlangen 123
Gesetz zur Verhinderung erbkranken Nachwuchses 60
Gesundheit 106
–, seelische 23
Gesundheitspolitik, völkische 106

Gesundheitsreform, Euthanasie 127
Gesundheitssteuerung 106
Gewinninteresse des Unternehmens 112
Gnadentod 14
Großstadt 77
Grundstein-Amato, Wertetagebuch 137
Guenther 44
Güterabwägungen 140
Gütt, Arthur 104

**H**
Haeckel, E. 10, 40
Haftpsychosen 34
Hallervorden, Julius 103
Heiratsverbote 100
Hemisphärenasymmetrie 61
Hentschel 64
–, Lebenswert 44
Herausmendeln, Degenerationsparadigma 31
Heredität 76
Hermeneutik, medizinische 139
Herrschaft der Besten 79
Hertwig 39
Heyde, W. 10
Hirnforschung, KWI 103
Hoche 10
Höherentwicklung der Menschheit 38
Hominiden 45
Homo sapiens
–, Art 45
–, Selbstdomestikation 57
Humangenetik
–, psychiatrische 87
–, Verschuer 102

**I**
ICD-10, Diagnostik 20
Ideologie, Biologie 46
Individuum, Einmaligkeit 45
Instinkthandlungen, Domestikation 54
Intensivmedizin 134
Irresein, manisch-depressiv 71

**J**
Jaensch 44
Jost, A. 10
Juden, Erkrankungen 60
Just-so-Story 65

**K**
Kallmann, Franz 104
Kampf zwischen Arten, Missverständnis 42
Keimschädigung 79
Kindereuthanasie 12
Kommunikation 138, 139
Konstitution, Degenerationsparadigma 30
Konvention, Sittengesetz 121
Konzentrationslager 101f.
Konzepte, psychiatrische 17
Kostenentwicklung, Euthanasie 127
Kraepelin
–, Abstinenzbewegung 84
–, Entartungspessimismus 10
–, Fanatismus 33
–, Gedicht für Darwin 82
–, kulturelles Umfeld 83
–, persönliche Lebensführung 83
–, persönlicher Lebensstil 80
–, persönliches 85
–, psychiatrisches Werk 74
–, rassenhygienische Tendenzen 71ff.
–, rassenhygienische Vorstellungen 79
–, therapeutische Konzepte 87
–, Volksgesundheit 59
Krafft-Ebing, Rassenhygiene 71
Krankengeschichten 136
Krankentötungen, systematische 103
Krankenvernichtungen 106
Krankheit
– als Degeneration 25
–, Geschichte unserer 134
–, psychische 23
–, psychische, Definitionsprobleme 23
Krankheitsanlagen, Degenerationsparadigma 31
Krankheitsbild, Patientenkenntnis 138
Krankheitseinheiten, Kraepelin 18
Krankheitsmodelle 24
–, psychiatrische 17ff.
Krankheitsverständnis, psychiatrisches 24

Kretschmer 9
kriegswichtig 105
Kriminalbiologie 87
Kultur
–, Compendium der Psychiatrie 75
–, Domestikation 60, 63
Kulturgeschichte, abendländische 132
Kulturkrieg, Rüdin 61
Kulturmensch, Verelendung des 78
Kulturpessimismus
–, Degenerationsparadigma 32
–, Domestikationshypothese 58
Kulturvölker 78
KWI
– für Anthropologie, Auschwitz 102
– für Biochemie, Auschwitz 102
– für Hirnforschung 103

**L**
Laien-Experten-Interaktionen 143
Lamarckismus 25
Leben, unwertes 44
Lebensbeendigung 123, 125
Lebensfähigkeit, geringere 59
Lebenslauf 22
Lebensqualität 136
–, psychische Erkrankung 113
Lebensrecht, undiskutierbare 15
Lebensreform in Deutschland um 1900 71ff.
Lebensreform-Bewegung 72
Lebensverkürzung 122
Lebenswerte, Sozialdarwinismus 44
Lebensziele, allgemeine 77
Leiden, unerträgliches 129
Leistungsfähigkeit des Staates 106
Lorenz, Konrad 54
Lorenz, Domestikation 54

**M**
Malthus, Bevölkerungswachstum 41
Mängelwesen 49

manisch-depressives Irresein 71
Mengele, Josef 101f.
–, KWI für Anthropologie 102
–, KWI für Biochemie 102
Mensch, Eigenschaften 52
Menschenaffen
–, Basisentwicklung 57
–, Domestikation 54
Menschenauslese 49 ff.
–, Kritikversuch 49 ff.
Menschenbild 17
–, Darwin 40
–, normiertes 35
Menschenversuche 101 ff.
Menschenzüchtung 45
Missverständnisse, Sozialdarwinismus 43
Mittgart 64
Morel'sches Gesetz 31
Morel, B.-A. 9
Mutationen, Domestikation 55

N
Nachkommenüberschuss 41
Nachtsheim, Menschenversuche 102
Nachwuchs
–, erbkranker 60
–, Großstädte 77
Nationalismus, Sozialdarwinismus 34
Nationalsozialismus 88, 115
–, Domestikation 53
–, Eugenik 71
–, Gräueltaten 60
–, wissenschaftliche Programmatik 106
Naturgesetze, Darwin 37
Naturvölker, Domestikation 59
Neo-Kraepelinianismus 18
–, Nominaldefinition 20
–, Realdefinition 20
Neotenie 62
–, Domestikation 54
–, domestikationsbedingte 56
–, psychische Erkrankungen 61
–, Schizophrenien 61
Nervosität 78
Neugierde, Mangel an 61

Neugierverhalten, Domestikation 56
Neurose, Definitionsprobleme 23
Niederlande, Sterbehilfe 119
Nitsche, Paul 104
Nominaldefinition 19 ff.

O
On the Origin of Species 40
Ontogenese, Domestikation 63
Ontogenese, Schädelbasis 57
Opfer, wissenschaftliche Verwertung 103
Opfertod 120

P
Palliativbehandlung 134
Panse, Friedrich 9, 104
Paternalismus 140
–, milden 139
Patient
–, Autonomie 14
–, Krankheitsmodelle 19
–, zeitweise entscheidungsfähige 138
Patienten
–, demente 126
–, Zähmung 49 ff.
Patientenaufklärung 135
Patientenverfügung 135, 142, 143
–, psychiatrische Patienten 132 ff.
–, Risikovermeidung 133
–, Sterbehilfe 125
Patientenwille 135, 141
–, in der Psychiatrie 143
Patientenwunsch 141
personal care team 138
Persönliches, Kraepelin 85
Persönlichkeit, Degenerationslehre 29
Persönlichkeitseigenschaften 116
Persönlichkeitsprofil ändern 136
Persönlichkeitsstörung, Definitionsprobleme 23
Persönlichkeitszüge 21
Peters 46
Pflegegruppe, persönliche 138

Pflegekosten, Euthanasie 127
Pflegenotstand, Euthanasie 127
Pflegepersonal 126
Ploetz, A. 10
Ploetz, Rassenhygiene 74
Pohlisch, Kurt 104
Polymorphismus, Degenerationsparadigma 27
Prädisposition
–, Gene 114
–, Krankheitsgeschehen 142
Prädispositionen 116
Pränataldiagnostik 115
Prävention 116
Probebehandlungen 116
provider-based standard 140
Psychiater 59, 113
–, genetische Information 115
Psychiatrie 78, 80
–, Degenerationslehre 29
–, Degenerationsparadigma 27
–, der gerontopsychiatrische Patient 135
–, Entartungstheorien 35
–, genetische Forschung 103
–, Krankheitseinheiten 18 ff.
–, Nominaldefinition 19 ff.
–, Rassenhygiene 72, 73
–, Realdefinition 18 f.
–, Selbstdomestikation 63
–, sozialdarwinistische Eindrücke 33
–, Vertrauenspartnerschaft 142
–, Zuständigkeitsbereich 79
Psychiatrische Erkrankungen, Zähmung 49 ff.
Psychiatrische Genetik 103 ff., 110 ff.
Psychiatrische Konzepte 17
Psychiatrische Krankheitsmodelle 17 f.
psychisch krank 35
Psychopathologie, Domestikation 61
Psychose
–, atypische 34
–, Definitionsprobleme 23
–, Verantwortlichkeit 22
Psychosen
–, Aetiologie 75
–, Janzarik 23

## R

Rasse
–, Definition 72
–, Degenerationsparadigma 33
–, Domestikation 51, 52, 54
–, germanische 64
–, Leitmotiv für Rüdin 103
–, Missverständnisse 43
–, weiße 63
Rassenhygiene 10, 12, 71 ff., 78, 87
–, Domestikation 53
–, Eugenik 72
–, Genetik 73
–, Gesellschaft für 87
–, Kraepelins Publikationen 74, 85 ff.
Rassenhygiene-Bewegung 105
rassenhygienische Abteilung 105
Rasseninteresse 38
Rassenpolitik, Forschungsgelder 104
Rassenpolitik, Rüdin 104
Rassenzüchtung, zielbewusste 86
rassistische Vorstellungen 45
Realdefinition 18 f., 22
Recht auf Euthanasie 35
Reduktionismus, biologischer 19
Regeneration, Degenerationsparadigma 32
Reichsforschungsrat 105
reifiziert, Krankheit 19
Rentenreform, Euthanasie 127
Retardation, Domestikation 57
Risikoabschätzung 115
–, Versicherungsgesellschaften 111
Roemer, Hans 104
Rüdin Ernst 60, 87
–, psychiatrische Genetik 103
Rudyard Kiplings „Just so Stories" 65
Ruhenstroth-Bauer, Menschenversuche 102

## S

Schallmayer 39
Schizophrenien 61, 116
–, Prädisposition 117
Schneider, Carl 104
Schüle, H. 9
Schwabe, Ina 82
Selbstbestimmung, Recht auf 128
Selbstdomestikation 50, 57
Selbstentwurf 141, 143
Selbsterhaltungstrieb, Versagen 59
Selbstgefährdung 140
Selbstmord, Beihilfe zum 14
Selbsttötung 123
Selbstverantwortlichkeit des Einzelnen 22
Selbstverantwortung 135
Selektion 44
–, Degenerationsparadigma 31
–, Domestikation 51
–, Geltung 66
–, Kriterien 55
–, künstliche 43
–, natürliche 49, 58
–, Steuerung 65
Selektionspolitik 106
–, eugenischer 100
–, Resourceneinsparung 101
Selektionstheorie, Aussagen 40 ff.
–, Darwin 38
Selektionswandel 66
Selektivität, Domestikation 54
Senizid 126
Singer, Euthanasie 127
Sittengesetz 121
Slater, Eliot 104
Sorgfaltskriterium 129
Sozialdarwinismus 37 ff., 39, s. a. Evolutionstheorie 37 ff.
–, Definition 37 ff.
–, Gesellschaftsordnung 46
–, Missverständnisse 43 ff.
–, Psychiatriegeschichte 71
sozialdarwinistische Einflüsse 33
sozialdarwinistische Missverständnisse 41 f.
soziale Ungleichheit 46
Sozialforschung, Umgang mit Technik 110
Sozialisation, Krankheitsentstehung 111
Sozialpolitik, gesunde 38

Sozialtheorie, Darwins Theorie 46
Soziomorphes Modell 46
Spatz, Hugo 103
Stammesgeschichte, Domestikation 52
Starck, Fetalisationsproblem 57
Sterbegeldversicherungen, Euthanasie 127
Sterbehilfe 125
– bei psychisch Kranken 119 ff.
–, aktive 14
–, Ausweitung 15
–, Bitte um 124
–, passive 122
–, Sorgfaltskriterien 124
Sterblichkeitskurve 126
Sterilisation
– von Geisteskranken 12
–, eugenische Maßnahmen 10
–, Forderungen nach 87
Sterilisationen 100
Störungen, domestikationsbedingte 59
Suizid 119 ff.
–, ärztlich begleitete 14
–, ärztliche Beihilfe 122
–, Bilanz-Suizid 121
–, Philosophen 120
–, Recht auf 121
–, Rechtslehre 120
–, Senizid 126
Suizidforschung, moderne 120
Suizidpillen, Euthanasie 127
Suizidrate, steigende 59
Syphilis 77, 79

## T

T4-Aktion, erbkranker Nachwuchs 71
Technikfolgen 110
Technologien, Nutzen 115
Testamente, Sterbehilfe 125
The Descent of Man 39
Therapieren, probatorisches 116
Todesverlangen 128
Todeswunsch 121
Tötung auf Verlangen 122
Tötung, Kinder 105

Tötungsaktionen, Domestikation 50
Tötungsbeistand, Niederlande 14
Typuslehren, Degenerationsparadigma 26

**U**
Überbevölkerung 56
Überleben
– des Tauglichsten 37
– des Tauglichsten, Missverständnis 42
–, sozialdarwinistisch 132
Überlebenswillen, Euthanasie 127
Umwelt 66
Unterbringung in psychiatrischen Anstalten 78
Unterdruckversuche 102
Urbanisierung, Auswirkungen 77

**V**
Vacher de Lapouge 39
Vererbung, Degenerationsparadigma 26 f.
Vernichtung lebensunwerten Lebens 126
Vernichtungslager 14
Verschuer 102
Versicherungsunternehmen 112
Viernstein Theodor 87
Völker 40
Völkerfamilie, Idee 44
Volksgesundheit, Domestikation 59
Volksgesundheitslehre, Kraepelin 78
Volksherrschaft
–, Herrschaft der Besten 79
–, Nutzen der 86
Volkskörper 101, 112
–, Euthanasie 105
–, Kraepelin 78
–, Wohl des 106
Vorfahren 39
Vorsorgen 133
Vulnerabilität für psychiatrische Erkrankungen 116
Vulnerabilitäts-Bewältigung 142

**W**
Wahn, ganzheitliche Sicht 23
Wahnbildung, degenerative 34
Weimarer Republik 87
Weltbild, religiöses 26
Weltkrieg I 87
Wertanamnese 137, 139
Wertejournal 137
Wertgefühl, moralische 128
Wertvorstellungen 134
Wettbewerb ums Dasein 37, 41
–, Missverständnisse 41
Wildform
–, Domestikation 52, 54
–, Laktoseintoleranz 65
Wildformen 58
Wirtschaftsinteressen 112
Würde des Menschen, Recht auf freie Entfaltung der Persönlichkeit 121

**Z**
Zähmung
–, Domestikation 49 ff.
–, Patienten 49 ff.
Zeitgeist 128
–, Domestikation 50
Zivilisation 75
–, Domestikation 61, 63
–, städtische 77
–, verweichlichende 72
Zivilisationskrankheiten 63
–, Degeneration 65
Züchtungsprogramme, Domestikation 50
Zuchtwahl 58, 87
–, Domestikation 50
–, Mittgart 64
–, natürliche 41, 43, 51
Zukunft 133
Zwangserkrankungen, Genetik 117
Zwangssterilisation 71, 115
Zwillingsexperimente, Auschwitz 101